美國商標法—體系與重要判決

楊智傑——著

五南圖書出版公司 印行

自序

美國商標法之特色，在於採取使用保護主義，與世界上大部分國家採取的登記保護主義不同。但美國仍須融入世界體系，故1988年修法也允許先註冊後使用。但未註冊已使用商標，仍可獲得保護。相比其他國家，其更重視優先權（先使用日）的概念。此原則例外等各種方式，稍微複雜，故需要更體系地分析、整理。

個人就智慧財產權法的研究，原偏重著作權法與專利法，所發表論文也集中於這兩部分。從2014年中開始撰寫北美智權報判決專欄，也以著作權法、專利法相關判決爲主。故2015年、2018年陸續整理出版了《美國專利法與重要判決》、《美國著作權法：理論與重要判決》。

2019年7月起，北美智權報專欄改爲固定寫商標法判決，並從兩期寫一篇改爲每期都寫。原本偶爾寫歐洲法院判決、偶爾寫美國法院判決。至2021年，發現已累積不少美國商標法判決，考慮可整理爲專書，故更集中挑選重要美國判決進行整理。

判決只是個案研究，但要瞭解美國商標法，需有體系性的說明。2022年至2023年間，參考各種資料，補充論述一些體系性介紹整理。除使用保護與優先權等複雜概念外，包括商標不得註冊事由、商標異議、撤銷、廢止等事由，均進行歸納整理。書名副標題選爲《體系與重要判決》，乃強調本書並非零散個案研究，而有不少篇幅乃將說明美國商標法的體系架構，故更接近一本體系完整的專書。

至2023年上半年，全書大致完成。全書較完整介紹的判決數約爲50

則，多為2018年後之判決，包括2023年6月美國最高法院最新二則商標判決。其餘年代稍早、常被引述的重要判決先例，則僅以簡短篇幅介紹其重要標準。

本書內容，僅有少部分章節曾以論文形式對外發表，判決部分大部分發表於北美智權報，而更多的體系性介紹、比較等，則是為本書所寫，未曾對外發表。

本書之成，最重要是感謝北美智權報編輯的持續鞭策，在此感謝Anita、Kelly，與北美智權報提供的園地。也感謝妻子尚潔主動協助校對此書書稿。

楊智傑

體例說明

1. 條號用法

美國聯邦商標法，規定於美國聯邦法典第15本的第22章（Title 15, Chapter 22），從第1051條至第1141n條。其又稱蘭姆法（Lanham Act）。

蘭姆法有自己的條號編號，大致對應方式如下：

§ 1 (15 U.S.C. § 1051).

§ 2 (15 U.S.C. § 1052).

§ 3 (15 U.S.C. § 1053).

……

§74 (15 U.S.C. § 1141n).

對外國人而言，不容易掌握第1條、第2條……到底對應到聯邦法典第幾條，轉換很麻煩。故本書不採取該條號用法。

另方面，若每次都寫「美國聯邦法典第15本第1051條」又太累贅，故簡化為「美國商標法第1051條」、「聯邦商標法第1051條」、「商標法第1051條」或「15 U.S.C. § 1052」。

2. 條號層次

美國法條篇幅較長，於一條中項、款、目等細分太多，本書盡量使用第1125條(1)(e)等方式，避免使用項、款、目等翻譯。但部分法條直接稱第1項時，仍翻譯為第1項。

3. 美國商標法之翻譯

本書之條文翻譯，參考智慧財產局對美國商標法之全文翻譯，另參考

北京知識產權出版社所出版、杜穎譯《美國商標法》。但對於部分翻譯用語、翻譯方式等，作者仍作些許修改。

目次

第一章　識別性

第一節　概說

　　商標註冊需具有識別性。美國聯邦商標法並未正面規定識別性。

　　美國聯邦商標法中第1052條(a)的首句規定：「能夠將申請人的商品與其他人的商品區別開來的商標，基於其性質，均能在主註冊簿上註冊……[1]」

　　其次，商標僅為描述性商標，通常不具識別性。其規定於第1052條(e)，有下列情形者，不得註冊：「商標包含下列事項者：(1)使用於申請人之商品或相關商品時，僅為商品之說明或虛偽不實說明。(2)使用於申請人之商品或相關商品時，主要為地理上的說明。但得依本法第1054條註冊為產地來源標示者，不在此限。……(4)主要為單純之姓氏。[2]」

　　但是，縱使有上述不具識別性之情形，只要取得後天識別性，仍得註冊。其規定於第1052條(f)：「除依本條第a、b、c、d項及第e項第3款及第5款明文規定不得註冊外，若商標經申請人使用且已成為申請人商業上之商品識別標識者，不得否准其註冊。若有證據證明在申請人主張其商標具識別性之日前五年期間，有實質獨占且持續使用該商標之事實，局長得接受為該商標在申請人商業使用於其商品或相關商品時具識別性之表面證據。使用於申請人商品或相關商品之商標，雖主要為虛偽不實的地理說明，但該商標在北美自由貿易協定施行法訂定日前，商業上使用於商品時

---

[1]　15 U.S.C. § 1052(a)("No trademark by which the goods of the applicant may be distinguished from the goods of others shall be refused registration on the principal register on account of its nature ...").

[2]　15 U.S.C. § 1052(e)("Consists of a mark which (1) when used on or in connection with the goods of the applicant is merely descriptive or deceptively misdescriptive of them, (2) when used on or in connection with the goods of the applicant is primarily geographically descriptive of them, except as indications of regional origin may be registrable under section 1054 of this title,... (4) is primarily merely a surname,...").

已取得識別性者，即不得依本條規定否准其註冊。[3]」

第二節　通用詞商標

一、通用詞

　　所謂通用詞（generic term），乃指該詞已經成爲某一類商品的名稱或描述。在任何情況下，通用詞都不能變成一商標。美國聯邦註冊的商標原則上被推定爲有效，但若一註冊商標變成一商品或服務之通用詞，利害關係人可以請求廢止該註冊[4]。判斷一商標是否成爲通用詞，最重要的是看相關公眾之認知，而非購買者的動機[5]。

　　商標法之所以對於通用名稱或通用詞不得註冊爲商標，除了沒有識別性之外，是怕某個廠商獨占了這個詞之後，取得了不當的競爭優勢，使同一行業的其他後進廠商無法再使用這個詞。

二、UGG案

　　在澳洲，ugg這個字乃指羊毛靴這種款式的通用詞。但是在美國，UGG卻是一知名的羊毛靴品牌。美國UGG商標權人Deckers Outdoor公司，對於任何澳洲公司銷售羊毛靴到美國，只要使用到ugg這個詞，就會提告侵害商標。但澳洲公司Australian Leather提出反擊，認爲ugg是一個通用詞，不該獲得商標保護。

　　2018年時，美國伊利諾州東區地區法院判決，對美國消費者來說，ugg並不是一個通用詞[6]，判決Deckers Outdoor公司勝訴。Australian Leather上訴後，美國聯邦巡迴上訴法院於2021年5月7日作出判決，維持一審判

---

[3]　15 U.S.C. § 1052(f).
[4]　15 U.S.C. § 1064(3).
[5]　Deckers Outdoor Corp. v. Australian Leather Pty. Ltd., 340 F.Supp.3d. 706, 709 (N.D. Illinois, 2018).
[6]　Deckers Outdoor Corp. v. Australian Leather Pty. Ltd., 340 F.Supp.3d 706 (N.D. Illinois, 2018).

決，並不附判決理由。以下說明，乃根據2018年一審判決內容而來。

（一）事實

1. UGG Australia商標的創辦人Brian Smith

　　本案的原告是Deckers Outdoor公司，在美國擁有UGG商標，以及之前的UGG Australia公羊圖商標。該商標最早的創辦人是Brian Smith，出生於澳大利亞，於1978年搬到美國，並創辦了羊毛靴公司，也就是UGG進口行（UGG Imports）。

　　Smith自1979年12月起，從澳洲的Country Leather公司進口羊毛靴，並在美國以Country Leather America為名進行銷售[7]。當時的吊牌上，就寫著：「UGG靴讓你溫暖和開心」。1980年4月，Smith與自己成立的UGG進口行，成為Country Leather羊毛靴在美國的獨家代理者和經銷商[8]。1985年，UGG進口行向美國聯邦申請註冊UGG Australia及公羊圖商標（圖1-1），並註明1979年12月28日為首次使用日，並獲得註冊。

圖1-1　UGG進口行於1985年申請的UGG公羊圖商標，美國商標號1460992

資料來源：USPTO.

---

[7]　Id. at 710.
[8]　Id. at 710.

2. 1995年Deckers公司買下UGG公司及商標

1995年時，Deckers公司收購了Smith先生的UGG持股公司。之後，Deckers改變行銷策略，將UGG作爲一種高級品牌形象，改至知名百貨公司銷售，也在其他大型零售店和自己的UGG概念店銷售。Deckers公司在2000年代初期，支出數千萬的廣告費用。這個品牌在名人之間變得火熱，從2011年起每年在全球獲得10億美元的營收。目前UGG的產品線，包括各種男女兒童的鞋類、服裝、手袋配件和家庭用品[9]。

Deckers公司在2015年以後，不再使用UGG Australia，而將商標重新設計，只剩下UGG（圖1-2）。

UGG

圖1-2　Deckers公司2005年註冊的商標，美國商標號3050902

資料來源：USPTO.

3. 被告Australian Leather公司

本案的被告是Australian Leather公司，於1990年代成立於澳洲，其也製造名爲UGG靴的羊毛靴產品。該公司並沒有直接在美國市場銷售產品，但因爲在網路上販售產品，而有來自美國個別消費者的零星網路訂單。在2014年到2016年間，有33筆網路訂單，銷售了42個產品到美國[10]。

（二）法院判決

美國伊利諾州東區地區法院判決認爲，判斷一商標是否成爲通用詞，最重要的是看相關公眾之認知，而非購買者的動機[11]。

---

[9]　Id. at 712.
[10]　Id. at 713-714.
[11]　Deckers Outdoor Corp. v. Australian Leather Pty. Ltd., 340 F.Supp.3d. at 709.

1. 美國極少數的衝浪者可能認為ugg為通用詞

判決中說明，從1960年代起，就有四家澳洲的雪靴商人，試圖在美國衝浪和滑雪用品市場，開始銷售ugg羊毛靴。同樣在1960年代晚期，加州少數幾間衝浪品店就開始銷售羊毛靴，這些商店老闆認為ugg是一種通用詞。不過，大部分的客人，除非去過澳洲，並不把ugg當成通用詞，而是當成一個品牌[12]。

根據上述證詞，至少1970年代在南加州的衝浪者間，會將ugg當成一個通用詞。但法院認為，所謂的相關消費者，並不能只有這麼小群的人[13]。因為購買靴類產品的消費者非常龐大，不能僅用極少數的衝浪者或衝浪商店的認知，就認為鞋類的相關消費者將ugg認為是通用詞。反之，根據原告所提出2017年的調查，有98%的消費者認知UGG是一個品牌[14]。

2. 美國目前消費者的認知

本判決非常重視美國消費者的認知。UGG靴在美國的主要消費者為16歲至54歲的女性。在2017年，原告Deckers公司自己進行了一個全美的調查，調查過去12個月買過或者在未來12個月可能會購買靴子和其他鞋子（不包括運動鞋）的600位女性。這個調查問了四個品牌名稱，以及三個通用名稱，結果顯示，98%的受訪者認知UGG是一個品牌名稱，而非通用名稱[15]。

在2004年和2011年，Deckers公司也作過類似的消費者調查，在2004年時，有58%的消費者認知到UGG是品牌名稱，到2011年時，則有89%的消費者認知到UGG是一個品牌名稱[16]。

一個語言學教授，搜尋1970年代至1980年代和2009年至2015年間，美國的各種網路、資料庫等，發現這兩個時期，在美國都沒有將ugg、ug、ugh當成鞋類領域的通用詞。同樣地，一位鞋業歷史學者經研究也認

---

[12] Id. at 712-713.
[13] Id. at 715.
[14] Id. at 715.
[15] Id. at 714.
[16] Id. at 714.

爲，從1969年至1984年間，不論一般消費者或美國鞋業，均沒有使用ugg或類似用語作爲通用詞。其認爲，也許只有極少數加州的衝浪者知道ugg這個詞與UGG品牌不同[17]。

法院認爲，就算被告證明，ugg在澳洲是一個通用詞，但這對美國消費者對ugg的認知並沒有影響[18]。因而，法院認爲，被告Australian Leather公司並沒有證明，ugg這個詞對美國的鞋類產品消費者而言，曾經是或現在是一個通用詞。

3. 外文等同原則

美國有所謂的外文等同原則（doctrine of foreign equivalents），內涵爲任何人不可將外國的通用詞註冊爲商標，如果允許其註冊，將會阻止競爭事業無法用最能讓消費者知道的外國語言來描述其產品[19]。

法院提到，雖然澳洲人將ugg這個字當成羊毛靴的通用詞，但是這並無法證明，美國人也將ugg當成一個通用詞。

法院認爲本案不適用外文等同原則在於：(1)該原則本來是處理，在「非英文」中的一個通用詞，能否在美國市場中取得商標註冊問題，並非用來處理外國的「英文」與美國的英文這種情況；(2)這個原則本來是想要禁止，不讓某個廠商獨占一個通用詞，但是，縱使ugg在澳洲是一個通用詞，卻無法證明，熟悉澳洲對該詞用法的美國人，或者來美國的澳洲旅客，會因而被誤導，在美國只有一家公司可以販賣ugg風格的羊毛靴[20]。

（三）小結

本案有趣之處在於，同樣是英語系國家，澳洲將ugg當成羊毛雪靴的通用詞，但美國並沒有將ugg當成通用詞。可是，美國另外有所謂外文等同原則，提到外文中對商品的名稱，不得註冊爲商標。本案法院判決，認

---

[17] Id. at 714.
[18] Id. at 715.
[19] Id. at 709. 其提出這個原則，引述的是Otokoyama Co. Ltd. v. Wine of Japan Import, Inc., 175 F.3d 266, 271 (2d Cir. 1999).
[20] Id. at 716.

爲不適用該外文等同原則。這是否意味著，外文中對商品的描述，必須也被美國消費者認爲屬通用詞，才不得註冊？如此一來，不就否定了此外文等同原則？本案被告Australian Leather公司對外表示，會將此案件繼續上訴到美國最高法院。因而，我們可以繼續追蹤這個案件的後續發展。

第三節 描述性商標

一、描述性商標

各國商標法一般規定，通用名稱或詞彙不得註冊爲商標，一方面是因爲不具有識別性；二方面是怕若允許特定廠商註冊，將獨占該詞彙的使用。但若是描述性詞彙，亦即該商標內的詞彙乃是對商品或服務特徵的描述，先天識別性很弱，只要經過長期使用而取得後天識別性（第二意義）時，仍得註冊爲商標。

二、2019年紐約南區法院Blockchain Luxembourg v. Paymium案

近幾年來，區塊鏈（blockchain）是一個很紅的網路技術，其相關的貨幣技術與各種應用，引起許多人關注，也有不少公司開始從事區塊鏈的相關加密貨幣交易或服務。有趣的是，blockchain這個英文字可否被某家公司註冊爲商標，並禁止其他公司不能使用blockchain這個英文字作爲商標，否則即構成侵權？2018年在美國起訴的Blockchain Luxembourg v. Paymium訴訟案，就是這樣的有趣案件，而這則案件在2019年8月法院作出初步判決。

（一）事實

2018年9月，原告Blockchain Luxembourg公司和美國Blockchain公司（以下合稱Blockchain公司），控告Paymium公司及其創辦人Pierre Noizat先生，主張Paymium公司使用blockchain.io爲商標和網址，侵害了其

BLOCKCHAIN的商標權，並有其他不實陳述等不公平競爭行為。

1. 原告Blockchain公司及其商標BLOCKCHAIN

原告Blockchain Luxembourg公司是一家於盧森堡設立的公司，而美國Blockchain公司則是前者在美國設的子公司。Blockchain公司是世界上最大的數位資產交易平台。其使用自己的BLOCKCHAIN商標和服務商標，促成超過一億筆數位交易，交易總價值超過2,000億美元，並對全球140個國家的2,800萬客戶，提供可信賴、安全的數位支付工具以及其他信託金融服務。

Blockchain公司說明，其對於小寫的blockchain（區塊鏈）這個字，並沒有主張商標，小寫的blockchain這個字可用來形容什麼是加密虛擬貨幣（cryptocurrency），例如比特幣（bitcoin），且可用來形容產業可能從事的各種應用。

Blockchain公司主張，其商標的範圍，是從2012年起至今，長期使用的大寫BLOCKCHAIN商標，其用這個大寫的BLOCKCHAIN商標，販售各種自家的Blockchain產品和服務，包括可信賴的數位帳戶以及其他金融服務。且BLOCKCHAIN商標，在美國與世界消費者之間已經普遍著名。

從2013年起，原告Blockchain公司所使用的網站，網址為www.blockchain.com，並以BLOCKCHAIN.COM作為商標，行銷其網站與服務。由於非常有名，在使用Google搜尋引擎以「blockchain」為關鍵字搜尋，所得到的第一筆搜尋結果，就是原告的www.blockchain.com網站。

美國的商標採取使用主義，所以Blockchain公司主張，其有五個使用的文字商標，包括：(1)BLOCKCHAIN（從2011年開始使用）；(2)BLOCKCHAIN.INFO（從2011年開始使用）；(3)BLOCKCHAIN.COM（從2013年開始使用）；(4)BLOCKCHAIN MERCHANT（從2012年開始使用）；(5)BLOCKCHAIN PRINCIPAL STRATEGIES（從2018年開始使用）。其將這些商標使用於其數位錢包服務、行動應用程式服務、網站服務和套裝服務。

另外，於2017年1月開始，原告Blockchain公司開始使用

BLOCKCHAIN的設計商標於美國的州際商務，對消費者從事行銷、廣告、散布、要約、提供其數位錢包服務（Digital Wallet Services）、網站服務和行動APP程式服務。

　　雖然有上述各種使用的大寫BLOCKCHAIN商標，原告Blockchain公司在美國主要註冊的商標，是2018年7月註冊的商標。其所註冊的商標，並沒有強調顏色必須是藍色，請見表1-1。

表1-1　Blockchain公司在美國註冊的商標

商標圖	註冊號
BLOCKCHAIN	5512148

註冊服務類別	狀態
第9類：下載行動應用程式軟體，以寄送、接收、儲存、保護數位貨幣；下載行動程式軟體，以接取商業分類資訊電子資料庫。 第35類：提供商業類別資訊的電子雲端資料庫。 第36類：提供金融資訊；透過網站提供金融資訊；提供線上電腦網站，該網站提供金融服務交易資料、帳戶管理、金融報告、會計功能及相關參考資料；金融事務和金錢事務，亦即，金融資訊、管理和分析服務；金融分析，亦即，為金融目的彙整和分析統計資料和其他資訊來源；交換匯率的金融資訊；金融資訊處理；提供線上可搜尋的資料庫，其特別提供有關比特幣交易的金融資訊。 第42類：提供不可下載的電腦軟體之暫時使用，讓使用者可以寄送、接收、儲存和保護數位貨幣；提供一個安全、網路的服務，其特殊技術在於讓消費者可以遠端接取、寄送、接受、儲存、管理數位貨幣；提供一網站，讓消費者有能力創造客製化的網頁，特點在讓使用者自行定義介紹資料；應用程式服務提供者，特點在於提供應用程式編碼介面（API）軟體，以整合金融交易到網站和行動應用程式中。	2018年7月10日註冊 （從2017年1月開始使用）

資料來源：Blockchain Luxembourg S.A. v. Paymium, SAS, 1: 18-cv-08612 (S.D.N.Y. August 7, 2019)，起訴書。

2. 被告Paymium公司及使用的blockchain.io商標

被告Paymium是一家法國的公司，提供數位貨幣服務。被告Paymium公司之前使用的是其他商標，包括PAYMIUM和BITCOIN CENTRAL，從事的是加密貨幣的交易服務。

但到2018年時，Paymium公司開始使用blockchain.io這個商標與網址，從事相關宣傳，吸引投資者參與其數位貨幣首次公開發行（initial coin offering, ICO），推銷自己的數位貨幣服務平台的服務。

（二）原、被告主張

1. 原告主張

原告認為，這會讓他人以為，其發行的數位貨幣首次公開發行，與Blockchain公司有關。原告主張，這會使某些消費者以為，被告的服務是源自原告公司，或與原告公司有關，且有相當多的消費者真的被混淆，故原告主張其行為構成商標侵害以及誤導陳述。

此外，原告控告，Paymium公司對外公開宣稱，其數位貨幣首次公開發行已經在美國證券交易管理委員會「註冊」，但這卻是不實的，故構成欺騙消費者的不實陳述。

表1-2　原告和被告的商標比較

BLOCKCHAIN 設計商標	blockchain.io 設計商標
BLOCKCHAIN	blockchain.io

資料來源：Blockchain Luxembourg v. Paymium, Case 1: 18-cv-08612 (SDNY, 2018)，起訴書。

2. 被告認為Blockchain是通用名稱

本案被告反擊，聲請「駁回起訴」（motion to dismiss），亦即認為原告的主張在法律上根本無法成立，而不需要進一步召開陪審團。

　　被告認爲，blockchain是通用名稱，任何人都可以使用。且原告的商標，除了有註冊的BLOCKCHAIN及圖形之外，其他的使用只是一種描述性使用，亦即描述其所販賣的商品或服務與區塊鏈有關，並不具識別性。

　　被告主張，原告Blockchain公司在2017年11月申請前述的BLOCKCHAIN設計商標時，美國專利商標局於2018年3月初步認定blockchain這個字只是描述性的字眼，要求必須對這個字聲明不專用。15天後，Blockchain公司同意對這個字聲明不專用。最後美國專利商標局同意該BLOCKCHAIN設計商標的註冊。被告Paymium公司認爲，從這個過程中，原告自己都承認，Blockchain這個字只是描述性的字眼。

　　但原告Blockchain公司認爲：(1)其商標在性質上並非描述性商標；(2)就算blockchain這個字有區塊鏈的一般意義，但原告擁有的商標都是以大寫呈現，具有第二意義；(3)原告的BLOCKCHAIN商標，和被告的blockchain.io商標，兩者構成實質近似。

（三）紐約南區地區法院初步判決

　　由於被告提出聲請「駁回起訴」，故紐約南區地區法院在2019年8月作出初步判決。法院認爲：1.識別性的問題屬於事實問題；2.是否有第二意義也是事實問題；3.兩商標是否有實質近似，也是事實問題。故關於商標的侵權主張部分，都有必要進一步召開陪審團。

　　不過，原告訴訟的另一個部分，是主張被告對於所發行的數位貨幣有向美國證管會申請登記，屬於不實陳述。法院認爲被告確實有向證管會申請審查中，故不算是不實陳述，這部分則判決原告主張顯無理由。

　　因此，這個案件就只剩下商標侵權的部分，將繼續進行後續的陪審團審判。最後結果如何，會決定我們對於blockchain這個字的使用範圍，值得我們繼續關注。

三、2020年最高法院USPTO v. Booking.com案

　　知名的訂房網站Booking.com在2011年向美國申請註冊商標，但美國

專利商標局認為，Booking這個字只是一般訂房訂票的意思，而.com只是線上網站的意思，兩者合併的Booking.com只是一般線上訂位網站的通用名稱，而不得註冊。

（一）事實

知名的訂房網站Booking.com在美國申請商標的爭議，就在於美國專利商標局認為Booking是訂位的通用名稱，.com是線上網站通用名稱，二者合併則是「線上訂房網站」的通用名稱，不得註冊商標。

但申請人Booking.com公司則認為，Booking.com商標應該屬於描述性商標，乃描述這個線上訂房網站的網址，且根據消費者意見調查，具有後天識別性，應准予註冊。

1. Booking.com公司所申請的商標

本案中的商標申請人Booking.com公司，最早從2006年開始使用相關商標於商業網站上，提供消費者訂飯店房間、機票、交通車之用。申請人於2011年至2012年間，開始陸續申請註冊下述四個商標圖案。這四種圖案，依申請時間先後順序分別為：

圖1-3　美國商標第85485097號申請案（2011年12月1日申請）

BOOKING.COM

圖1-4　美國商標第7911498號申請案（2012年6月5日申請）

圖1-5　美國商標第79122365號申請案（2012年11月7日申請）

圖1-6　美國商標第79122366號申請案（2012年11月7日申請）

2. 指定使用類別

Booking.com公司一開始註冊的類別，包括第39大類（線上安排旅程、線上訂票服務）、第43大類（飯店訂房服務類）。

表1-3　Booking.com公司註冊類別

第39類	旅行社服務，為了旅行事先訂票；交通和旅程訂票服務；交通代理人服務，亦即為旅客提供預訂交通服務；提供旅遊資訊；提供交通訂票、旅遊和行程訂票之相關諮詢；所有個人在外國有關且透過線上的服務。
第43類	替個人提供線上訂房服務；對旅客提供飯店和短期住宿的個人化資訊，並透過線上提供；為他人訂房有關的諮詢服務、對旅客之飯店和短期住宿提供個人化資訊，且提供線上飯店評價。

（二）美國專利商標局拒絕註冊

美國專利商標局，將這四個申請案都駁回。其主要理由認為，BOOKING.COM對於所指定之服務而言屬於通用性詞，不得讓人註冊[21]。

---

[21] Booking.com B.V. v. USPTO, 915F. 3d 171, 177-178 (4th Cir. 2019).

申請人不服，向商標審理暨救濟委員會（Trademark Trial and Appeal Board, TTAB）提出救濟，但TTAB審理後支持專利商標局原來的判斷。

1. 只是通用詞

其指出，booking這個詞通常指的就是「訂飯店和訂車票、機票等」或者「事先保留旅遊和住宿的動作」；而.com這個詞，指的就是商業網站。

因此，消費者看到BOOKING.COM這個組合，所認知的主要就是指一個線上訂房服務，而剛好這就是申請人所指定使用的服務類別。亦即，其只是訂房網站的通用詞。

此外，TTAB也同意，就算BOOKING.COM是對Booking.com服務的一種描述詞，但未能提出證據證明其取得第二意義，因而也無法註冊[22]。

2. 一個通用詞加上「.com」這個通用詞，仍然是通用詞

過去美國法院曾經判決[23]，一個通用詞加上通用的商業組織型態（company、Corp.或Inc.）這類字，例如「Grain Company」或「The Grocery Store」，仍然是一個通用詞，不得註冊商標。

因而，在網址（URL）這個東西出現後，美國專利商標局的立場也是一樣，認為在一個詞前面加上頭（http://www），或在一個詞後面加上「常見的第一級網域名稱」（例如.com、org、edu），通常只是代表網址而已，而不具備來源指示功能。.com通常代表的就是商業公司，所以在一個通用詞後面加上.com，仍然只是通用詞而已，不得註冊[24]。

例如，美國各法院在過去的判決中，曾經：(1)對MATTRESS.COM這個商標，認為代表的只是販售床墊的網站，仍為通用詞，不得註冊；(2)對Hotels.com這個商標，認為只是提供住宿訂房網站的通用詞，不得註冊；(3)對LAWYERS.COM這個商標，認為只是提供線上法律相關資訊與

---

[22] Id. at 178.

[23] Goodyear's Rubber Mfg. Co. v. Goodyear Rubber Co., 128 U.S. 598, 602, 9 S.Ct. 166, 32 L.Ed. 535 (1888).

[24] Trademark Manual of Examining Procedure (October 2018), 1209.03(m) Domain Names.

法律服務網站的通用詞，而不得註冊；(4)對於PATENTS.COM這個商標，認為只是關於專利申請資訊的資料庫網站的通用詞，而不得註冊[25]。

（二）一審法院認為屬描述性，得註冊商標

本案申請人對TTAB的決定不服，向法院提起上訴。一審時，維吉尼亞東區地區法院判決，推翻TTAB的見解。

一審法院認為，美國專利商標局上述的見解，是一種「當然不得註冊規則」（*per se* rule），亦即前述所說，「在一個通用詞後面，加上一個常見的一級網域名稱，仍然是一個通用詞，不得註冊」。但一審法院認為，這樣的標準過度僵硬，是一個錯誤的規則[26]。

一審法院採取完全相反的見解，認為「在一個通用詞後面，加上一級網域名稱，原則上就會成為一個描述性商標」，其描述的是「這個通用的服務，可以透過該網域名稱在線上提供」。不過，描述性商標要得以註冊，也必須取得後天識別性（第二意義）[27]。

套用在本案上，booking對於所指定的商品類別，只是一個通用詞，但是加上.com，整體的BOOKING.COM成為一個描述性商標，只要有第二意義，可申請註冊。其也有證據證明，74.8%的消費者認識系爭的BOOKING.COM商標指的是申請人的服務，而非一種通用服務[28]。

但是，作為一種描述詞，必須證明取得第二意義，一審法院認為申請人只有證明，消費者認識到BOOKING.COM是專業的訂房網站，但是並不會認為其是第39類的旅行社[29]。故就指定使用於第43類的訂房服務，得註冊為商標，但就指定於第39類的旅行社則不得註冊。

---

[25] Trademark Manual of Examining Procedure (October 2018), 1209.03(m) Domain Names.
[26] Booking.com B.V. v. Matal, 278 F.Supp.3d 891, 908 (E.D. Va. 2017).
[27] Id. at 909.
[28] Id. at 914-918.
[29] Id. at 922-923.

（三）第四巡迴法院

本案上訴到第四巡迴法院。第四巡迴法院支持一審判決的判決結果，但是認為一審法院的標準太過寬鬆。

首先，第四巡迴法院強調，在申請商標時，倘若專利商標局認為系爭商標屬於通用詞，應由專利商標局負舉證責任[30]。

其次，第四巡迴法院並不同意一審法院所提出的「在一個通用詞（例如booking）後面加上第一級網域名稱（例如.com），就會使整個商標成為描述性商標，具有來源指示功能」這個見解[31]。

第四巡迴法院認為，判斷商標是否為通用詞的標準，最重要的是，相關領域公眾（或消費者）對於該商標所認知的主要意義，是指該產品服務類別的性質，還是作為該商品或服務的來源。如果是前者，就是一種通用詞；如果是後者，就不是通用詞[32]。

第四巡迴法院亦認為，既然是否為通用詞的判斷，主要是看相關領域消費者對該商標整體的認知，因而，透過消費者意見調查，就可以看出相關領域消費者的認知是什麼。此時，第四巡迴法院稍微說明，如果這個詞在商標使用以前就已經是普遍使用的通用詞，即不必再經過消費者調查；但若這個詞是比較新的詞（法院認為booking.com屬於新的詞），就需要經過消費者意見調查[33]。

在本案中，根據一審法院接受的消費者意見調查，有將近75%的消費者確實認知，booking.com這個詞是代表一家公司，也就是指示的是服務來源，而非代表「線上訂房網」的通用名稱。因此，其得註冊商標[34]。

第四巡迴法院基於下述二個理由，認為該詞彙被獨占的危險已經降低：1.一審法院認為，申請人只有在訂房服務上具有後天識別性（第二意義），故booking.com的商標範圍只存在訂房服務業（第43類），而沒有

---

[30] Booking.com B.V. v. USPTO, 915F. 3d at 179-180.
[31] Id. at 185.
[32] Id. at 180.
[33] Id. at 185.
[34] Id. at 187.

禁止其他訂車網站、訂機票網站使用這個詞[35]；2.將來商標權人要告其他使用類似字眼的廠商侵權，仍必須證明具有混淆誤認之虞。但由於.com這個詞屬於通用詞，指的是網站，所以就算其他廠商使用了類似字眼，未必會與原告商標的來源指示產生混淆誤認[36]。

（五）最高法院

1. 最高法院審理與判決

這個案件又上訴到最高法院，2020年5月4日進行言詞辯論，最高法院於6月30日作出正式判決[37]，以8票比1票，認為Booking.com可以註冊商標。此判決由Ginsburg大法官主筆。

Ginsburg大法官最重要的結論認為，「通用詞＋.com」這種類型是否為某種商品或服務的通用名稱，必須消費者認為其屬於該領域之通用名稱，才會被認為是通用名稱。

首先，一個複合詞是否為通用詞，取決於整體來看，是否傳達給消費者某種產品或服務類別的意思。本案事實上，消費者並沒有將Booking.com這個詞認知為某種產品服務類別的名稱。因此，Booking.com對消費者而言不是通用名稱，所以就不是通用詞。

2. 專利商標局的當然規則與Goodyear Rubber Company案

專利商標局採取了一種當然規則（*per se* rule）：當一個通用詞，與通用的網域名稱結合，例如與.com結合，所結合的詞組仍然是一個通用詞。

專利商標局主張，他們是根據美國最高法院1888年的一個經典案例Goodyear Rubber Company案[38]，才推論出上述規則。

該案中的爭議商標為Goodyear Rubber Company。在當時，Goodyear

---

[35] Id. at 187.
[36] Id. at 187.
[37] USPTO v. Booking.com, 2020 WL 3518365 (Supreme Court, June 30).
[38] Goodyear's India Rubber Glove Mfg. Co. v. Goodyear Rubber Co., 128 U.S. 598 (1888).

Rubber代表的是發明家查爾斯・固特異（Charles Goodyear）所發明的
一種橡膠製作方式，現在一般稱為「固特異橡膠」或「硫化橡膠」，而
Company代表的就是公司類型。當時最高法院判決認為，既然Goodyear
Rubber是某類產品的名稱而無法取得商標保護，加上company這個字，
只代表他們成立了一家公司專門賣這類產品。若允許讓Goodyear Rubber
Company獲得商標，將會打壓所有販售這類商品的其他人的權利，影響他
們描述其自身的產品。

　　因而，專利商標局主張，「通用詞＋.com」這種類型，就像「通用詞
＋Company」一樣，無法產生來源指示功能，而無法獲得商標保護。

　　但最高法院認為，這個前提是錯的，因為對網域名稱來說，只會有一
家公司取得一個特定的網域名稱，所以「通用詞＋.com」這個傳達給消費
者的訊息，就是與特定網址有關聯的組織。

　　甚至，專利商標局所提出的規則，完全不顧消費者的認知，這有違
美國商標法的基本原則：一個特定詞是否為通用詞或非通用詞，取決於其
對消費者的意義，亦即，消費者在事實上是否將該詞認知為產品類別的名
稱？或者可以與其他產品類別相區別的詞？

3. 避免獨占booking詞彙的政策考量？

　　美國專利商標局主張，在政策上，應避免「通用詞＋.com」被獨占。
專利商標局擔心，倘若允許註冊Booking.com，將會阻礙競爭。但是專利
商標局並不是認為，其他想要提供線上訂房網站服務的公司，也需要將他
們的服務稱為Booking.com。專利商標局擔心的是，如果本案允許註冊，
將會排除或禁止其他競爭對手使用booking這個詞，或者無法使用類似
「ebooking.com」或「hotel-booking.com」這類的網域名稱。因此，專利
商標局擔心的，不是獨占Booking.com這個商標，而是怕類似「booking」
的詞受到不當控制，導致他人無法使用。

　　但最高法院認為，如果擔心這種事情，則所有描述性商標也都會有類
似的問題。如果要避免專利商標局擔心的反競爭效果，商標法上有幾個原
則，都可避免Booking.com被註冊後，商標權人可以獨占booking這個詞：

　　(1) 競爭對手使用booking的方式，必須有混淆誤認之虞，才會構成侵權。當一個詞的識別性越弱，混淆誤認之虞的可能性也越低。Booking.com自己承認，Booking.com會是一個識別性弱的商標。Booking.com也承認，因為該商標是描述性的，將來較難證明他人商標構成混淆誤認之虞。

　　(2) 就算Booking.com受到商標保護，他人仍然可以基於公平與善意（fairly and in good faith），對自己的產品為描述性使用，而非作為商標使用，亦即典型的商標合理使用[39]。

　　上述這些商標法的原則，都可以避免專利商標局所擔心的反競爭效果，確保Booking.com獲得註冊後，並不會讓商標權人獨占booking這個詞。

4. 用網址或其他法律保護？

　　最後，專利商標局主張，本案當事人根本不需要註冊商標，因為其已經取得了booking.com這個特殊的網域名稱，在競爭上已經具有優勢。消費者在輸入booking搜尋網頁時，最容易搜尋到的就是當事人的網站。之所以想要註冊商標，就是想要再取得更大的競爭優勢。

　　但最高法院認為，就算商標保護可以賦予其競爭優勢，並不必然就無法讓其註冊商標。其他描述性商標先天上也會與產品或服務有關聯，消費者輸入描述詞一樣也會較容易找到相關網站。但聯邦商標法一樣允許註冊描述性商標。

　　專利商標局認為，Booking.com可以透過商標法以外的法律尋求保護，例如可以使用不公平競爭法，避免其他事業模仿（passing off）Booking.com這個服務。但商標法的保護更強。最高法院認為，有其他法律可以保護，並不足以成為理由，而拒絕Booking.com根據國會法律申請註冊的利益。

---

[39] 規定於美國商標法15 U.S.C. § 1115(b)(4)。

第四節　暗示性商標

一、暗示性商標

　　所謂「暗示性標識」，指以隱含譬喻方式暗示商品或服務品質、功用或其他有關成分、性質等特性，雖較易爲消費者所記憶，但並非競爭同業必須或通常用以說明商品或服務的標識。暗示性的描述與商品或服務的直接描述不同，消費者需要運用一定程度的想像、思考、感受或推理，才能領會標識與商品或服務間的關聯性[40]。

　　這種類型的標識，不是競爭同業必須或自然會選擇用以說明商品或服務特徵的標識，通常還有其他較直接的說明文字或圖形等可供使用，因此賦予排他專屬權不影響同業公平競爭，得准予註冊[41]。

二、2020年Future Proof Brands, LLC. v. Molson Coors Beverage案

　　低酒精氣泡飲（hard seltzers）是近年來崛起的一種很受歡迎的飲料，各家廠商都紛紛推出各種新品牌。在美國，一家名爲BRIZZY的低酒精氣泡飲，主張另一家廠商欲推出的品牌VIZZY，與其商標會讓消費者混淆誤認，而請求法院下達初步禁制令（preliminary injunction）禁止其銷售。但第五巡迴法院於2020年底判決，兩者不構成混淆誤認，駁回原告請求。

---

[40] 智慧財產局，商標識別性審查基準，2.1.3。
[41] 智慧財產局，商標識別性審查基準，2.1.3。

圖1-7　BRIZZY與VIZZY的產品比較

資料來源：Future Proof Brands, LLC. v. Molson Coors Beverage, 982 F.3d 280 (5th Cir.(Tex.), 2020).

（一）事實

近年來，低酒精氣泡飲和預調雞尾酒（ready-to-drink cocktails）的市場不斷成長，推出許多新品牌，自然也開始出現商標權之戰。在美國，銷售BRIZZY牌低酒精氣泡飲的廠商Proof Brand公司，認為另一家新廠商Molson Coors公司打算推出的低酒精氣泡飲品牌VIZZY，與自家品牌構成混淆誤認，而向德州西區地區法院起訴，請求核發初步禁制令，禁止VIZZY的銷售，但地區法院駁回其請求[42]。

原告Proof Brand公司不服，向第五巡迴上訴法院上訴，但第五巡迴法院於2020年底，仍判決駁回原告之請求[43]。

（二）法院判決

1. 初步禁制令之審查

第五巡迴法院首先指出，初步禁制令是一種特殊的救濟，除非原告盡了自己的舉證責任，否則法院不應輕易核發此種救濟；對於地區法院的判決，上訴法院的審查標準乃是檢查地區法院是否有濫用其裁量權[44]。

---

[42] Future Proof Brands, LLC. v. Molson Coors Beverage, 2020 WL 3578327 (W.D.Tex., March 24, 2020).

[43] Future Proof Brands, LLC. v. Molson Coors Beverage, 982 F.3d 280 (5th Cir.(Tex.), 2020).

[44] Id. at 288-289.

　　要獲得初步禁制令，原告必須證明四個因素：(1)原告有獲得勝訴之實質可能性；(2)如果不核發禁制令，原告會遭受無法回復損害之實質威脅；(3)該實質損害，大於核發禁制令對被告造成之傷害；(4)核發初步禁制令不會損及公共利益。但第五巡迴法院認為，原告Proof Brand公司不能證明，就被告商標侵權其有勝訴之實質可能性，因此其他三項因素也就不予審查了[45]。

2. 混淆誤認判斷之八因素

　　在美國，商標混淆誤認，一般要考量八個因素：(1)被侵害商標之類型；(2)二商標間之近似程度；(3)產品間之類似程度；(4)所使用之零售批發商和製造商；(5)所使用的廣告媒體；(6)被告之意圖；(7)實際混淆誤認之證據；(8)潛在購買者之注意程度[46]。

　　原告Proof Brand公司主張，地區法院在對第一、二、六、七、八因素的判斷上有所錯誤。第五巡迴上訴法院針對原告指出之錯誤，一一審查，最後認為，雖然地區法院的判決存在一些錯誤，但綜合判斷上，地區法院作成的結論並沒有錯，亦即，被告商標VIZZY與原告商標BRIZZY並不構成混淆誤認[47]。

3. BRIZZY為暗示性商標

　　首先討論，原告商標之識別性與強度。地區法院認為，BRIZZY的字源「fizzy」是指「碳酸」，而BRIZZY就是指碳酸飲料之意，屬於描述性商標，識別性和強度均很弱。但第五巡迴法院認為，BRIZZY商標應該屬於暗示性商標（suggestive），而非描述性商標[48]。

　　但是，暗示性商標與描述性商標，在商標混淆誤認的判斷上，都屬於「相對較弱」的商標，而且市場上還存在其他飲料的商標，且商標中都有使用「-IZZY-」這個字根，因而可以作證，BRIZZY是一個識別性較弱的

---

[45] Id. at 289.
[46] Id. at 289.
[47] Id. at 289.
[48] Id. at 291-292.

商標[49]。

　　由於識別性較弱，在商標圖案近似程度上，被告的VIZZY和原告的BRIZZY，只有字尾的IZZY相同，但字首的BR和V不同，導致讀音上兩者不同。此外，在產品整體包裝上，二者也不相同，因而地區法院認為，商標近似程度很低。而第五巡迴法院認為地區法院的判斷無誤[50]。

4. 被告不具備惡意

　　對於第六因素「被告之意圖」（也就是我國所謂的申請時是否為善意），原告主張，被告Molson Coors公司確實知道原告的BRIZZY商標，所以才會設計出VIZZY的商標。但第五巡迴法院認為，單純知道在先商標之存在，並不能證明存在「惡意」。而是必須證明，被告設計該商標，是想攀附原告商標之商譽。就此點，法院認為，原告Proof Brand公司並沒有證明被告有此意圖[51]。

　　就第七因素，是否存在實際混淆誤認之證據。第五巡迴法院認為，如果只有一個批發商，一開始短暫地搞錯了BRIZZY和VIZZY這二個品牌，這不足以證明，消費者對這二個品牌確實有混淆誤認之虞。不過，批發商確實也是該產品的購買者，但終端消費者才是購買的重點[52]。

　　就第八因素，潛在購買者之注意義務程度。因為這是初步禁制令的程序，原告沒有提供其他的宣誓書、證詞或證據，用以證明低酒精氣泡飲的潛在購買者，在零售店、酒吧、餐廳購買時的注意義務很低，因而，法院認為，這個因素並不足以支持核發禁制令[53]。

5. 綜合判斷八因素

　　最後，在各種因素的綜合考量下，地區法院認為，三個因素支持原告、四個因素不支持原告，一個因素平手。但其中，「被告並不具備惡

---

[49] Id. at 293-294.
[50] Id. at 294-296.
[51] Id. at 296.
[52] Id. at 297.
[53] Id. at 297.

意」以及「沒有足夠的眞正混淆誤認之證據」等因素，都傾向沒有混淆誤認，故最後綜合判斷，地區法院決定不核發禁制令。第五巡迴法院認爲，地區法院的評估並沒有明顯錯誤，因而同意地區法院認定，原告Proof Brand公司就勝訴的實質可能性上，並未盡到舉證責任，而駁回其初步禁制令之請求[54]。

---

[54] Id. at 298.

第二章 顏色商標、立體商標與功能性

　　商標具有功能性，因為欲避免商標權人獨占該功能，不得註冊。其規定於聯邦商標法第1052條(e)(5)：「整體由具功能性事項構成。[1]」

　　會具有功能性者，通常為顏色商標、立體商標。而顏色商標、立體商標，另外會有「不具識別性」的問題。故本節挑選美國重要判決中，涉及顏色商標、立體商標的代表性案例，進行說明討論。

第一節　經典案例

　　過往美國最高法院對於顏色商標以及產品設計等商業外觀（trade dress）是否具有先天識別性，作過幾個重要判決。

一、商業外觀：1992年的Two Pesos, Inc. v. Taco Cabana, Inc.案[2]

　　最高法院認為，餐廳的商業外觀可以具有先天識別性，但如何判斷商業外觀之先天識別性，該判決沒有提供標準。

---

[1]　15 U.S.C. § 1052(e)(5).
[2]　Two Pesos, Inc. v. Taco Cabana, Inc., 505 U.S. 763 (1992).

圖2-1　Two Pesos, Inc. v. Taco Cabana, Inc.案中Taco Cabana的餐廳外觀

資料來源：https://courses2.cit.cornell.edu/sociallaw/student_projects/Tradedresspage2.html.

二、單一顏色：1995年的Qualitex Co. v. Jacobson Prod. Co.案[3]

　　最高法院認為，將顏色用於產品上，可當作商標，但必須證明取得後天識別性。不過要注意的是，該案屬於「單一顏色」，且是直接用在「產品本身」，而非用在產品包裝上。

圖2-2　Qualitex Co. v. Jacobson Prod. Co.案中的乾洗墊

資料來源：https://indiancaselaws.wordpress.com/2020/01/12/qualitex-co-v-jacobson-prods-co/.

---

[3]　Qualitex Co. v. Jacobson Prod. Co., 514 U.S. 159 (1995).

三、產品外觀：2000年的Wal-Mart Stores, Inc. v. Samara Bros.案[4]

最高法院認為，某些類型的產品包裝可能有指示商品來源的先天識別性；但相對地，所謂顏色商標，只是由顏色所組成的商標，不管有無應用在產品或包裝上，都仍是顏色商標，而非產品包裝。在該案中，最高法院曾表示：「顏色商標本身永遠不會有先天識別性」[5]。

圖2-3　Wal-Mart Stores, Inc. v. Samara Bros.案中的兒童衣服

資料來源：https://www.fryer.com/samdr58b_.htm.

第二節　多顏色商標

一、2020年聯邦巡迴上訴法院In re Forney Industries案

Forney Industries公司申請一種多顏色組合應用於包裝的背卡上，美國專利商標局認為純粹顏色組合，本身不具有先天識別性，而拒絕其註冊。但美國聯邦巡迴上訴法院在2020年4月作出的In re Forney Industries案

---

[4] Wal-Mart Stores, Inc. v. Samara Bros., 529 U.S. 205 (2000).
[5] Id. at 211-212, (citing Qualitex, 514 U.S. at 162-163).

判決，認為多顏色組合應用於產品包裝上，本身可以具有先天識別性。

（一）事實

1. Forney公司的零件包裝背卡上的特殊顏色

2020年聯邦巡迴上訴法院作出In re Forney Industries, Inc.案判決[6]，認為多顏色的組合商標應用在產品包裝上，可能具有先天識別性。

本案的原告Forney Industries公司，乃是銷售焊接和機械加工之工具和五金零件的公司，其在零件的包裝上，採用了一款新的顏色設計，請見圖2-4。

2014年5月時，Forney Industries公司向美國專利商標局，申請註冊此一包裝背卡的顏色商標。這個顏色商標共有三種顏色：「商標的頂部由黑色實心條紋組成。黑色實線下方是黃色，漸漸變成紅色。這些顏色位於包裝和／或標籤上。[7]」

圖2-4　本案所申請的顏色商標

資料來源：In re Forney Industries, Inc., 955 F.3d 940 (2020).

2. 專利商標局駁回

2014年9月，專利商標局的審查官回覆，認為純顏色組合的商標，不具先天識別性，要求Forney Industries公司附上取得後天識別性（acquired distinctiveness）之證據。此外，既然這個顏色組合要用在立體包裝的背卡

6　In re Forney Industries, Inc., 955 F.3d 940 (2020).
7　Id. at 943.

上，審查官也要求Forney Industries公司將申請改爲立體商標申請，並附上一個立體圖，標示這個顏色組合如何呈現在包裝背卡上。此外，對於顏色的描述，從所附上的圖片來看，從黃色過渡到紅色中間還有橘色，故審查官也希望Forney Industries公司修正對商標顏色的描述[8]。

圖2-5　Forney Industries公司實際使用的情形

資料來源：https://www.ipwatchdog.com/2020/05/11/re-forney-herald-brighter-future-color-marks/id=121497/.

　　因此，Forney Industries公司願意修正商標描述，改爲：「商標由紅色變爲黃色，頂部帶有黑色橫幅，用於商品包裝。虛線僅表示包裝背卡上標記的位置。」但是，2015年5月，審查官還是拒絕註冊該商標，認爲其欠缺先天識別性，仍要求Forney Industries公司需補提供取得後天識別性的充分證據[9]。

（二）商標審理暨救濟委員會

　　Forney Industries公司對前述商標審查官的決定不服，向商標審理暨

8　Id. at 943.
9　Id. at 943.

救濟委員會（Trademark Trial and Appeal Board, TTAB）提出救濟，認爲其所申請的商標，是一種「有多重顏色的產品包裝之商業外觀」，而非單純的「顏色商標」，應該具有先天識別性，而不需要提供取得後天識別性之證據[10]。

但TTAB維持審查官拒絕註冊的決定[11]。TTAB認爲，本案中應該只是顏色商標，因爲申請人並沒有提供額外的元素，包括包裝的形狀或設計。申請人所申請的顏色商標，只是打算應用在產品包裝上，但仍屬於顏色商標。而故根據過去最高法院的判例，認爲顏色商標不會有先天識別性。

（三）聯邦巡迴上訴法院

因而，Forney Industries公司向聯邦巡迴上訴法院提出上訴。聯邦巡迴上訴法院於2020年4月作出判決[12]，改判Forney Industries公司勝訴。

巡迴法院認爲，最高法院從來沒有直接表示，將顏色應用於商品包裝上，絕對不會有先天識別性。

1. Qualitex案針對的單一顏色的產品設計本身

仔細重新閱讀最高法院過去的相關判決，最高法院只有Qualitex Co. v. Jacobson Prod. Co.案是最直接處理純顏色商標的案例。但是，首先要區分，該案例所處理的單一顏色產品設計，與本案所處理的多顏色產品包裝，兩者不同：

(1) Qualitex案涉及的是乾洗墊的產品設計商業外觀，而Forney案涉及的是對五金零件的產品包裝商業外觀。

(2) Qualitex案涉及的是綠色的單一顏色商標，而Forney案涉及的是紅、橘、黃多顏色商標。

聯邦巡迴上訴法院認爲，由於Qualitex案與本案有上述二個地方不同，所以該案見解，並不能決定本案所涉及的「多顏色」、「產品包裝」

---

[10] Id. at 943.
[11] In re Forney Industries, Inc., 2018 WL 4348337 (T.T.A.B. September 10, 2019).
[12] In re Forney Industries, Inc., 955 F.3d 940 (2020).

商標。

2. Wal-Mart案中的顏色商標不具識別性也是針對產品設計

其次，在Wal-Mart案中，最高法院先區分二種商業外觀，一種是產品設計本身，一種是產品包裝。而在討論產品設計本身時，最高法院才提到這個關鍵的句子：「顏色商標本身永遠不會有先天識別性」[13]；最高法院進一步表示：「設計本身，像顏色一樣，也不會有先天識別性。[14]」但聯邦巡迴上訴法院要特別指出，Wal-Mart案是將顏色應用在產品設計上（該案涉及的是小孩衣服之設計），而非應用在商品包裝上（見圖2-3）。

另外，在Wal-Mart案中，最高法院也提到，Two Pesos案涉及的餐廳外觀（見圖2-1），某程度比較接近包裝，而Two Pesos案提到，一般而言，產品包裝可以有先天識別性。

3. Forney Industries公司的多顏色商標應用於產品包裝

回到本案Forney Industries公司的多顏色商標上。聯邦巡迴上訴法院認為，本案的多顏色應用在產品包裝上，比較接近Two Pesos案的餐廳外觀，而與Qualitex案的單一顏色商品設計，以及Wal-Mart案的商品設計較不接近[15]。

由於最高法院過去的判例對這個問題沒有表達具體立場，巡迴法院認為，雖然顏色本身通常都只是裝飾，但「獨特地以顏色為主的產品包裝標誌」可以當成來源指示，也可能具有先天識別性。

因而，本案聯邦巡迴法院認為，多顏色商標應用在產品包裝上，而非產品本身設計上，是有可能具有先天識別性的[16]。

---

[13] Wal-Mart Stores, Inc. v. Samara Bros., 529 U.S. at 211-212, (citing Qualitex, 514 U.S. at 162-163).

[14] Id. at 212.

[15] In re Forney Industries, Inc., 955 F.3d. at 946.

[16] Id. at 945.

4. 多顏色商標是否一定要連結到確定的外圍形狀？

就算多顏色商標用在產品包裝上，可能有先天識別性。但專利商標局與TTAB另外認為，顏色商標一定要與獨特的外圍形狀或邊界連結，才會具有先天識別性。而本案原告Forney Industries公司的申請案，並沒有獨特的外圍形狀或邊界，故仍然不會有先天識別性。

但聯邦巡迴上訴法院認為，過去的判例並沒有這個要求。過去只有要求，商業外觀是否給消費者一個印象，就是會將商業外觀聯想到特定商品服務來源。因此，上訴法院認為，專利商標局要確定的標準在於，當顏色組合與設計應用於產品包裝上，是否足以指示該包裝的產品的商品來源？對於此問題，專利商標局必須從「使用的顏色」和「這些顏色創建的圖案」所產生的總體印象，進行判斷[17]。

最後，聯邦巡迴上訴法院判決Forney Industries公司勝訴，要求案件退回給TTAB重審。

第三節　立體商標（商業外觀）

一、立體商標（商業外觀）之識別性

美國商標法下可註冊立體商標，一般稱為「商業外觀」（trade dress），只要：（一）其設計元素具有識別性；且（二）消費者可以識別出該商業外觀的「單一來源」（single source）就是該商品製造者或銷售者。

第二個要件的標準非常高，消費者看到這個外觀特徵，且在沒有看到公司品牌的情況下，就要識別出該產品來自哪一家公司，且只能辨識出一家公司。使用該產品外觀特徵的，必須在市場上只有一家公司，且要足夠知名，才有可能滿足此要件。

---

[17] Id. at 947-948.

二、2022年TTAB之In re Jasmin Larian, LLC.案

　　2017年時，Instgram的時尚網紅們開始大量分享一款半圓形竹製手提包，一時間成為美國最火熱的流行時尚產品。創辦Cult Gaia品牌的設計師Jasmin Larian，在2017年7月以這款包的造型向美國專利商標局申請註冊立體商標。但美國專利商標局認為其包款為通用包款且不具後天識別性，拒絕其商標註冊。申請人提出救濟後，2022年1月，美國TTAB仍然作出駁回決定。

（一）事實

　　設計師Jasmin Larian在2011年創設了與自己同名的公司，並創辦了Cult Gaia這個品牌。其於2013年1月開始販售其「方舟手提包」（Ark handbag），也就是**半圓形**竹製手提包。2017年，這款**半圓形**竹製手提包突然在社群網站變得非常火紅，許多網站名人都紛紛分享Cult Gaia的這款方舟手提包[18]。

　　因而，Jasmin Larian公司在2017年7月10日，以此款**半圓形**竹製手提包的立體造型，向美國專利商標局申請了立體商標。該商標申請附圖如圖2-6。

圖2-6　Jasmin Larian公司向美國專利商標局申請的立體商標（申請號 87522459）

資料來源：USPTO.

---

[18] In re Jasmin Larian, LLC., Serial No. 87522459, at 4 (TTAB, January 19, 2022; redesignated Mar. 29, 2022) (Cataldo, Lynch, Allard, ATJ).

　　申請案中，對該立體標誌的描述爲：「未主張顏色是商標的特徵。該標誌由一個三維手提包的配置組成。該手提包具有以下獨特組合：(1)由均勻尺寸的薄硬質材料條製成的結構化且扁平的前後面板；(2)以互鎖方式排列形成三個同心半圓，形成獨特的透視旭日紋設計；(3)頂部有水平條和一個由相同材料製成的帶有彎曲錐形切口的手柄；(4)彎曲的側板，由與構成前後板的部件相同材料和相同寬度的互鎖件製成；(5)連接把手的圓珠狀墊片。」

（二）TTAB之決定

　　此案審查官在審查時要求補充相關資料，經過三年審查後，仍決定駁回此申請案。申請人不服，向TTAB提出救濟，2022年1月19日TTAB作成決定，仍然維持駁回決定。2022年3月29日，TTAB的三名行政法官，指定該決定作爲先例（precedent），亦即認爲該決定中對立體商標要件的討論，可作爲後續案件的參考。

　　TTAB的駁回理由主要有二：1.該包款是業界通用的（generic）包款，亦即在Jasmin Larian申請前就已經存在，現也有其他廠商在販售近似包款；2.該設計還沒有達到「後天識別性」之程度[19]。

1. 業界的通用包款？

　　該包款是否爲業界通用包款？Jasmin Larian主張，在自己強力推銷使該包款成爲暢銷商品前，當時業界並沒有其他廠商銷售此種包款。

　　但是，TTAB從以下八項證據，認爲此包款在2013年1月之前，就曾經在業界被銷售過[20]：

　　(1) 在申請人開始銷售之前，在第三方轉售平台上銷售相同或幾乎相同的包款。

　　(2) 在申請人開始銷售之前，在網站貼文、部落格文章上，就有對相

---

[19] Id. at 2-3.
[20] Id. at 7-21.

同或幾乎相同的手提包設計的討論文章。

(3) 在申請人開始銷售之前，宣傳春夏時裝系列的雜誌就有討論到幾乎相同的手提包設計的文章。

(4) 申請人自己接受訪問時，承認該包款設計是「一般日本竹籃包的重製物」。

(5) 設計的歷史性質的證據，包括手提包歷史介紹書籍的內容和對現代藝術博物館（Museum of Modern Art）銷售該產品的說明，都提到1970年代就有此包款出現。

(6) 在時尚界有豐富經驗的人發表的文章，證明該設計是已知設計並且來自多個來源。

(7) 普通消費者發表的貼文，評論他們長期以來對相同或幾乎相同的包袋設計非常熟悉，並且來自多個來源。

(8) 在申請人發布日期之後，但在其流行之前，其他人提供相同或幾乎相同的手提包設計。

綜合上述八項證據，TTAB認爲，在Cult Gaia開始銷售這款包之前，1970年代以及2010年左右，都有其他製造商在美國或其他國家銷售非常近似的包款，因此認爲其屬於業界「通用」的包款。

但Jasmin Larian主張，立體商標（商業外觀）並不需具備新穎性（novelty），就算曾經有近似的設計在幾十年前出現過，在美國仍然可以作爲其公司產品的商業外觀[21]。

TTAB同意，立體商標（商業外觀）不需要具備新穎性，但是TTAB也認爲，所申請的立體識別必須具有識別廠商來源的功能。從證據可知，申請的設計是一種常見的手提包設計，並且像許多設計趨勢一樣，有流行期以及平靜期。一個特定的包款設計目前不流行，並不意味著它不是一個常見的設計。由於消費者在網站上可以看到別家品牌銷售的幾乎一樣的包款，相同的手提包仍繼續被使用、銷售、展示和討論，並因此繼續影響消費者的認知，故該設計不會被視爲單一來源的標誌，而不具有指示來源的

---

[21] Id. at 36.

功能[22]。

2. 不具備後天識別性

除了通用性之外，TTAB也提出了補充理由，認為該包款的造型不具備「後天識別性」，亦即消費者不會將該包款造型，聯想到Cult Gaia品牌[23]。

在判斷一標誌是否具有後天識別性，要綜合考量六項因素：(1)實際購買者聯想到特定來源的比例（通常通過消費者調查來衡量）；(2)使用的期間、程度和獨占性使用；(3)廣告的數量和方式；(4)銷售額和客戶數量；(5)故意複製；(6)未經請求的媒體對帶有該標誌的產品進行報導[24]。

TTAB指出，前二項因素，並不利於申請人：(1)申請人並沒有提供消費者調查，證明消費者看到該立體形狀聯想到申請人品牌的情況；(2)前面的證據已經指出，在申請人開始銷售前或後，都有其他公司在銷售近似商品，亦即該立體造型的使用並非獨占性的使用[25]。至於後面幾項因素，申請人都提出許多證據。

TTAB指出，這些證據，都必須要證明消費者看到這款包的造型，是否會聯想到申請人或Cult Gaia品牌，認為其是該商品的來源。但整體而言，TTAB不認為這些證據可以充分證明，消費者看到竹籃包造型就會直接聯想到申請人公司或Cult Gaia品牌[26]。

3. 未來的發展

過去案例中，對於立體商標，比較擔心會獨占某種商品功能特徵，例如美國第三巡迴法院的Pocky巧克力棒。嚴格來說，Jasmin Larian想註冊的標的半圓形竹製手提包，只會獨占「半圓形」這款造型的竹製手提包，但不會獨占所有竹片製材質的手提包。

---

[22] Id. at 36.
[23] Id. at 37.
[24] Id. at 38.
[25] Id. at 39-41.
[26] Id. at 51.

本案TTAB最特別的見解在於，此一半圓形竹製手提包曾在1970年代出現過，目前尚有其他少數公司銷售這種造型的包款，所以TTAB認為屬於該行業的通用包款。不過，有其他少數公司銷售此造型包款，就認為是業界的「通用包款」，似乎太過寬鬆。Jasmin Larian很有可能對此標準不服，繼續上訴到法院訴訟。

三、2022年第九巡迴法院P&P Imports v. Johnson Enterprises案

美國的P&P公司於2016年底推出一款大型庭院式四子棋產品，在Amazon上成為最暢銷玩具。不久後，另一家公司推出大小、配色都一樣的產品。P&P公司主張自家的產品大小配色之產品外觀，屬於受保護的未註冊商標，而控告對方侵害商標權。雙方在法院爭執，此種大小配色之產品外觀，是否取得次要意義，而可主張商標保護。

（一）事實

1. 庭院大型屏風式四子棋產品

P&P Imports公司（簡稱P&P公司），以GoSports這個品牌銷售戶外玩具產品。其在2016年12月起推出「大型四子棋」（Giant 4 in a Row Game）這款玩具品，該產品將一般桌遊的屏風式四子棋版本，改為較大型的庭院遊戲產品。P&P公司透過Amazon和eBay銷售這款產品，並在Amazon上成為戶外遊戲產品的銷售冠軍[27]。

2017年間，Johnson Enterprises公司（簡稱Johnson公司）想拓展其戶外遊戲產品項目。其先進行市場調查，發現P&P公司是Amazon上這類商品的最熱銷公司。故將P&P公司的樣品寄給中國製造商，請其生產類似產品，並於2017年10月開始銷售與P&P公司產品幾乎一樣的產品。Johnson公司的產品與P&P公司的產品，在顏色、風格、大小上幾乎都一樣，只有產品上方印的品牌不同，請見圖2-7。

---

[27] P&P Imports LLC. v. Johnson Enterprises, LLC., 46 F.4th 953, 956 (4th Cir. 2022).

(Blue Br. at 1)

圖2-7　P&P公司與Johnson公司的大型四子棋產品

資料來源：P&P Imports LLC. v. Johnson Enterprises, LLC., 46 F.4th 953, 957 (4th Cir. 2022).

（二）原告主張

2019年3月，P&P公司控告Johnson公司侵害其「產品外觀」（trade dress），亦即未註冊商標，而違反聯邦商標法第1125條(a)，另外也違反加州不公平競爭法。

P&P公司主張，其產品外觀的內涵主要為「純白色遊戲板，帶有圓形切口，和扁平的圓形紅色和藍色圓幣」[28]。P&P公司主張，此款特別的產品外觀，已經廣為消費者認識與辨別，而取得「次要意義」，亦即具有後天識別性。其主張，Johnson公司乃意圖欺騙公眾關於其遊戲產品之來源，想從P&P公司的四子棋產品的商譽中獲利[29]。

（三）一審判決

地區法院一審時，Johnson公司請求即決判決，駁回P&P的主張。

關於未註冊的產品外觀之侵權，原告必須證明：1.該產品外觀不具功能性；2.該產品外觀取得次要意義（後天識別性）；3.原告和被告產品有混淆誤認之虞[30]。

---

[28] Id. at 957.
[29] Id. at 958.
[30] Id. at 958.

　　地區法院關心的重點，主要是該產品外觀是否取得次要意義（後天識別性）。地區法院認為，P&P公司沒有提出取得「次要意義」的證據，因為在其所提證據中，無法證明消費者會將該產品外觀，特別連結到P&P公司（地區法院引用了第九巡迴法院2011年Fleischer案[31]的見解）。故駁回P&P公司之請求[32]。

（四）第九巡迴法院判決

　　P&P公司不服，上訴到第九巡迴上訴法院。第九巡迴法院於2022年8月24日作出判決，推翻一審判決。

1. 次要意義不需要連結到具體的公司名稱

　　第九巡迴法院首先指出，一個產品的設計，包括獨特的名稱、品牌、包裝、標示，都可能發展出「來源辨識之外觀」。只要發展出識別性、具備「來源辨識」能力，該產品就可以獲得產品外觀保護，製造商就可以根據聯邦商標法第1125條(a)的未註冊商標，提起侵權訴訟[33]。

　　當「在公眾心目中，商業外觀的重要性是識別產品的來源，而不是產品本身」時，就存在「次要意義」。地區法院引述第九巡迴法院Fleischer案見解，認為消費者必須將P&P公司的產品外觀特別連結到P&P這家公司名稱，而非其他任何一個不知名公司，才具有次要意義[34]。

　　第九巡迴法院指出，Fleischer案不能推翻第九巡迴法院長期以來對於次要意義的定義。過去判決認為，次要意義乃指消費者可以連結到一個來源，就算是不知名的來源。也就是說，消費者不用知道所連結到之來源的具體名稱，只要知道其來自某一個公司即可[35]。

2. 推定存在次要意義的證據是否充分

　　在判斷是否取得次要意義時，法院應考慮多個因素，包括：「直接消

---

[31] Fleischer Studios, Inc. v. A.V.E.L.A., Inc., 654 F.3d 958 (9th Cir. 2011).

[32] P&P v. Johnson Enterprises, 46 F.4th at 959.

[33] Id. at 959-960.

[34] Id. at 960.

[35] Id. at 960.

費者證詞；問卷調查證據；商標的專屬使用情形、方式和使用期限；廣告的數量和方式；銷售額和客戶數量；在市場上所建立地位；以及被告故意複製的證據」[36]。

　　由於地區法院是採取即決判決（尚未證據開示、未召開陪審團），故所能獲得的這些事實證據有限。本案中，原告至少證明了其中二項證據，包括：(1) Johnson公司故意模仿；以及(2)消費者問卷調查。第九巡迴法院認為，在即決判決程序中掌握的事實資訊有限下，能提出這二個證據，就已經夠充分了[37]。

3. 意圖複製

　　第九巡迴法院認為，若能證明「意圖複製」這項證據，可強烈推定，對方產品已取得次要意義。亦即，若有公司故意複製競爭對手產品，很可能就是想要利用已經存在的次要意義。本案中，Johnson公司在市場調查時先研究了P&P公司的產品，並訂購一個寄給中國製造商，幾個月後開始銷售幾乎一模一樣的產品。這項證據，強烈地推定，Johnson公司乃故意複製P&P公司的遊戲產品[38]。

　　Johnson公司則主張，這些產品特徵全都是功能性的，同業間彼此模仿，並不當然就可認定對手產品具有次要意義。只有證明被告意圖模仿原告產品，乃是「意圖混淆消費者、讓消費者以為其產品來自於原告」，才能認為對手產品具有次要意義[39]。

　　第九巡迴法院認為，是否有「意圖混淆消費者」，是在混淆誤認判斷時才要考慮的。至少在第九巡迴法院管轄區，有意圖模仿，就可推定對方產品有次要意義[40]。

　　就算真的要求「意圖混淆」，從其他證據來看，也可認為被告有意圖混淆。本案中，被告除了複製產品設計，還複製行銷方式。Johnson公

---

[36] Id. at 961.
[37] Id. at 961.
[38] Id. at 961.
[39] Id. at 961-962.
[40] Id. at 962.

司在其產品描述上，複製了許多P&P公司的產品描述，例如「遊戲板是由『優質木材』製成的。代幣由『永不破裂』的『耐用塑料』製成」等。此外，其一樣透過Amazon銷售產品，消費者會在同一銷售管道上看到二個幾乎一樣的產品。因而，除了產品上印的品牌不同之外，其餘都太過接近，均可推定，被告乃意圖混淆消費者[41]。

4. 消費者問卷調查

P&P公司委託專家所進行的消費者問卷調查顯示，63%的受訪者回答，此款大型四子棋遊戲產品來自於單一來源／公司。該專家認為，此強烈推定，P&P公司的這種產品外觀已經取得次要意義[42]。

Johnson公司認為，此問卷有問題。因為這個問卷是在Johnson公司的產品上市兩年半後才進行的。因此，此問卷無法反映，Johnson公司的產品於2017年10月推出時，消費者對該產品外觀的認知[43]。

但第九巡迴法院認為，P&P公司不需要在還沒有訴訟產生前，就提早作消費者問卷。而且，法院過去也都允許，在侵權使用已經發生之後多年才進行的問卷[44]。

當然，消費者雖然回答該產品外觀來自單一來源，是否來自於原告公司還是其他公司，則要在正式審判進一步探究，但至少在即決判決階段，現有問卷結果已經足以推定，原告產品具有次要意義[45]。

第四節　功能性：2020年第三巡迴法院Ezaki Glico v. Lotte International America案

日本江崎格力高公司的暢銷產品為Pocky巧克力餅乾棒，其在各國均嘗試將巧克力餅乾棒之產品設計，申請註冊為立體商標。韓國樂天在美國

---

[41] Id. at 962.

[42] Id. at 963.

[43] Id. at 963.

[44] Id. at 964.

[45] Id. at 964.

推出類似的Pepero餅乾棒後，被美國江崎公司控告侵害其註冊之立體商標和未註冊之產品外觀保護。但美國第三巡迴法院於2020年10月判決認為，Pocky巧克力棒之立體設計具有功能性，不該獲得商標保護。

一、事實

（一）Pocky巧克力棒的立體商標

原告江崎格力高（江崎グリコ，Ezaki Geico）是一家位於大阪的日本公司，專門製造銷售名為Pocky的巧克力餅乾棒。江崎公司從1978年起在美國銷售Pocky巧克力棒，並向美國專利商標局註冊商標。其申請的商標中，包括Pocky巧克力餅乾棒產品的整體配置（product configuration），於1989年獲同意註冊美國商標號第1527208號立體商標。在2001年又針對巧克力中混合壓碎杏仁的產品配置，再申請一立體商標，並於2002年獲同意註冊美國商標號第2615119號商標[46]。

表2-1　美國江崎公司的兩個立體商標

美國商標註冊號	商標圖	商標描述	指定使用之產品
1527208		該商標包含加長桿，包括餅乾或類似之物，部分覆蓋巧克力。圖中線條和點，只作為形狀，並未指定顏色	巧克力覆蓋的糖果棒

---

[46] Kaisha v. Lotte International America Corp., 2019 WL 8405592, at 1 (D.N.J. July 31, 2019).

表2-1　美國江崎公司的兩個立體商標（續）

美國商標 註冊號	商標圖	商標描述	指定使用之 產品
2615119		該商標由申請人的產品配置構成，包括餅乾棒，由巧克力或奶油和杏仁所包覆	餅乾棒，部分覆蓋著巧克力或奶油，混合壓碎杏仁

資料來源：Kaisha v. Lotte International America Corp., 2019 WL 8405592, at 1 (D.N.J. July 31, 2019).

　　2008年，美國江崎公司又申請美國發明專利，名爲「棒狀小吃及其生產方法」，並於2014年取得專利。江崎公司在日本另外取得新型專利，名爲「包覆巧克力的餅乾」[47]。

（二）樂天的Pepero巧克力棒

　　被告樂天糖果店（Lotte Confectionary）是韓國公司，從1983年起，在美國開始製造販售一款名爲Pepero的餅乾棒。其產品「Pepero巧克力」和「Pepero杏仁」的圖片如圖2-8。

圖2-8　樂天Pepero的二款巧克力餅乾棒

資料來源：Kaisha v. Lotte International America Corp., 2019 WL 8405592, at 2 (D. New Jersey, 2019).

---

[47] Id. at 2.

（三）訴訟經過

　　原告江崎公司認為，被告樂天公司在Pepero餅乾棒上，使用了和其商標一模一樣的產品設計，因而，2015年7月10日在紐澤西聯邦地區法院提出訴訟。

　　其提出五項主張：1.根據聯邦商標法第1114條，構成註冊商標侵權；2.根據第1125條(a)，對未註冊之產品外觀之保護，因為會造成產品來源的不實指示，屬不公平競爭；3.違反紐澤西州的普通法下的不公平競爭；4.違反紐澤西州普通法中的商標侵權；5.違反紐澤西州州法N.J.S.A. § 56:4-1和2的不公平競爭[48]。

　　一審法院判決認為，Pocky的產品配置，乃是功能性的（functional），不受到產品外觀（trade dress）之保護[49]，判決江崎公司敗訴。因而，江崎公司向第三巡迴法院提出上訴。該案乃由第三法院的三位法官組成審判庭，進行審判。

二、第三巡迴法院

（一）產品外觀不能具有功能性

　　第三巡迴法院說明，江崎公司的援引聯邦商標法前二項主張，都有一個前提，就是其產品外觀要受到保護，必須符合保護的要件。至於後三項主張，紐澤西州的普通法或州法，要件也差不多，故判決只針對聯邦商標法進行討論[50]。

　　所謂的產品外觀，乃指產品或事業的整體外觀，其不只包括產品的包裝，也可包括產品本身的設計，例如大小、形狀、顏色等[51]。產品外觀可註冊為立體商標；倘若不註冊，但長期使用取得識別性，也可獲得聯邦商

---

[48] Id. at 3.
[49] Id. at 3.
[50] Ezaki Geico Kabushiki Kaisha v. Lotte International America Corp., 977 F.3d 261, 264-265 (3th Cir. 2020).
[51] Id. at 265.

標法第1125條保護。

　　但是，商標保護標的不能具有功能性，否則就會取代專利保護之地位。因此在聯邦商標法第1052條(e)(2)規定：「整體構成功能性之事物所構成」（comprises any matter that, as a whole, is functional）不得註冊爲商標。

（二）只要有實用性，就具有功能性

　　樂天公司主張，江崎公司的立體註冊商標或未註冊的產品外觀，具有功能性（functional），而不可受到保護。但江崎公司認爲，所謂的功能性，必須具備「必要性」（essential），才屬於功能性。

　　而第三巡迴法院判決認爲，只要產品的外觀特徵具有實用性（useful），就具有功能性[52]。

　　由於聯邦商標法本身並沒有定義功能性，所以第三巡迴法院先討論其通常之意義。從字典來看，所謂功能性，就是「該特徵主要是以使用的角度來設計或開發：亦即實用主義」。因此，只要某些事物是實際的、實用的，也就是說具有「實用性」，就是功能性[53]。

　　法院認爲，之所以用實用性作爲功能性的標準，是爲了區分商標法和專利法的保護範圍。因爲專利法保護了新穎且實用（new and useful）之發明或設計。倘若允許商標法保護具有實用性的設計（但尚不具備必要性），則會僭越了專利法的領域[54]。

（三）Pocky巧克力餅乾棒具有功能性

　　第三巡迴法院駁回了這一主張，並使江崎公司的商標註冊無效，因爲它發現該設計具有功能性，因此不能作爲商標受到保護。

---

[52] Id. at 265.
[53] Id. at 266.
[54] Id. at 266.

1. Pocky的設計就是想成為更好的零食

第三巡迴法院認為，Pocky註冊的立體商標內容，都與拿、吃、分享、包裝該零食的實用功能有關。巧克力之所以沒有覆蓋餅乾棒的全部，其設計的用意在於讓消費者拿握餅乾棒的部分，不會沾到巧克力[55]。

同樣地，法院認為餅乾棒的形狀也有功能性，就是要好拿，可以容易與他人分享零食。其也可以讓消費者食用時，不用將嘴巴張大。且薄而緊湊的形狀使江崎公司可以在每個盒子中裝滿許多餅乾棒，足以與朋友分享[56]。

2. 江崎公司在促銷時強調Pocky的實用優點

第三巡迴法院認為，江崎公司在促銷Pocky產品時，往往強調其方便的設計。其廣告往往會吹捧上述設計的各項實用特徵[57]。

3. 雖然存在其他設計，但並不因此讓pocky的設計成為非功能性

法院承認，樂天公司確實可以對其產品Pepero為不同的設計。江崎公司提出了至少其他九種巧克力棒的設計。但法院認為，並不因此就可推論江崎公司的Pocky設計不具功能性[58]。

4. 江崎公司的製造方法發明專利與本案無關

樂天公司主張，江崎公司有註冊一個發明專利「棒狀小吃及其生產方法」，這更證明其具有功能性。不過第三巡迴法院認為，這點倒與商標有無功能性無關。主要原因在於，江崎公司的發明專利強調的重點，是「一個製造零食棒形狀的更好方法」，但與本案餅乾棒的產品外觀，並不重疊，所以不能用另一個發明專利來證明本案產品外觀具有功能性[59]。

---

[55] Id. at 268.
[56] Id. at 268.
[57] Id. at 269.
[58] Id. at 269.
[59] Id. at 269.

（四）後續

由於2020年10月的判決，乃是三位法官組成的審判庭作出的判決，江崎公司不服其採取的見解，已經於2020年11月23日，提出了重開聽證或第三巡迴法院全院聽證之請求。因爲其認爲第三巡迴法院的小組審判意見，違反了之前最高法院對於功能性所建立的標準。

其認爲，最高法院曾在1982年的Inwood案指出，一產品特徵具有功能性，只有「其相對於該物品之使用或目的爲必要（essential），或會影響該產品的成本或品質」[60]。而在1995年的Qualitex案中，最高法院建立了美學功能性（aesthetic functionality）之標準，認爲產品的特徵屬於功能性，只有在「該特徵的獨占使用，或使競爭者處於相當程度的與聲譽無關的不利益」[61]。

第三巡迴法院認爲Inwood案之標準太過狹隘，對於此點，江崎公司認爲沒有適當地說明爲何不採用Inwood案之標準，且沒有引用任何其他判決，就忽略了Inwood案所建立之公式，已經被最高法院長期反覆地引用，作爲重要判斷標準。而在本案中，該巧克力餅乾棒的設計既沒有更佳的成本或品質，也沒有美學功能性[62]，因而其仍堅持Pocky的巧克力棒不具備功能性。

江崎公司上訴後，第三巡迴法院拒絕重審[63]，並確認Bibas法官的判決[64]，確認所謂功能性，並不需要是「必備的功能」，而只要是「實用的功能」，就具有功能性，而不該給予註冊。

---

[60] Inwood Labs., Inc. v. Ives Labs., Inc., 456 U.S. 844, 850 n.10 (1982).

[61] Qualitex Co. v. Jacobson Prods. Co., 514 U.S. 159, 165 (1995).

[62] Megan Bannigan & Jared Kagan, Looking Back at the Highest Impact Trademark Cases of 2020, IP WatchDog, December 22, 2020, https://www.ipwatchdog.com/2020/12/22/looking-back-highest-impact-trademark-cases-2020/id=128462/?fbclid=IwAR1VZ5eS1odG5jrMKTHe wH41860QtoEAgDNaAtFkc0MTc382f0IPrt5s7ic.

[63] Ezaki Glico Kabushiki Kaisha v. Lotte International America Corp., 985 F.3d 1069 (3rd Cir. January 26, 2021).

[64] Ezaki Glico Kabushiki Kaisha v. Lotte International America Corp., 986 F.3d 250 (3rd Cir. January 26, 2021).

第三章　商標不得註冊事由

美國商標不得註冊事由，主要規定於聯邦商標法第1052條。以下各節逐一介紹第1052條各款，並以代表案例說明。

第一節　不道德、可恥

妨害公共秩序或善良風俗者，不得註冊為商標。2017年美國最高法院在Matal v. Tam案中，認為「貶損死者或人」的商標不得註冊規定，具有觀點歧視，違反了言論自由保障而違憲。如今2019年的Iancu v. Brunetti案，則針對「不道德或可恥的」商標不得註冊規定，再次宣告其具有觀點歧視，違反言論自由保障。

一、第1052條(a)

美國聯邦商標法中第1052條(a)的前半段規定：「能夠將申請人的商品與其他人的商品區別開來的商標，基於其性質，均能在主註冊簿上註冊，除非該商標：(a)包含不道德、欺騙性、可恥的（immoral, deceptive, or scandalous）事物或由其所構成；或包含貶損（disparage）生存或死亡的自然人、機構、信仰、國家象徵的事物或由其構成，或錯誤暗示（falsely suggest）與生存或死亡的自然人、機構、信仰、國家象徵有某種聯繫，或使其受辱、名譽受損：……[1]」

---

[1]　15 U.S.C. § 1052(a)("No trademark by which the goods of the applicant may be distinguished from the goods of others shall be refused registration on the principal register on account of its nature unless it—
(a) Consists of or comprises immoral, deceptive, or scandalous matter; or matter which may disparage or falsely suggest a connection with persons, living or dead, institutions, beliefs, or national symbols, or bring them into contempt, or disrepute;").

　　上述條文第一句爲「可恥的」（scandalous）條款，第二句中又分爲「貶損」（disparage）條款和「錯誤暗示連結」（falsely suggest a connection）條款。

二、貶損條款：2017年Matal v. Tam案

　　美國最高法院在2017年的Matal v. Tam案[2]中，已經宣告該條中第二種類型「貶損生存或死亡的自然人」的條文違反憲法言論自由保障。

　　該案中，丹鳳眼合唱團（The Slants）的主唱西蒙楊（Simon Tam）向美國聯邦專利商標局註冊「The Slants」商標。但slants的意思是斜眼，是過去用來貶抑亞洲人的用語。因而美國專利商標局以聯邦商標法第1052條(a)中的「貶損生存或死亡的自然人」爲由，拒絕其註冊。

　　西蒙楊因而提起訴訟，聯邦最高法院認爲該條文違反了美國憲法增補條文第1條的言論自由。

　　最高法院認爲，如果商標註冊的限制規定屬於「有觀點色彩的」（viewpoint-based），就屬違憲。而「貶損生存或死亡的自然人」這個限制，就屬於有觀點色彩的規定。因爲，該條規定讓專利商標局可以註冊「對人正面」的商標，但卻不准註冊「對人貶損」的商標，其屬於觀點歧視。這種法律反映出，政府不認同某些冒犯性的訊息。

三、可恥條款：2019年Iancu v. Brunetti案

（一）事實

　　2019年的Iancu v. Brunetti案中，要申請商標的是Erik Brunetti先生，他是一名藝術家和創業者，他建立了一個衣服品牌，取名叫做大寫的「FUCT」。Brunetti先生向美國專利商標局註冊「FUCT」這個商標，卻被美國專利商標局駁回，因而提起訴訟。

2　Matal v. Tam, 137 S.Ct. 1744 (2017).

　　美國專利商標局認為「FUCT」這個字連起來念，接近fuck這個字，故屬於「不道德或可恥」（immoral or scandalous），而不准許註冊。因而Brunetti先生提起訴訟，並上訴到美國最高法院。

（二）該規定具有觀點歧視

　　Kagan大法官撰寫的多數意見認為，「不道德或可恥」的註冊限制，與2017年Matal v. Tam案所處理的限制規定一樣，也是有觀點色彩的歧視，而牴觸憲法增補條文第1條言論自由的保障。

　　所謂的「不道德」（immoral）的表達，是指其與「正直、純潔、良好道德」牴觸、缺德或邪惡。因此，美國聯邦商標法准許註冊的是主流社會覺得正直和道德的商標，卻不准許註冊違反這種道德觀念的商標。

　　所謂的「可恥的」（scandalous）表達，是其對道德感或良心有所冒犯，會激起排斥或引發譴責。因此，美國聯邦商標法允許註冊的商標，是其符合社會合宜得體感覺的訊息，而不准許註冊違反這種感覺的訊息。

　　因此，這個法條從表面上來看，就區分了兩種對立的觀念組：一邊是與傳統道德標準一致的觀念，另一邊是對立於傳統道德標準的觀念；或者一邊是社會認同的觀念，另一邊是引起冒犯或責備的觀念。

（三）過去實際禁止註冊的案例

　　法律上表面（facial）的觀點偏見，會導致法律實際運用時的觀點歧視。美國專利商標局過去就用這一條，對於可能在毒品濫用、宗教或恐怖主義有不道德或可恥的商標，拒絕註冊。

1. 毒品有關的商標

　　專利商標局曾經拒絕註冊止痛藥的商標「You Can't Spell Healthcare Without THC」（沒有四氫大麻酚你不能說有健康照顧）、飲料的商標「Marijuana Cola」（大麻可樂）和「Ko Kane」（讀音接近Cocaine古可鹼），因為會「不適當地美化毒品濫用」而是可恥的。

　　惟專利商標局卻同意註冊一些正面形象的商標，例如「D.A.R.E. to

Resist Drugs and Violence」（勇於拒絕毒品和暴力）以及「Say No To Drugs——Reality is the Best Trip in Life」（對毒品說不：現實是人生的最佳旅程）。

2. 宗教有關的商標

專利商標局曾經拒絕註冊「Bong Hits 4 Jesus」商標（讀音類似「為了耶穌抽大麻」），因為其暗示人民應該參與信仰有關的非法行動，且「基督徒會因為這種將耶穌基督連結到非法毒品使用的陳述而在道德上被激怒」。

專利商標局曾拒絕註冊一些與宗教產生連結的商標，例如保險箱的商標「Agnus Dei」（神的小羊）和酒的商標「Madonna」（聖母瑪麗亞），因為這些商標會冒犯大多數基督徒，牴觸了得體的感覺。

但專利商標局同意註冊遊戲的商標「Praise the Lord」（讚美主）和衣服的商標「Jesus Died For You」（耶穌為你而死），因為這些訊息是表達正向的宗教信仰，而非不敬、褻瀆。

3. 恐怖主義有關的商標

專利商標局曾經拒絕註冊支持蓋達組織的商標，例如在T-shirt上註冊「Baby Al Qaeda」和「Al-Qaeda」，因為炸彈攻擊和其他恐怖主義活動，違反了合宜正派的感覺，且會引來責備。

但專利商標局卻同意註冊「War on Terror Memorial」（對恐怖紀念的戰爭）。

之所以拒絕註冊上述商標，主要的理由就是因為其冒犯了大部分美國人。但是，最高法院認為，法律不喜歡冒犯的概念，這就是一種觀點的歧視，乃違反憲法言論自由保障。

（四）若要限縮解釋應該直接修法

最後，美國專利商標局主張，這個條文雖然表面可能很寬廣，但解釋上會採取限縮解釋，以避免觀點的偏見。其說明，在操作這個限制時，

會侷限在「冒犯性的」和「令人憎惡的」表達而與該商標想表達的觀點無關。這樣的操作，可以讓專利商標局只會拒絕註冊那些「猥褻的、性意味明顯的、褻瀆宗教的商標」（lewd, sexually explicit, or profane marks）。

但最高法院不接受專利商標局的說法，因為從這個條文表面上來看，寫的是「不道德和可恥的」，與專利商標局的限縮解釋，有顯著的不同。「不道德和可恥的」表面上並不會限於「猥褻的、性意味明顯的、褻瀆宗教的商標」，也不會限於「其表達方式特別冒犯，而與觀點無涉」。

最高法院建議，若要接受專利商標局的限縮解釋，最好的方法就是將該條文修改，明確寫得更加限縮。因為無法保證「不道德或可恥的」解釋會被如此操作，故只好將其宣告違憲。

第二節　錯誤暗示與特定人相關

第1052條(a)條文本身提到：「……或錯誤暗示（falsely suggest）與生存或死亡的自然人、機構、信仰、國家象徵有某種聯繫，或使其受辱、名譽受損；一種『錯誤暗示連結』（falsely suggest a connection）條款，是想避免使用他人姓名作為商標，讓人錯誤地以為該名人支持、推薦該特定商品或服務。」

雖然貶損條款違憲，但是第1052條(a)第二句的「錯誤暗示連結條款」仍然合憲。美國專利商標局認為，非原住民族註冊含有原住民元素之商標，乃錯誤暗示連結到原住民族，而不應准予註冊[3]。

最有名的例子，為新墨西哥州的Zia族的案例。在1992年和1998年，都有公司想要申請Zia族的太陽圖作為商標，當時USPTO還沒有意識到原住民元素申請商標的問題，因此都准予註冊，而Zia族提出異議或抗議，使申請人自己撤回申請，才解決此一糾紛[4]。

---

[3]　Richard Awopetu, In Defense of Culture: Protecting Traditional Cultural Expressions in Intellectual Property, 69 EMORYLJ 745, 762 (2020).

[4]　Stephanie B. Turner, The Case of the Zia: Looking Beyond Trademark Law to Protect Sacred

　　Zia族的問題引起聯邦參議員重視，故向聯邦政府施壓[5]。1998年10月30日，柯林頓總統簽署了《商標法條約實施法》（Trademark Law Treaty Implementation Act, TLTIA），其中有一項要求，即要求USPTO研究如何在商標法下更好地保護美洲原住民部落的官方標誌[6]。因此，美國專利商標局於1999年公布了一份《美洲原住民部落的官方標誌》（Official Insignia of Native American Tribes）調查報告[7]。

　　該報告稱：「自1994年起，所有包含部落名稱、可識別的美洲原住民肖像、被視為源自於美洲原住民的符號，以及USPTO認為與美洲原住民有關聯之任何商標申請案，均由一位在此方面具有專業知識和熟悉程度的律師審查。[8]」其並舉了二個USPTO拒絕註冊的例子，恰巧也是Zia族的案例，但都是前述Zia族抗爭之後才作成的案例。一是申請號75265350，商標文字「ZIA SYSTEMS」帶有Zia Sun符號設計，用於「文具、計算機軟體產品和包裝以及廣告」，而USPTO以可能與Zia族的Pueblo人有錯誤暗示連結為由拒絕申請；二是申請號75447770，帶有Zia Sun符號設計的「ZIA」，用於「雞尾酒混合物」，基於可能與Zia族的Pueblo人和可能會貶損該部落為由，駁回申請[9]。

　　USPTO基於上述案例，在該報告後段說明可以阻止他人註冊原住民官方標誌的條文，就是商標法第1052條(a)，包括：一、貶低；二、錯誤地暗示連結；三、使其受辱（brings them into contempt）；四、使其名譽受損（brings them into disrepute）[10]。其進而提到：「所申請商標包含美洲原住民部落的名稱、美洲原住民的可識別肖像、被認為是源自美洲原住民的符號，以及任何其他商標局認為與美洲原住民或美洲原住民製造的產

Symbols, 11 Chi.-Kent J. Intell. Prop. 116, 124-126 (2012).

[5]　Id. at 127.

[6]　Richard Awopetu, supra note 3, at 764. Trademark Law Treaty Implementation Act, Pub. L. No. 105-330, § 302, 112 Stat. 3071 (1998).

[7]　U.S. Patent & Trademark Office, Report on the Insignia of Native American Tribes (1999).

[8]　Id. at 14.

[9]　Id. at 14.

[10]　Id. at 34.

品有聯繫（suggests a connection with）的申請，可能會根據此條而被拒絕註冊。因此，《商標法》已經為禁止聯邦註冊與美洲原住民部落『官方徽章』相同的商標提供了依據。[11]」

該報告在最後所提出的一項具體建議，是要建立和維持一個所有州和聯邦所承認原住民族部落的官方標誌的正確及全面的資料庫[12]。目前USPTO確實建立維持一個「美國原住民部落標誌」資料庫，並整合進其商標電子搜尋系統（Trademark Electronic Search System）中，供外界查詢[13]。其網頁說明，要登記於該資料庫，需該部落標誌由部落決議通過，由旗幟、紋章、其他徽章或圖案組成，但單純單字或字組不得申請[14]。申請程序非常簡單，只需要以電子郵件申請，並附上圖檔以及部落決議證明文件即可，且一部落可以申請多個官方標誌[15]。

第三節 相同於酒類地理標示

第1052條(a)最後一句為：「包含或由其所構成……；或將地理標示使用於烈酒、葡萄酒及其相關商品，但非用以表彰該商品之原產地者，且申請人首次使用於烈酒、葡萄酒及其相關商品，係於世界貿易組織協定（參第19節第3501(9)條之定義）於美國生效日滿一年後。[16]」

其乃對外國酒類地理標示之保護。其構成要件為「包含該地理標示或由該地理標示所構成」，故可能僅限於與該地理標示相同，是否涵蓋「近

---

[11] Id. at 34.

[12] Id. at 47.

[13] USPTO, Native American tribal insignia, https://www.uspto.gov/trademarks/laws/native-american-tribal-insignia.

[14] Id.

[15] Id.

[16] 15 U.S.C. § 1052(a)("... or a geographical indication which, when used on or in connection with wines or spirits, identifies a place other than the origin of the goods and is first used on or in connection with wines or spirits by the applicant on or after one year after the date on which the WTO Agreement (as defined in section 3501(9) of title 19) enters into force with respect to the United States.").

似該地理標示」並不確定。

第四節　相同或近似美國或外國國旗、徽章、標誌

一、規定

第1052條(b)規定：「包含或由美國聯邦、州、自治區或其他國家之旗幟、徽章或勳章所構成，或與之相仿者。」

二、紅十字商標問題

商標圖案中含有「紅十字」，因為與各國紅十字會的徽章接近，很有可能讓消費者誤以為該商標代表國際醫療組織或醫療的內涵。但在美國商標法，另外以獨立條文，禁止在商標中使用「紅十字標誌」。

（一）美國以刑法規定不得使用紅十字標誌

由於「白底紅十字」標誌的特殊性，美國直接在聯邦刑法（18 U.S.C. § 706）中規定，除了美國紅十字會，或者美國軍隊的公衛醫院單位外，其他人、協會、組織均不可使用紅十字標誌，或者使用「Red Cross」或「Geneva Cross」等文字。若違法使用，將處罰六個月以下徒刑。不過，若是他人在1948年之前，就已經開始使用紅十字標誌，則可允許繼續使用。另外，聯邦刑法（18 U.S.C.A. § 708）則規定保護瑞士的紅底白十字徽章。任何人、組織使用了紅底白十字徽章，或類似的模仿圖，也會被處六個月以下徒刑。但在1948年該法生效前就已經使用者，則不受限制。

（二）美國商標審查作業手冊

美國商標審查作業手冊的1205.01(c)，也特別針對紅十字圖的商標審查，提出審查原則。在1205.01(c)(iii)中提到，由於美國刑法禁止使用紅十字圖或類似的圖，因此，如果商標圖樣中，包含了可能被認知為紅十字圖

的設計元素，且若該圖沒有經過重要的改變、格式化，或與其他原則結合，根據美國商標法第1051條，必須駁回該商標審請。

此外，如果商標出現下述情況也會被駁回註冊：

1.該商標圖示或國外註冊，顯示該圖樣是紅色。

2.該商標圖示沒有顏色，但商標樣品卻顯示爲紅色。

3.該商標圖示沒有顏色，但卻包含了「Red Cross」或「Geneva Cross」等文字。

但是，倘若申請人願意修改其商標圖示，改爲不同的、沒有禁止的顏色，或者沒有顏色的圖示（例如黑白圖或灰階圖），或提出其他樣本顯示所使用的圖樣不是紅色，仍可以准予註冊。

（三）1975年美國In re Health Maint. Orgs.案

1975年美國商標審理暨救濟委員會（TTAB）的In re Health Maintenance Organizations, Inc.案[17]，是一個健康維護組織，註冊了上圖爲「黑色十字、中間雙蛇纏繞的魔杖（Caduceus）圖」，指定使用於針對健康照顧設施與組織的管理諮詢服務。

圖3-1　不是使用紅十字的商標

資料來源：In re Health Maintenance Organizations, Inc., 188 USPQ 473 (1975).

---

[17] In re Health Maintenance Organizations, Inc., 188 USPQ 473 (TTAB 1975).

　　原本美國專利商標局基於其與希臘紅十字會，以及與瑞士的國旗相近，故根據第1052條(a)的錯誤暗示連結，或者第1052條(b)的使用他國國旗等，不准予該商標註冊[18]。但TTAB認為該商標可以與白底紅十字標誌，以及瑞士的紅底白十字徽章加以區分，不構成近似，也不會讓人覺得與紅十字會或瑞士有任何錯誤暗示連結，因而決定准予註冊[19]。

（四）美國2007年Johnson & Johnson案

　　雖然美國是以刑法禁止註冊使用紅十字的商標，但是，著名的美國嬌生公司（Johnson & Johnson），至今仍然在其保健醫療用品上，使用含有白底紅十字的商標，且該紅十字非常醒目並獨立。為什麼嬌生可以繼續使用該商標？而且還可以反過來控告他人侵權？

　　美國國會於1900年簽署日內瓦公約，只有美國紅十字會可以為了其成立目的而使用紅十字商標，除非使用人在1905年就已經開始使用。嬌生公司於1906年註冊其紅十字商標，並宣稱最早於1887年就開始使用，而認為早於美國紅十字會。此外，美國刑法雖規定不准使用紅十字商標，但1948年以前就已經開始使用者不在此限。故嬌生的持續使用，也符合刑法規定。

　　2007年，嬌生公司在美國控告美國紅十字會，認為紅十字會授權其他公司在其緊急救護包產品上，使用了紅十字商標為商業上使用，而侵害了嬌生公司的商標權。但2007年美國紐約南區地區法院判決[20]，美國紅十字會有權授權其他公司為商業上使用。最後美國紅十字會與嬌生公司於2008年達成和解。

---

[18] Id. at 1.
[19] Id. at 1-2.
[20] Johnson & Johnson et al v. The American National Red Cross et al, Docket 1:07cv07061, (S.D.N.Y., August 8, 2007).

第五節　含有他人姓名

世界各國商標法均規定，所申請商標不得使用他人姓名，除非得到他人書面同意。

一、包含他人姓名條款

第1052條(c)規定：「含有可辨識在世特定自然人的名字、肖像或簽名或由其構成，除非獲得其書面同意；或者已故總統之姓名、簽名、肖像且其遺孀仍在世者，除非獲得該遺孀之書面同意。[21]」

我們姑且稱第1052條(c)為「含有他人姓名」條款。「含有他人姓名」條款與前面的「貶損條款」和「可恥條款」不同，並不涉及觀點歧視，但屬於「基於內容之限制」（content-based discrimination）[22]。

二、In re Elster案

以下介紹2022年的In re Elster案，申請人所申請用的「TRUMP TOO SMALL」（川普太小）商標，因為是批評川普總統，並不會讓人覺得是川普總統支持、推薦Elster的商品[23]。但因為使用到他人姓名，應經過他人同意，故USPTO駁回此申請案。

（一）事實

2018年，Steve Elster向美國專利商標局申請註冊「TRUMP TOO

---

[21] 15 U.S.C. § 1052(c)("No trademark by which the goods of the applicant may be distinguished from the goods of others shall be refused registration on the principal register on account of its nature unless it—
(c) consists of or comprises a name, portrait, or signature identifying a particular living individual except by his written consent, or the name, signature, or portrait of a deceased President of the United States during the life of his widow, if any, except by the written consent of the widow.").

[22] In re Elster, at 2.

[23] In re Elster, 2022 WL 552146, at 6 (CAFC, 2022).

SMALL」商標，被專利商標局駁回。但他不服，主張其限制了他的言論自由。2022年2月底，聯邦巡迴上訴法院法官判決，相關條文確實違憲[24]。

2018年，Elster向美國專利商標局註冊「TRUMP TOO SMALL」文字商標，指定使用於第25類商品。第25類商標包括：「襯衫；襯衫和短袖襯衫；圖案T恤；長袖襯衫；短袖襯衫；短袖襯衫；短袖或長袖T恤；運動衫；T恤衫；T恤；可穿戴的服裝和服裝，即襯衫……[25]」

根據Elster的註冊申請書說明，這個短詞，是希望喚起川普總統和參議員馬可盧比奧（Marco Rubio）在2016年總統初選辯論中令人難忘的交流，希望「傳達川普總統及其政策的某些特徵是微不足道的」[26]。

（二）USPTO駁回

USPTO審查官拒絕了此申請案。其主要依據兩項理由。

第一項，援引美國商標法第1052條(c)，認為此商標包含了尚在世的川普前總統的姓名，且沒有得到他的書面同意[27]。

申請人Elster主張，此標誌希望作為「政治評論」（political commentary），但審查官認為，只要含有他人姓名就不得註冊，因為在法條上和過去的判例法中，並沒有寫「政治評論」屬於例外[28]。

第二項，根據美國商標法第1052條(a)，若申請商標「……包含……事物或由其所構成，……錯誤暗示（falsely suggest）與生存或死亡的自然人、機構、信仰、國家象徵有某種聯繫，或使其受辱、名譽受

---

[24] In re Elster, 2022 WL 552146 (CAFC, 2022).
[25] Id. at 1.
[26] Id. at 1.
[27] Id. at 1.
[28] Id. at 1.

損：……[29]」審查官認為，此商標乃錯誤暗示與特定人有關聯[30]。

Elster對專利商標局決定不服，向TTAB提出上訴。上訴的主要理由為，第1052條(c)和(a)都屬於對言論自由之限制，且屬於「基於內容之限制」，違反美國憲法增補條文第1條言論自由之保障。

但委員會維持了駁回決定，且認為本案只需要依據第1052條(c)，而不需要依據第1052條(a)[31]。

Elster不服，將此案上訴到聯邦巡迴上訴法院。2022年2月底，由Dyk法官作出判決，認為第1052條(c)禁止註冊含有他人姓名之商標，違反了言論自由，因此違憲[32]。

（三）聯邦巡迴上訴法院判決

1. 商標是一種政府補貼？

首先，Dyk法官指出，最高法院已指出，商標並非只有商品服務來源之功能，還具有其他功能。通常商標會有表意內容，可透過短短幾個字傳達有力的訊息[33]。

美國政府主張，在沒有商標註冊的情況下，商人還是可以使用某些標誌；但透過商標註冊，就是獲得法律保護，地位更強，某程度相當於政府補貼。則既然屬於政府補貼，只要不涉及觀點歧視，就不會受到言論自由之嚴格審查。但Dyk法官認為，之前最高法院兩個案件並沒有將商標當成政府補貼此一分析角度，故其不採取這個角度[34]。

---

[29] 15 U.S.C. § 1052(a)("No trademark by which the goods of the applicant may be distinguished from the goods of others shall be refused registration on the principal register on account of its nature unless it—
(a) Consists of or comprises immoral, deceptive, or scandalous matter; or matter which may disparage or falsely suggest a connection with persons, living or dead, institutions, beliefs, or national symbols, or bring them into contempt, or disrepute;").

[30] Id. at 1.

[31] Id. at 1.

[32] Id. at 1.

[33] Id. at 2.

[34] Id. at 3.

2. 商標申請受言論自由保護

Dyk法官認爲，由於此案與過去最高法院2017年的Matal v. Tam案和2019年的Iancu v. Brunetti案不同，並非屬於觀點歧視，而純粹屬於「基於內容之限制」，因此，必須先確定，到底要採取嚴格審查，還是中度審查。

若採取嚴格審查，必需要追求急迫重大政府利益，且必須量身訂做；若採取對商業性言論之中度偏嚴格審查，則必須追求實質政府利益，且該限制可以「直接促進」該實質政府利益（directly advance a substantial government interest）。Dyk法官認爲，要在商標上作限制，至少要有實質政府利益[35]。

3. 保護隱私權？

美國政府主張，第1052條(c)之限制所要追求的實質政府利益，乃是爲了保護州法的隱私（privacy）和名人形象權（publicity rights），其受州的侵權法和不公平競爭法保護[36]。

但Dyk法官認爲，問題在於，倘若有人想要批判政府官員，是否可基於保護隱私和名人形象權，對此一批評言論作限制？[37]

若想保護的利益是「隱私權」，Dyk法官認爲，若是川普總統要保護隱私，在誹謗法的眞正惡意原則下，只要不是「明知其不實」或「輕率疏忽不在意眞實」，並無法阻止他人批評[38]。

4. 保護名人形象權？

若想保護的利益是「名人形象權」，這點較爲有力。對一個既有的標誌，縱使還沒有獲得智慧財產權的保障，政府也有要保護其不被複製或不當取用（misappropriation）之利益。Dyk法官舉了一個San Francisco Arts

---

[35] Id. at 4.
[36] Id. at 4.
[37] Id. at 5.
[38] Id. at 5.

& Athletics, Inc. v. U.S. Olympic Committee案[39]，該案中，美國奧委會禁止他人將奧林匹克（Olympic）和相關象徵使用於「同性奧林匹克比賽」。最高法院在該案中同意，未授權之使用，即便不會造成混淆，也會傷害該標誌的識別性和商業價值，故相關規定並未違反言論自由保障[40]。

但Dyk法官強調，該案中的使用情況，並非要批評奧運，因此，與本案限制「TRUMP TOO SMALL」乃是對批評公眾人物之限制，情況有所不同[41]。

Dyk法官也認爲，本案中駁回申請的理由，並非認爲所申請商標不當取用了川普姓名的商業利益、淡化了其姓名之商業價值[42]。

另外，第1052條(a)條文本身提到一種「錯誤暗示連結」條款，是想避免使用他人姓名作爲商標，讓人錯誤地以爲該名人支持、推薦該特定商品或服務。但是在本案中的商標，因爲是批評川普總統，並不會讓人覺得是川普總統支持、推薦Elster的商品[43]。但Dyk法官指出，現在爭議的條文是第1052條(c)的「使用他人姓名」，而非第1052條(a)的「錯誤暗示連結」條款[44]。

5. 名人形象權不能阻止對公眾人物之批評

Dyk法官認爲，縱使保護名人形象權，但若是一標誌之使用是要限制對政府官員之批評，名人形象權無法支持這樣的限制[45]。

Dyk法官引述了第十巡迴上訴法院的Cardtoons, L.C. v. Major League Baseball Players Ass'n, 95 F.3d 959, 970 (10th Cir. 1996)案[46]。該案中，有人推出了一系列詼諧仿作的棒球交易卡，只用了政治人物和運動球星的漫畫

---

[39] San Francisco Arts & Athletics, Inc. v. U.S. Olympic Committee, 483 U.S. 522, 526 (1987).
[40] Id. at 6.
[41] Id. at 6.
[42] Id. at 6.
[43] Id. at 6.
[44] Id. at 6.
[45] Id. at 7.
[46] Cardtoons, L.C. v. Major League Baseball Players Ass'n, 95 F.3d 959, 970 (10th Cir. 1996).

人物和幽默評論，被認爲不構成侵害名人形象權，受到言論自由保障[47]。另外，加州法院、紐約州法院均認爲，縱使有名人形象權，也不能用以阻止詼諧仿作和批評性言論[48]。

6. Dyk法官認為應對商標「使用他人姓名」創造例外規定

　　Dyk法官認爲，政府不能主張要保護名人形象權，而以此來限制Elster標誌中包含的對政治人物的批評。由於川普總統是公眾人物，且Elster的標誌傳達了他對總統政策的不同意和批評，因此，Dyk法官認爲，政府沒有正當利益可以阻止Elster的言論[49]。

　　因而，Dyk法官認爲，不論採取嚴格審查還是商業性言論的中度偏嚴格審查，結論都一樣，亦即，政府無法用隱私權或名人形象權作爲政府利益，讓專利商標局拒絕Elster標誌的註冊[50]。

　　最後，Dyk法官附帶提到，由於美國言論自由保護，要求限制言論自由之法規，不能有「過度廣泛」（overbreadth）問題。Dyk法官認爲，第1052條(c)禁止商標包含他人姓名，應該要限縮。其認爲，如果商標是要「具有公共重要性議題的詼諧仿作、批評、評論、藝術轉化或其他任何言論自由利益」，應該作爲第1052條(c)禁止使用他人姓名的例外[51]。

（四）小結

　　本案中，Dyk法官認爲，縱使名人對自己的姓名可能有名人形象權，但不能用名人形象權阻止對名人之批評。但實際上，川普並沒有用名人形象權阻止Elster宣傳「TRUMP TOO SMALL」，而是政府對「TRUMP TOO SMALL」商標不給予註冊。在Dyk法官的討論中，似乎混淆了二者，不能用某種權利阻止他人使用某標語，不代表某標語就有權註冊商標。

---

[47] Id. at 7.
[48] Id. at 7.
[49] Id. at 8.
[50] Id. at 8.
[51] Id. at 9.

第六節　相同或近似於他人註冊或使用在先之商標

第1052條(d)前段規定：「(d)商標含有近似於美國專利商標局註冊商標、他人於美國境內先使用且未放棄之商標及商號名稱，或由之所構成，以至於使用在申請人商品或相關商品時，有致生混淆誤認、錯誤或欺騙之虞。[52]」

但此款有例外，第1052條(d)中段規定：「但若二人以上持續使用相同或近似商標，係在對其商標使用之方式或地域或附加商標之商品或相關商品等條件及限制下，而首長認為該使用無致混淆誤認、錯誤或欺騙之虞者，得對於下列期日前即因同時合法地將商標使用於商業，而有權使用該商標之複數使用人，發給同時註冊證：……[53]」

第1052條(d)後段規定：「於繫屬中待決申請案或已核准註冊案之權利人同意申請人為同時註冊時，毋庸要求該申請人於該待決申請案或核准註冊案之申請日前即使用其申請商標。經具管轄權之法院終局認定二人以上均有權在商業上使用同一或近似商標時，首長亦得核准該同時註冊。核准同時註冊時，專利商標局首長應對各使用人規定有關其商標使用之方式或地域，或附加商標之商品或相關商品等條件及限制。[54]」

第七節　對商品之性質或產地為虛偽不實描述

一、條文概說

第1052條(e)則包含了多種不得註冊事由，以下逐一列出。

（一）僅為描述，或虛偽不實描述

第1052條(e)(1)規定：「使用於申請人之商品或相關商品時，

---

[52] 15 U.S.C. § 1052(d).
[53] 15 U.S.C. § 1052(d).
[54] 15 U.S.C. § 1052(d).

僅為商品之描述（merely descriptive）或虛偽不實描述（deceptively misdescriptive）。」

　　所謂「僅為描述」，乃不具識別性的情況，已於本書第一章討論。至於商品之「虛偽不實描述」，則有欺騙消費者問題，不得註冊商標。

（二）僅為地理上描述

　　第1052條(e)(2)規定：「使用於申請人之商品或相關商品時，主要為地理上描述（primarily geographically descriptive）。但得依本法第1054條註冊為產地來源標示者，不在此限。」

　　所謂「主要為地理上描述」，也是不具識別性的情況，已於本書第一章討論。

（三）虛偽不實之地理描述

　　第1052條(e)(3)規定：「使用於申請人之商品或相關商品時，主要為虛偽不實的地理描述（primarily geographically deceptively misdescriptive）。」

　　商品之「虛偽不實地理描述」，有欺騙消費者問題，不得註冊商標。

（四）單純姓氏

　　第1052條(e)(4)規定：「主要為單純之姓氏。」

　　「單純姓氏」屬於不具識別性之問題，已於本書第一章討論。

（五）含有功能性

　　第1052條(e)(5)規定：「整體由具功能性事項構成（comprises any matter that, as a whole, is functional）。」

　　商標具有功能性，會獨占該功能，故不得准予註冊，已於本書第二章討論。

（六）小結

故根據第1052條(e)(1)和(3)二款，商標屬對商品「為虛偽不實描述」或「為虛偽不實地理描述」，相當於台灣商標法第30條第1項第8款：「使公眾誤認誤信其商品或服務之性質、品質或產地之虞者。」但美國要求的是「虛偽不實描述」（deceptively misdescriptive），門檻較台灣的單純誤導高。

第八節　淡化他人著名商標

第1052條第2段規定：「商標有第1125條(c)所定因模糊淡化（dilution by blurring）或汙損淡化（dilution by tarnishment）之虞時，僅得依第1063條之程序駁回其註冊申請。已註冊之商標有第1125條(c)所定因模糊淡化或汙損淡化之虞時，得依第1064條或第1092條之程序撤銷註冊。[55]」

能夠主張商標淡化侵權者，第1125條(c)只限於著名商標（famous mark）。

淡化他人著名商標，為商標不得註冊事由。但僅能以第1063條之異議程序（opposition），阻止他人註冊。也就是說，專利商標局並不會主動認為他人商標構成淡化就駁回註冊，而會先公告該商標；著名商標權人若認為自己的著名商標被淡化，可提出異議程序，要求使該商標無效。或者，倘若他人已經註冊成功，則著名商標權人可以依第1064條之撤銷程序，撤銷該商標。

第九節　比較

以下以表3-1，綜合比較美國商標不得註冊事由，與台灣之各款規定。

---

[55] 15 U.S.C. § 1052, second paragraph.

表3-1　美國與台灣商標不得註冊事由比較

台灣商標法	美國聯邦商標法	差別
第29條不具識別性	第1052條(a)的首句「可區別」之反面解釋	相同
第30條Ⅰ①：「僅為發揮商品或服務之功能所必要者。」	第1052條(e)(5)：「整體由具功能性事項構成。」	相同
第30條Ⅰ②：「相同或近似於中華民國國旗、國徽、國璽、軍旗、軍徽、印信、勳章或外國國旗，或世界貿易組織會員依巴黎公約第六條之三第三款所為通知之外國國徽、國璽或國家徽章者。」	第1052條(b)：「包含或由美國聯邦、州、自治區或其他國家之旗幟、徽章或勳章所構成，或與之相仿者。」	相同
第30條Ⅰ③：「相同於國父或國家元首之肖像或姓名者。」	第1052條(c)：「含有可辨識在世特定自然人的名字、肖像或簽名或由其構成，除非獲得其書面同意；或者已故總統之姓名、簽名、肖像且其遺孀仍在世者，除非獲得該遺孀之書面同意。」	對於已故總統，僅限於「遺孀仍在世者」因而，美國不禁止以「國父肖像或姓名」註冊商標
第30條Ⅰ④：「相同或近似於中華民國政府機關或其主辦展覽會之標章，或其所發給之褒獎牌狀者。」	第1052條(b)：「包含或由美國聯邦、州、自治區或其他國家之旗幟、徽章或勳章所構成，或與之相仿者。」	實質相同
第30條Ⅰ⑤：「相同或近似於國際跨政府組織或國內外著名且具公益性機構之徽章、旗幟、其他徽記、縮寫或名稱，有致公眾誤認誤信之虞者。」	第1052條(a)：「……或錯誤暗示與生存或死亡的……機構……有某種聯繫……」	實質相同

表3-1　美國與台灣商標不得註冊事由比較（續）

台灣商標法	美國聯邦商標法	差別
第30條Ⅰ⑥：「相同或近似於國內外用以表明品質管制或驗證之國家標誌或印記，且指定使用於同一或類似之商品或服務者。」	無	在美國先使用主義下，國內「用以表明品質管制或驗證之國家標誌或印記」，或可依第1052條(d)前段處理 至於國外標誌或印記，需要改用別款（可能可以依第1052條(e)之虛偽不實描述）
第30條Ⅰ⑦：「妨害公共秩序或善良風俗者。」	第1052條(a)：「包含不道德、欺騙性、可恥的事物或由其所構成；或包含貶損生存或死亡的自然人、機構、信仰、國家象徵的事物或由其構成……，或使其受辱、名譽受損。」	實質相同，但美國條文範圍較窄
第30條Ⅰ⑧：「使公眾誤認誤信其商品或服務之性質、品質或產地之虞者。」	第1052條(e)(1)和(3)，商標屬「對商品為虛偽不實描述」，或「對商品為虛偽不實地理描述」	美國的要求較高，必須達到欺騙程度
第30條Ⅰ⑨：「相同或近似於中華民國或外國之葡萄酒或蒸餾酒地理標示，且指定使用於與葡萄酒或蒸餾酒同一或類似商品，而該外國與中華民國簽訂協定或共同參加國際條約，或相互承認葡萄酒或蒸餾酒地理標示之保護者。」	第1052條(a)最後一句為：「包含或由其所構成……；或將地理標示使用於烈酒、葡萄酒及其相關商品，但非用以表彰該商品之原產地者，且申請人首次使用於烈酒、葡萄酒及其相關商品，係於世界貿易組織協定（參第19節第3501(9)條之定義）於美國生效日滿一年後。」	似乎僅及於「相同」，不包括「近似」

表3-1　美國與台灣商標不得註冊事由比較（續）

台灣商標法	美國聯邦商標法	差別
第30條Ⅰ⑩：「相同或近似於他人同一或類似商品或服務之註冊商標或申請在先之商標，有致相關消費者混淆誤認之虞者。但經該註冊商標或申請在先之商標所有人同意申請，且非顯屬不當者，不在此限。」	第1052條(d)前段：「商標含有近似於美國專利商標局註冊商標、他人於美國境內先使用且未放棄之商標及商號名稱，或由之所構成，以至於使用在申請人商品或相關商品時，有致生混淆誤認、錯誤或欺騙之虞。」	相同。美國不限於先註冊，包括先使用商標，也可排除後人註冊
第30條Ⅰ⑪：「相同或近似於他人著名商標或標章，有致相關公眾混淆誤認之虞，或有減損著名商標或標章之識別性或信譽之虞者。但得該商標或標章之所有人同意申請註冊者，不在此限。」	第1052條第2段：「商標有第1125條(c)所定因模糊淡化或汙損淡化之虞時，僅得依第1063條之程序駁回其註冊申請。已註冊之商標有第1125條(c)所定因模糊淡化或汙損淡化之虞時，得依第1064條或第1092條之程序撤銷註冊。」	專利商標局不會主動審查，著名商標權人只能用異議、撤銷程序提出
第30條Ⅰ⑫：「相同或近似於他人先使用於同一或類似商品或服務之商標，而申請人因與該他人間具有契約、地緣、業務往來或其他關係，知悉他人商標存在，意圖仿襲而申請註冊者。但經其同意申請註冊者，不在此限。」	第1052條(d)前段：「商標含有近似於……他人於美國境內先使用且未放棄之商標及商號名稱，或由之所構成，以至於使用在申請人商品或相關商品時，有致生混淆誤認、錯誤或欺騙之虞。」	美國商標採先使用保護主義。若已有人先使用，本來就可以阻止後人註冊 但若先使用者只是在外國有商標，未在美國先使用或註冊，則無法阻止後人搶註冊（可參考本書第六章第四節）。
第30條Ⅰ⑬：「有他人之肖像或著名之姓名、藝名、筆名、字號者。但經其同意申請註冊者，不在此限。」	第1052條(c)前段：「含有可辨識在世特定自然人的名字、肖像或簽名或由其構成。」	相同

表3-1　美國與台灣商標不得註冊事由比較（續）

台灣商標法	美國聯邦商標法	差別
第30條Ⅰ⑭：「相同或近似於著名之法人、商號或其他團體之名稱，有致相關公眾混淆誤認之虞者。但經其同意申請註冊者，不在此限。」	第1052條(d)前段：「商標含有近似於……他人於美國境內先使用且未放棄之商標及商號名稱，或由之所構成，以至於使用在申請人商品或相關商品時，有致生混淆誤認、錯誤或欺騙之虞。」	因美國採使用保護主義，公司名稱也是一種標誌。故可採用第1052條(d)前段
第30條Ⅰ⑮：「商標侵害他人之著作權、專利權或其他權利，經判決確定者。但經其同意申請註冊者，不在此限。」	無	

資料來源：筆者整理。

第四章　商標權之取得與歸屬

第一節　先使用取得優先權

一、真正使用取得優先權

美國商標法在某些條文展現了使用保護主義。若某人已經真實使用某商標（但未註冊），就取得了普通法上的商標權。要取得普通法上的商標權，商標權人必須證明，其在商業上有真正使用該商標。

若有兩個人同時至聯邦申請聯邦商標，則必須判斷優先權（priority），亦即誰是第一個使用者。在判斷誰先使用（優先權）時，可以根據真正使用（actual use）、類似使用（analogous use）、推定使用（constructive use）或主張優先權。

真正使用是在申請註冊所需的使用。因此，如果申請人已充分使用（sufficient use）以支持註冊，則使用日期將作為其優先權日期。優先權日期（priority date）是指使用日期，而不是提交註冊申請的任何後續日期[1]。

類似使用是法院所發展出來的原則。在普通法中，所謂「使用」，指的是向公眾銷售該帶有標誌（mark）的產品[2]。如果廠商沒有將商標真正使用於商品和服務上，但卻足以讓公眾認識到該商標可作為來源標識，可以主張有類似使用。典型的情況是，廠商還沒有真正將商標用於商品服務上，但已經使用於廣告、交易出版物或其他行銷活動上。此種類似使用，必須足以廣泛，讓相關市場的消費者對該商標與其產品服務之來源間，建立某種連結。雖然類似使用可以作為真正使用的替代方案，但法院所要求

---

[1]　Stephen M. McJohn, Intellectual Property (Third Edition) 396 (2009, Aspen Publishers).

[2]　Zazu Designs v. L'Oreal, S.A., 979 F.2d 499, 502-503 (1992).

的證明標準較高[3]。

推定使用則是指申請前並未眞正使用，而是提出「具使用意圖之申請」（intent-to-use application），並在申請之後提交「眞正使用聲明書」（詳細說明見第五章第一節）。此時，雖然眞正使用日是在申請之後的某一天才開始眞正使用，但申請案之申請日（the date of filing the application）就被推定爲優先權日。當然，此申請案必須是有效的申請案，亦即，其必須具有使用商標的「眞實意圖」（bona fide intention），亦即該人可以證明其乃出於善意，將會於商業上使用該商標。若是出於反競爭理由而申請商標，或者申請商標是想要出售商標而非自己使用，都不屬於眞實意圖[4]。

二、1992年Zazu Designs v. L'Oreal, S.A.案

在1988年之前，聯邦商標法並沒有明確規定，在沒有註冊商標的前提下，要符合哪種情況才能取得「可以註冊商標」之權利。因而，這個問題就由州法決定。在普通法中，所謂「使用」，指的是向公眾銷售該帶有標誌的產品[5]。

（一）L'Oréal公司先調查商標使用情形後註冊

法國歐萊雅（L'Oréal, S.A.）公司在美國的被授權人爲Cosmair公司（以下將二者統稱爲L'Oréal公司）。L'Oréal公司聘請了一家諮詢公司Wordmark，協助尋找頭髮化妝品新系列的名稱。Wordmark公司在查詢了美國商標註冊資料庫後，建議了250個商標名稱。最後，L'Oréal公司挑出了其中三個商標，包括系爭的「Zazu」這個詞，並進一步調查這個詞在美國是否還可以註冊爲商標。調查發現，在聯邦層級，有人註冊Zazu爲衣服商標，另外在州層級，有二個商標，其中一個是美髮店「Zazú Hair

---

[3]　Id. at 396.
[4]　Id. at 396.
[5]　Zazu Designs v. L'Oreal, S.A., 979 F.2d 499, 502-503 (1992).

Designs」註冊的商標，另一個商標則已經沒有使用[6]。

　　Zazú Hair Designs是位於伊利諾州芝加哥郊區的一家美髮店（簡稱ZHD美髮店）。ZHD在1980年於伊利諾州註冊了「Zazú」商標，指定使用於美髮店。L'Oréal公司打電話詢問ZHD美髮店，是否有販售自家產品，員工回答目前沒有，但「正在研究中」。L'Oréal公司再打了第二次電話詢問，這次ZHD美髮店回答，目前沒有推出使用Zazú爲名的產品[7]。

　　因而，L'Oréal公司認爲只需要解決在聯邦層級於衣服註冊Zazu商標的商標權人Riviera Slacks公司即可。後來二公司達成協議，L'Oréal公司支付12萬5,000美元給Riviera公司，Riviera公司就不會阻止L'Oréal公司註冊及使用Zazu商標[8]。

　　由於美國聯邦商標法雖然要註冊，但仍然要先有使用，故1986年L'Oréal公司刻意將Zazu用於其染髮產品上，在跨州進行了小量的貨運，並用這個貨運爲基礎，於1986年6月12日向聯邦註冊商標。進而，L'Oréal公司於同年8月在全國範圍廣告和銷售該款Zazu染髮產品[9]。

（二）ZHD美髮店有極少量使用之情形

　　惟L'Oréal公司不知道，ZHD美髮店於1985年起，就想要以自家美髮店品牌，推出自有品牌的洗髮、潤髮產品，並開始接觸幾家化學公司。ZHD美髮店最後對Gift化妝品公司提供的樣品較爲滿意，並將一些樣品賣給來店客人。該樣品是用透明瓶子裝著，瓶身則貼有ZHD美髮店的名片。在1985年11月到1986年2月間，ZHD美髮店作過另外二筆跨州小生意，一是將兩瓶賣給德州的朋友，收費13美元；二是賣了40瓶給佛羅里達州的美髮朋友，收費78.58美元，據說這是想要吸引佛羅里達州的消費者。不過這些產品因爲沒有標示成分和重量，依法無法賣給一般消費者[10]。

---

[6]　Zazu Designs v. L'Oreal, S.A., 979 F.2d 499, 501 (1992).
[7]　Id. at 501.
[8]　Id. at 501.
[9]　Id. at 501.
[10]　Id. at 501-502.

在L'Oréal公司開始進行全國行銷後，其人員三次前往ZHD美髮店，發現該店仍沒有以Zazú爲名販售任何產品。但是ZHD美髮店在1985年底訂購了25,000個瓶子，且上面印有Zazú字樣。後來其也向廠商訂購標示成分的可黏貼於瓶身的標籤。1986年9月，ZHD美髮店在其店內開始銷售少量手工瓶裝（並貼上標籤）的洗髮精。1987年開始後，ZHD美髮店直接指示由洗髮精供應商將洗髮精裝入瓶中，但沒有紀錄顯示裝了多少瓶[11]。

（三）一審法院判決ZHD美髮店勝訴

ZHD美髮店在L'Oréal公司開始於全球行銷新產品後，向聯邦專利商標局申請註冊聯邦商標，並主張自己具有優先權；且決定在伊利諾州北區法院對L'Oréal公司提起商標侵權訴訟。

在經過法官自己審判（bench trial）後，法官於1988年判決，ZHD美髮店的銷售屬於先使用，故有權在全國範圍內使用Zazú於頭髮相關產品[12]。其禁止L'Oréal公司繼續使用該商標，並判決其應賠償ZHD美髮店10萬美元作爲所失利益賠償，以及賠償100萬美元，作爲更正廣告，以恢復Zazú商標之名聲。甚至，地區法院認爲，L'Oréal公司屬於故意侵權，且在訴訟中使用壓迫和欺騙手段，故地區法院另判賠100萬美元懲罰性賠償金，以及7萬6,000美元訴訟花費[13]。

（四）上訴法院認為使用不足夠

L'Oréal公司提起上訴，本案進入第七巡迴法院，於1992年作出判決，推翻了一審判決，由Easterbrook法官撰寫判決書。

Easterbrook法官認爲，ZHD美髮店之銷售，並不構成足夠之使用，而取得優先於L'Oréal公司之權利。因爲ZHD美髮店只有在自家店內銷售幾瓶，以及寄送給一些在德州和佛州的朋友，這並不會讓消費者對Zazú商標與ZHD美髮店之產品間建立連結，也不足以對其他製造者提供公示

---

[11] Id. at 502.
[12] 9 U.S.P.Q.2d 1972 (N.D.Ill.1988).
[13] Zazu Designs v. L'Oreal, S.A., 979 F.2d at 502.

（notice）。實際上，直到L'Oréal公司開始廣告銷售其產品的幾個月後，ZHD美髮店才開始推出其產品[14]。

　　ZHD美髮店也向聯邦申請了Zazú商標主張，其主張L'Oréal公司已經知道ZHD美髮店打算使用Zazú為名進軍美髮產品市場，故ZHD美髮店應該對該商標權利較具優先性。但Easterbrook法官認為，其申請聯邦註冊晚於L'Oréal公司的申請與行銷活動。而且，意圖使用商標卻沒去註冊，並不會取得任何權利。就算1988年聯邦商標法新增第1051條(b)，雖未真的使用但真正意圖使用也可註冊，但必須真的有去申請註冊才行[15]。

　　雖然ZHD美髮店在伊利諾州先使用Zazú標誌於美髮「服務」上，但並沒有在全國取得美髮「產品」上的權利。一審法院原認為，因為L'Oréal公司知道ZHD美髮店經營美髮服務，所以就認定ZHD美髮店對該標誌的權利較為優先。但是，Easterbrook法官認為，ZHD美髮店並沒有將該標誌先使用於美髮產品上，也沒有先去聯邦申請註冊，並不會因此就取得優先權[16]。

　　而且，如果ZHD美髮店真的有先使用Zazú於美髮產品上，或真的有先去註冊，那麼L'Oréal公司在事前調查時，就會發現此點，也就會選擇其他標誌，而不會投入這麼多行銷資源。因此，知道ZHD美髮店打算使用Zazú標誌，並不會讓L'Oréal公司無法註冊[17]。

　　Easterbrook法官並指出，一審法院搞錯了一點。1988年之前申請聯邦商標，需要先有使用才能註冊，但是該使用只需要「微少使用」；但若沒有申請註冊聯邦商標，則該使用必須要達到足以產生全國性權利的使用，才能主張商標權利較優先（priority）。這兩種使用的程度不相同，但一審法院卻認為前者等於後者[18]。

　　最後補充說明，在1988年美國商標法修法後，就算還未使用的商

---

[14] Id. at 503.
[15] Id. at 504.
[16] Id. at 504.
[17] Id. at 504.
[18] Id. at 505.

標，也可以向聯邦申請註冊，但需要具有「眞正使用意圖」，而這屬於下一個議題了。

第二節　商標同一性與優先權

一、商標使用同一性

美國商標採取使用保護主義，不過從美國案例中可發現，在承認善意先使用制度下，先使用而未註冊的商標，也會有商標同一性的問題。因爲，舊的商標也會隨時間的演進，而需要作一些修改、更新，就可能與最初使用的商標略有不同。

在美國，商標採取「使用保護主義」，而非採取「註冊保護主義」。只要誰先將商標圖案使用於商業上，就取得優先權日，誰就擁有商標權保護。但是，商標使用者可能會因爲時間的經過，而稍微修改商標圖案內容，而美國法院在某些條件下，會允許將舊商標修改爲新商標，仍然保有原商標的商標權。而此一規定，在美國稱爲「溯及原則」（doctrine of tacking），只要原始商標和修改後的商標具有「法律上同一性」（legal equivalents），亦即，兩個商標創造出相同、持續的商業印象，即可認爲符合溯及原則[19]。

二、2015年Hana Fin., Inc. v. Hana Bank案

2015年美國最高法院處理的Hana Fin., Inc. v. Hana Bank案[20]，涉及的是該由法官還是由陪審團來認定商標使用之同一性。美國最高法院認爲，由於溯及原則必須由一般的購買者或消費者之角度，來判斷是否具備同一性，因此，應該交由陪審團作此判斷[21]。

---

[19] Hana Fin., Inc. v. Hana Bank, 135 S. Ct. 907 (2015).
[20] Id. at 909.
[21] Id. at 909.

（一）雙方當事人

本案的當事人爲原告Hana Financial和被告韓亞銀行（Hana Bank），而韓亞銀行是韓亞金融集團（Hana Financial Group）的子公司。這二家公司都在美國提供個人金融服務。韓亞銀行於1971年於韓國設立，原本名稱爲南韓投資金融公司（Korea Investment Finance Corporation），1991年時將名稱改爲「韓亞銀行」，並開始使用於南韓。韓亞銀行目前是南韓的第四大銀行。

這二家企業的負責人其實早就認識。韓亞銀行的董事長Seoung-Yu Kim與Hana Financial的前執行長Charles Kim，二人在1985年就認識，在2002年以前二人幾乎每年至少都會碰面一次。後來Hana Financial的執行長換爲Sunnie Kim，而Sunnie Kim與Seoung-Yu Kim在2004年和2006年也會定期碰面[22]。

1991年時，Charles Kim和Sunnie Kim都在一家美國銀行工作。當時，韓亞銀行原本考量到洛杉磯透過合作銀行，提供美國韓僑金融服務。因此，當時Charles Kim和Sunnie Kim與Seoung-Yu Kim會面時，就討論可能的資產投資與策略聯盟。當時，雙方簽署了不具約束力的備忘錄。但該交易因爲管制的問題，以及後來1992年發生的洛杉磯暴動，導致該案無疾而終[23]。

1994年，被告決定自己設立「韓亞海外南韓俱樂部」（Hana Overseas Korean Club），對南韓美僑提供金融服務，並在美國進行廣告。這些廣告使用的名字，包括英文的「Hana Overseas Korean Club」及韓文的「韓亞海外南韓俱樂部」，裡面也包含了韓文的「韓亞」，以及「跳舞者」的商標圖案，請見圖4-1[24]。

---

[22] Hana Fin., Inc. v. Hana Bank, 735 F.3d 1158, 1161 (9th Cir.)
[23] Id. at 1161.
[24] Id. at 1161.

圖4-1　Hana Overseas Korean Club的韓文商標

資料來源：Hana Bank.

註：其下的英文原本是寫Hana Overseas Korean Club。

　　同年，原告Hana Financial於1994年設立於加州，名稱就是Hana Financial 。其在1995年4月1日，將該名稱與相應的商標，開始使用於商業上。1996年時，其取得聯邦的商標註冊，包含金字塔圖形及「Hana Financial」字樣，指定使用於應收帳款承購（Factoring）與金融服務，請見圖4-2[25]。

　　1995年，Charles Kim與Seoung-Yu Kim會面時，給Seoung-Yu Kim看了Hana Financial的名片。當時，Seoung-Yu Kim就質問Charles Kim，為何他未經同意就使用「Hana」商標。Charles Kim回答，這是一個好名稱，且他解釋，其只會提供應收帳款承購業務，而不會涉及其他銀行業務[26]。

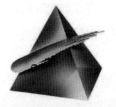

圖4-2　Hana Financial商標

資料來源：Hana Financial.

---

[25] Id. at 1161.
[26] Id. at 1162.

　　2000年時，被告將「韓亞海外南韓俱樂部」改名為「韓亞世界中心」（Hana World Center）。2001年，被告想要在美國註冊其商標，但是卻無法註冊，部分原因也是因為其商標與原告的商標近似。被告曾想與原告就此議題進行協商，但卻沒有達成共識[27]。2002年時，被告開始於美國經營銀行，並使用「韓亞銀行」（Hana Bank）此一名稱，且將商標圖案更改如圖4-3。這是被告第一次在美國正式設立實體企業[28]。

圖4-3　韓亞銀行2002年更改之商標

資料來源：Hana Bank.

（二）提起訴訟

　　2007年3月，原告Hana Financial控告被告韓亞銀行，認為其侵害了「Hana Financial」的商標圖案，因為都使用了Hana等字樣，且都使用於金融領域，會造成消費者混淆[29]。被告韓亞銀行則反擊，主張應撤銷Hana Financial的商標，因為其在申請前就已經得知韓亞銀行商標的存在；此外，韓亞銀行也主張原告提起訴訟有所遲延（laches）且有不潔之手（unclean hands）[30]。

　　被告韓亞銀行抗辯，援引了溯及原則，認為其使用具有優先權，故可在合理範圍內繼續使用該商標。一審時，地區法院未經陪審團審理，以即決判決（summary judgment）方式，認定被告就該商標使用具有優先權，故不構成侵權。不過就韓亞銀行的反訴要求撤銷Hana Financial的商標，

---

[27] Id. at 1162.

[28] Id. at 1162.

[29] Id. at 1162.

[30] Id. at 1162.

地區法院卻認爲證據不足以支持Hana Financial申請專利時，有欺騙意圖的存在[31]。

（三）第九巡迴上訴法院：商標同一性乃屬事實問題

上訴二審後，聯邦第九巡迴上訴法院推翻一審判決，認爲本案涉及優先權此一實質的事實問題，亦即不應以即決判決處理，需要交由陪審團判斷事實爭議，而將之發回一審。發回後，此爭議交由陪審團審理，而原告對陪審團指示（jury instruction）提出了建議，地區法院法官部分接受其建議後，對陪審團提出下列指示：

> 「一當事人可對系爭商標，主張與先前已使用之近似但有所不同的商標圖案，具有法律同一性或無法區分，使消費者認爲二者屬於同一商標，而援引先商標之第一次使用日期之優先權。這就是所謂的『tacking』。這二個商標必須創造出相同、持續的商業印象，且後商標不可與先商標實質上不同，或改變先商標的特徵。[32]」

陪審團最後裁決被告勝訴，認爲被告至少於1995年4月1日開始，就已經在美國使用該商標，故取得優先權。另外，陪審團也建議，其認爲原告之起訴，確實構成遲延。根據陪審團之裁決，地區法院作出判決，認爲被告不構成侵權，且原告確實具有訴訟遲延與不潔之手[33]。

原告不服，認爲被告在2002年以前使用的是Hana Overseas Korean Club，2002年後才使用Hana Bank，二商標內容不同，故聲請法院依據法律自爲判決（motion for judgment as a matter of law），但地區法院拒絕原告此一請求[34]。

上訴後，第九巡迴上訴法院支持一審判決。上訴法院指出，溯及原則

---

[31] Id. at 1162.
[32] Id. at 1163.
[33] Id. at 1163.
[34] Id. at 1163.

只有在極少數情況下可以使用，並需要高度的事實調查，故應交由陪審團
爲事實認定[35]。

（四）最高法院判決

不過，由於聯邦巡迴上訴法院與第六巡迴上訴法院，對於溯及原則的
問題，過去曾經認定屬於法律問題（question of law），而非事實問題[36]。
因此，本案上訴到聯邦最高法院。最高法院於2015年1月21日作出判決，
最高法院作出九票一致同意決定，維持第九巡迴上訴法院之判決，並由
Sotomayer大法官撰寫意見[37]。

1. 溯及原則與商標同一性

所謂溯及原則，原則上，二個商標只要具有法律上之同一性（legal
equivalents），就可被認爲屬於同一商標之繼續使用。**所謂法律上同一
性，乃是其創造了相同、持續的商業印象（create the same, continuing
commercial impression），讓消費者「將二者視爲同一商標」。而一個商
標所傳達的商業印象，必須透過消費者角度來認定[38]。**

2. 商標同一性交由陪審團認定

由於上述標準提到，必須以一般消費者對於該商標所傳達的印象來
判斷，故適用此檢測標準時，交由陪審團的感覺來認定是最適合的。在美
國，由於有陪審團的設計，當某些法律要件中提到要由一般人或社群來作
評價時，通常都會交給陪審團，因爲他們就可對事實進行認定，而反映出
一般人的感覺[39]。

不過，最高法院也強調，這並不是說法官永遠不會自己處理關於二商

---

[35] Hana Fin., 135 S. Ct. at 910.
[36] Van Dyne-Crotty, Inc. v. Wear-Guard Corp., 926 F. 2d 1156, 1159 (CA Fed. 1991); Data Concepts, Inc. v. Digital Consulting, Inc., 150 F. 3d 620, 623 (CA6 1998).
[37] Hana Fin., 135 S. Ct. at 910.
[38] Id. at 910-911.
[39] Id. at 911.

標是否具有同一性的問題。如果在符合聯邦民事訴訟規則第50條聲請法院依據法律自爲審判，或是符合第56條聲請即決判決的情形，法官當然可以自己判斷。或者，如果雙方當事人均同意不需要陪審團，法官也可以自行判斷商標同一性的問題。不過，如果雙方當事人對該議題認爲有爭議，並要求陪審團審判，且事實的確有爭議，不符合「即決判決」或「依據法律自爲判斷」的要件，那麼，同一性的問題就應該交由陪審團來認定[40]。

3. 陪審團決定是否會使法律標準不一致？

　　原告Hana Financial提出了四點理由，說明爲何同一性的問題應該屬於法律問題，而該交由法官判斷：

　　(1) 原告認爲，所謂的法律同一性（legal equivalents）檢驗，就是在適用一個法律標準，所以是一個法律問題。但是，最高法院認爲，「將法律標準適用於事實」（application-of-legal-standard-to-fact）這樣的問題，一般稱爲「法律事實混合問題」（mixed question of law and fact），通常這類問題也是由陪審團來決定。而法律同一性的判斷，就是屬於這類法律事實混合問題。如果原告擔心的是，陪審團可能會錯誤地適用法律標準，則解決之道，應該是小心地提出「陪審團指示」（jury instructions），讓標準更爲清楚。但在本案中，原告很難批評地區法院提供給陪審團的指示，因爲該指示是原告自己提出的[41]。

　　(2) 原告認爲，同一性的判斷，會成爲判決先例，將創造出新的法律（create new law），而會影響後續的同一性爭議，故該任務應該交由法官負責。最高法院認爲，美國在其他案件，包括侵權案件、契約爭議或刑事程序中，都將事實認定交由陪審團認定，而不用擔心會創造新的法律，爲何將商標同一性判斷交由陪審團就需要擔心此問題。原告認爲，同一性之判斷，必須比較二個商標，並與過去的同一性案件作比較。但最高法院不認爲如此。其認爲，若是法官自己在作即決判決，或是不開陪審團自己認

---

[40] Id. at 911.
[41] Id. at 911-912.

定事實爭議，在作商標同一性判斷時，也許會參考過去的案例。但是，商標同一性判斷並不必然都要參考過去的判決先例[42]。

(3) 與第(2)點類似，原告認為，如果商標同一性之判斷交由陪審團認定，將使其失去可預測性，而使商標制度無法運作。但最高法院認為，如同第(2)點的反駁理由一樣，既然在美國的侵權、契約或刑事案件中，陪審團都會決定關鍵的事實與法律的適用，而同樣的事實，不同的陪審團，可能得出不同的結論，而使結果無法預測，但美國並沒有因此放棄陪審團制度。此外，事實的爭議需要有人作出判斷，不論由法官還是由陪審團來作，必然都會有某程度的不確定性。商標同一性的判斷並無不同[43]。

(4) 原告認為，過去法官時常自己解決商標同一性的問題。不過，最高法院認為，原告所引用的判決，都是當事人同意不交由陪審團而由法官自己判斷的案件或即決判決。最高法院指出，在可適用即決判決、雙方同意不交由陪審團審理、法官依據法律自為審判的情形下，法官的確可以自己處理商標同一性的問題。但是，如果已經召集了陪審團，且不符合上述情形，則商標同一性之問題仍應交由陪審團認定[44]。

三、2023年聯邦巡迴上訴法院Bertini v. Apple Inc.案

2015年蘋果公司推出訂閱制的線上音樂串流服務Apple Music，並同時在美國申請商標。不料，有一位爵士音樂家Charles Bertini先生提出異議，主張其早在1985年起就開始使用Apple Jazz這個商標，具有優先權（先使用日）。蘋果公司反擊，自己收購了Apple Corps公司的相關商標，而該公司在1968年就推出音樂唱片，有更早的優先權。美國聯邦巡迴上訴法院於2023年4月作出判決，認為蘋果公司無法成功主張1968年的優先權。

---

[42] Id. at 912.
[43] Id. at 912.
[44] Id. at 912-913.

（一）雙方當事人

蘋果公司在2015年6月推出Apple Music服務，並於美國申請「Apple Music」商標，指定使用於第41類服務，包括「錄音物的製作和發行，以及現場音樂表演的安排、組織、指揮和呈現」。美國專利商標局於2016年5月公開該商標，接受外界異議。

Bertini先生是一位職業爵士音樂家，於2016年6月立即向美國專利商標局提出異議。其主張，他最早於1985年6月13日就開始使用「Apple Jazz」這個商標於一些節慶與演出活動上。在1990年代，他開始在他的唱片公司下用Apple Jazz於發行的錄音作品。在美國由於商標法採取先使用主義，故Bertini先生主張他的先使用可獲得普通法上的商標權，故可提出異議。

Bertini先生提出異議的條文，為美國商標法第1052條(d)。第1052條(d)前段規定：「(d)商標含有近似於美國專利商標局註冊商標、他人於美國境內先使用且未放棄之商標及商號名稱，或由之所構成，以至於使用在申請人商品或相關商品時，有致生混淆誤認、錯誤或欺騙之虞。[45]」

（二）美國商標審理暨救濟委員會駁回異議

2021年11月5日，美國商標審理暨救濟委員會（TTAB）作出決定，駁回Bertini先生的異議[46]。

TTAB認定，Bertini先生確實在1985年6月13日就開始使用Apple Jazz商標，就「安排、組織、指揮和舉辦音樂會和現場音樂表演」方面，具有優先權（先使用日）[47]。不過，蘋果公司主張，其有一個更早的優先權（先使用日）。

蘋果公司於2007年時，買下了Apple Corps公司的所有商標[48]。Apple Corps公司是知名樂團披頭四於1968年在英國創立的唱片公司。該公司自

---

[45] 15 U.S.C. § 1052(d).
[46] Bertini v. Apple, Inc., 2021 WL 1575580 (T.T.A.B. April 16, 2021) (Board Decision).
[47] Id. at *9-12.
[48] Id. at *8.

1968年8月以來以傳統留聲機唱片發行音樂和錄音作品時，就使用了Apple這個商標，包括使用「Apple Records」（蘋果唱片）或「Apple Music Publishing」，以及一個青色蘋果的圖樣[49]。

1997年，Apple Corps公司在美國註冊了「APPLE」商標（註冊號2034964），指定使用於「帶有音樂的預錄錄音帶、以音樂爲特色的音頻光碟、以音樂爲特色的預先錄製的錄影帶、帶有音樂的影片雷射光碟」等，並主張最早使用日期爲1968年8月。2007年，Apple Corps公司註冊了「APPLE」商標於「音樂錄音」上（註冊號3317089）[50]。

2007年，蘋果公司買下了Apple Corps公司的所有商標，包括在美國註冊的第2034964號和第3317089號商標[51]。原本蘋果公司在2015年申請Apple Music商標時，自己填寫的最早使用日（優先權日）爲2015年5月18日，但因Bertini先生的異議，故提出將Apple Corps公司於音樂領域使用的APPLE商標，溯及到（tack onto）此次申請的Apple Music上，亦即主張此次申請的Apple Music乃來自於最早的APPLE商標，故優先權日（最早使用日）提早到1968年8月[52]。

TTAB同意蘋果公司的溯及原則主張，故於2021年4月16日作出的決定中，認定蘋果公司就Apple Music的優先權日（1968年）早於異議人Bertini先生的優先權日（1985年）[53]，而駁回Bertini先生之異議。

（三）聯邦巡迴上訴法院推翻TTAB決定

Bertini先生不服，向聯邦巡迴上訴法院提出上訴。上訴法院於2023年4月作出判決，撤銷TTAB之決定[54]。

---

[49] Id. at *13.
[50] Id. at *15.
[51] Id. at *17.
[52] Id. at *18.
[53] Id. at *18-21.
[54] Bertini v. Apple Inc., 63 F.4th 1373 (Fed.Cir. April 4, 2023).

1. 先使用主義與溯及原則

美國的商標權採取先使用原則。第一個在特定商品或服務上使用識別性商標者，可取得優先權。先使用者使用的商標，可以作某些修改，而不會喪失優先權，例如，商標權人可能會在某些情況下，將舊商標修改為新商標，但不會喪失優先權。這個原則在美國稱為「tacking」[55]，姑且翻譯為「溯及原則」，類似於我們商標法上所指的「商標使用不失其同一性」。

但是，要主張溯及原則，必須證明舊商標和新商標創造了相同、持續的商業印象，讓消費者認為二者屬於相同商標。亦即，兩商標必須在「法律上相等」。所謂一商標的商業上印象，乃指其傳達的意義或概念，或者其引起的心理反應，包括其所傳達關於產品服務來源的資訊[56]。

2. 一項商品上的優先權不代表所有商品的優先權

上訴法院認為，在一項商品上取得優先權，並不能幫所有商品都取得優先權[57]。本案蘋果公司的商標申請使用項目中，特別包括了「錄音物的產銷」以及「現場音樂表演的安排、組織、指揮和呈現」。就算認定蘋果公司因收購Apple Corps公司的商標，而取得在「製作發行錄音物」這一項商品上的優先權，但僅能在這一項商品上取得優先權，並沒有在另一項「現場音樂表演」取得優先權[58]。

進一步，上訴法院認為，過去處理溯及原則的案子，都是涉及對同樣的商品服務，使用了兩個略有不同的商標，是否對消費者產生同樣的商業印象。但從來沒有處理過，對不同的商品服務，使用了略有不同的商標，是否仍可適用「溯及原則」[59]。

---

[55] Id. at 1377.
[56] Id. at 1377-1378.
[57] Id. at 1379.
[58] Id. at 1380.
[59] Id. at 1380.

3. 不同商品是否實質相同

　　TTAB在之前的案例中提出，此時應要求新和舊的商品服務，必須「實質上相同」（substantially identical）。上訴法院也同意採取此標準[60]。由於某些商品會因為科技的創新而有所改變，例如傳統留聲機唱片、錄音卡帶、光碟片等。因此，只要新產品或服務乃是原有產品服務的一般演變範圍內，都可認為屬於實質相同。當然，是否屬於商品一般演變範圍，要參考消費者的一般期待[61]。

　　法院認為，蘋果公司若要主張溯及原則，必須證明現場音樂演出與留聲唱片屬於實質相同。而法院也認為，沒有任何理性之人，會認為留聲機唱片與現場音樂演出乃實質相同。也不會有相費者認為，現場音樂演出乃屬於留聲機唱片的一般產品演化的範圍內[62]。

　　因此，上訴法院認為，蘋果公司就現場音樂演出，無法援引Apple Corps公司於1968年使用於留聲機唱片上的APPLE商標的優先權。因此，Bertini先生對蘋果公司所申請註冊的Apple Music商標提出之異議，應有理由[63]。

　　本案判決結果，法院只是認為應撤銷蘋果公司的Apple Music商標指定於「現場音樂演出」部分，但並未否定Apple Music就「發行錄音」上擁有優先權。因此，此判決結果上不至於影響蘋果公司繼續使用Apple Music於音樂訂閱服務上。

四、比較

　　由上述二案例可知，美國商標採使用保護主義，故當發生商標爭議時，先使用日（優先權）就很重要。但因為商標長期使用，可能作過修改，故現在使用的商標與最初的商標略有不同時，能否主張優先權，必須

---

[60] Id. at 1381.

[61] Id. at 1381.

[62] Id. at 1381.

[63] Id. at 1381-1382.

商標具有同一性。

　　前面介紹的第一個案例，2015年Hana案，涉及的是已註冊商標，控告未註冊的使用者侵權，但未註冊者主張善意先使用。然而，主張善意先使用者，必須證明自己的商標具有同一性。前面介紹的第二個案例Bertini v. Apple Inc.案，則是商標註冊後立刻有人提出異議，申請註冊者主張自己有更早的優先權（先使用日），但必須證明自己最早使用的商標與現在使用的商標具有同一性。這二個案例的情況不同，但都必須證明優先權（先使用日）的商標與現在的商標具有同一性。

　　台灣商標採註冊保護主義。故台灣通常是在商標註冊之後，才會討論商標同一性的問題。亦即，一般台灣所稱的商標同一性，指的是註冊商標廢止事由中，若商標權人所使用的商標與註冊的商標不同，其註冊商標可能會被廢止。商標法第64條規定：「商標權人實際使用之商標與註冊商標不同，而依社會一般通念並不失其同一性者，應認為有使用其註冊商標。」

第三節　商標權之歸屬

一、樂團和經紀人

　　2020年間新聞報導，樂團蘇打綠與經紀人終止合約後，請求經紀人將其註冊商標轉讓回給該樂團，但法院判決這部分請求敗訴。關於此，由於台灣商標法中，並沒有規定「商標權的歸屬問題」，原則上誰去申請商標，誰就擁有商標權。但不論在美國或歐洲，的確常常會產生，當合作關係結束後，誰才是真正商標權人的爭議問題。

　　在美國，商標使用就可獲得保護，但仍可向聯邦申請註冊商標。一商標之使用初期，可能是多方共同合作、參與推廣，才使商標變得有名。當合作關係結束，到底誰才有權繼續使用商標？所謂的合作關係有各種可能，例如，員工和雇主的合作、兩家公司的合作、製造商和經銷商的合作、客戶和業務經紀人之合作。

　　關於此，美國發生許多案例，都是在合作關係結束後，才產生爭議，爭執到底誰是商標真正權利人。而法院判決的標準，也會依不同案件類型而有不同的判斷依據，目前並沒有統一的判斷標準。

　　由於合作關係很多，筆者則鎖定樂團和經紀人、唱片公司此種合作關係。關於此，其實也沒有標準答案，還是要看樂團和經紀人實際上的合作關係。

　　例如，在1985年的Rick v. Buchansky案[64]中，法院認為，該案中的樂團是由經紀人控制團名，成員不斷更換，一共更換過22名不同成員。故該案中，最後法院認為是經紀人擁有該案的團名商標。

　　但是，在1986年的Bell v. Streetwise Records, Ltd.案[65]中，法院卻認為，由於樂團成員早在經紀人、唱片公司出現前，就已經開始使用該團名，且團員也很固定，故應是該團員才是商標真正權利人。

二、1986年Bell v. Streetwise Records, Ltd.案

　　以下介紹Bell v. Streetwise Records, Ltd.案，供吾人思考蘇打綠團名商標權歸屬問題。

（一）事實

1.「新版本合唱團」和其唱片公司爭取商標權

　　本案的原告為樂團的五位成員，分別是Bell、Bivins、Brown、DeVoe和Tresvant，他們的團名是「新版本合唱團」（New Edition）。他們曾經發行過四張暢銷專輯，以及許多單曲和音樂錄影帶。

　　該團體最早在1981年組成，當時有四名成員，在波士頓進行表演。他們當時才13歲，就自稱自己是「新版本」。Travis Gresham先生在看過他們表演後，成為他們的經紀人，另外也找了Brook Payne先生，成為他

---

[64] Rick v. Buchansky, 609 F.Supp. 1522 (S.D.N.Y.), appeal dismissed, 770 F.2d 157 (2d Cir. 1985).

[65] Bell v. Streetwise Records, Ltd., 640 F.Supp. 575 (D. Mass. 1986).

們的編舞者[66]。

1981年11月，當時四位成員參加「好萊塢才藝晚會」比賽，獲得首獎，得到與BIM音樂公司簽約的機會，BIM的負責人為Maurice Starr先生。Starr先生當時正在開發自己的音樂「概念」，決定將這四位成員打造成新的年輕男團。Starr先生認為這些13歲少年還有待訓練，但是他替他們作曲、初步錄音，錄成Demo帶，名為「Candy Girl」。Starr先生彈奏所有樂器，包括背景和聲，以及編曲、混音等[67]。

1982年冬天，Starr先生終於完成錄音，並努力尋找唱片公司出版。終於在1983年，他找到Streetwise公司願意出版該專輯。在這段期間，四位成員持續練習舞蹈，並在當地表演[68]。Starr先生與四位團員有一些磨合。其中，他要求加入一位新成員，組成五人團體，這個建議被四位團員接受。惟Starr先生希望將原本團體名稱更改，不過成員們並不接受[69]。

1982年11月、12月間，Streetwise公司與每一位成員簽署契約，該契約專屬授權Streetwise公司可使用其名稱之權。這些成員當時才14歲，在該契約中，每一位成員，除了Tresvant，都承認「新版本」（The New Edition）這個名稱屬於BIM公司[70]。

2. 推出《Candy Girl》專輯後與製作公司、唱片公司結束合作關係

1983年2月，BIM音樂公司和Streetwise錄音公司發行了第一張單曲《Candy Girl》，進而在同年6月發行了第一張完整專輯《Candy Girl》，以及其中的單曲。Streetwise公司則負責行銷，支付了所有的行銷費用[71]。

1983年夏天，該團體中止了原本的經紀人與編舞者的契約。9月時，他們找了新的經紀人，到了11月，他們想推翻與Streetwise公司的契約。被告BIM音樂公司和Streetwise錄音公司因而決定尋找新的五位年輕男

---

[66] Id. at 577.
[67] Id. at 577-578.
[68] Id. at 578.
[69] Id. at 578.
[70] Id. at 578.
[71] Id. at 579.

生，重組團體，發行新的「新版本」樂團唱片，並打算向聯邦專利商標局註冊「New Edition」這個商標[72]。

（二）原告提告

原告等五位團員人提出訴訟，主張五位成員才是「New Edition」的商標權利人，他們才有權註冊這個商標。而被告BIM音樂公司和Streetwise錄音公司卻主張，該公司「雇用」了這五個個人，來呈現該公司所開發的「概念」，並且促銷體現這個「概念」的音樂專輯。故他們才是「新版本」商標的眞正權利人，有權註冊該商標。

（三）判決

1. 誰先開始在商業上利用該商標？

美國因採取商標使用保護主義，何人擁有商標，主要是看利用商標的優先權。優先權的證立，必須出於善意使用。主張者必須證明，其使用商標乃是有意的、持續的，而非偶然或暫時的。其使用必須與「當前的商業利用計畫」相一致。若要註冊聯邦商標，必須存在跨州的使用；如果是州的商標權，則只需要在州內使用即可[73]。

法院認爲，在1983年2月推出《Candy Girl》單曲之前，原告中的四人從1981年開始，就已經使用「新版本」這個團名，出現在至少20多次的表演場合。他們的表演、當時的經紀人Gresham先生之行銷、Gresham先生和編舞Payne先生協助他們排演、他們努力贏得唱片合約的過程，以及和Starr先生一起努力製作唱片，都展現了其「當前的商業利用計畫」[74]。

因而，法院認爲，原告等五人因爲他們在麻州境內爲商業使用，取得了「新版本」這個商標權利。雖然被告因爲推出專輯，才是第一個在跨州使用的人，但原告等人當時仍在麻州境內同時使用，故原告等人已經利用

---

[72] Id. at 579.

[73] Id. at 580.

[74] Id. at 580.

該商標。因而，法院認為原告等人才是商標的「權利人」[75]。

2. 誰控制、決定商標產品之性質、品質？

　　其次，倘若沒辦法確認原告存在「先利用」的事實，亦即，如果是多方共同一起努力，則如何判斷何人擁有商標權？在美國當時先例的標準下認為，要判斷「誰控制、決定使用系爭商標之商品之性質、品質」（controls or determines the nature and quality of the goods which have been marketed under the mark in question）[76]。

　　在本案，問題的關鍵在於，到底該商標表彰的產品（goods），是「錄音唱片」？還是五名年輕成員所提供的「娛樂服務」？法院認為，此時消費者對該商標的連結，亦即看到該商標聯想到的是什麼商品，具有決定性因素[77]。

　　在判斷這類商標權歸屬的爭議時，首先，法院要先界定，公眾認知到該團體的品質或特性（quality or characteristic）是什麼？其次，則要判斷誰控制該品質或特性？

　　法院認為，在音樂產品，擁有其藝名或團名的，通常是藝人或團體。而新版本合唱團，並沒有將其權利轉讓、移轉或賣出。新版本這個名稱，屬於構思這個概念和名稱的個人或實體[78]。

　　雖然Starr先生對《Candy Girl》專輯的製作投入很多心血，但是其只是扮演製作人的角色。同樣地，Streetwise公司在發行專輯上也很用心，且承擔很高的商業風險，但那通常也是錄音公司所扮演的角色[79]。

　　相對地，原告等人在發行《Candy Girl》之前，從1981年就以「新版本」而知名，演唱他人的歌曲；他們的成員也很固定，並非可由製作公司隨便替換成員。因而，法院認為消費者對「新版本」這個商標所聯想的商

---

[75] Id. at 580.
[76] Id. at 580. 其引用的判決是In re Polar Music International AB, 714 F.2d 1567 (Fed. Cir. 1983).
[77] Id. at 581.
[78] Id. at 581.
[79] Id. at 581-582.

品，就是這五名成員[80]。

　　基於上述說明，法院認為「新版本」這個商標所代表的品質，就是這五名成員的獨特性和表演風格。因此，這個商標的「產品」，就是他們五個人所提供的娛樂服務，也就是由這五個人控制這些服務之品質。所以，五名原告擁有商標之權利[81]。

（四）比較

　　不論歐洲和美國，在各種合作關係結束後，都會產生商標權歸屬的爭議。台灣不論在商標法上，或者具體案例中，對此類問題的討論均不多。本文只是挑選一則與蘇打綠商標歸屬爭議，非常接近的「樂團與其經紀人或唱片公司之合作關係」加以介紹。但其實在不同的合作關係中，需參考不同的因素以決定商標權的歸屬，此部分有待吾人繼續深入研究。

---

[80] Id. at 582.
[81] Id. at 582.

第五章　註冊聯邦商標

美國聯邦商標法允許任何人申請註冊商標和行使該註冊商標。但是，美國商標法採取先使用主義（priority of use），第一個在美國商業上使用一具識別性之標誌者，即可取得該標誌之權利。

聯邦商標法建立了全國的商標登記制度，透過該登記，可以協助證明其商標權的優先性（priority）。也就是說，登記制度本身不會產生商標權，在美國商標還是必須先使用才能取得商標權，登記制度只是佐證其有先使用。登記制度的好處，可以作為商標有效性之表面證據（第1115條(a)），也對商標權人主張其權利賦予了公示作用（第1072條），甚至，若商標註冊滿五年，將不得再進行爭執（第1065條、1115條(b)）。其也讓商標權人可以阻止印有侵權商標之外國產品進口到美國。

美國原本堅持先使用主義，故要於聯邦註冊前，必須有先使用之事實。但於1988年修正商標法後，在註冊時雖然還沒有使用之事實，但可以陳述其具有在取得商標後，於商業上使用之真實意圖（bona fide intention to use in commerce）。此外，因為其他國家並不採使用保護主義，故其他國家基於國際條約，例如馬德里議定書將國際註冊延伸保護至美國時，仍須與美國的使用保護主義作一折衷。

第一節　註冊商標

一、已使用商標之註冊

商標法第1051條(a)規定：「(a)商標使用申請(1)商業上使用（used in commerce）的商標所有人可以向專利商標局請求在特此設立的主登記簿上註冊其商標，其必須繳納規定的費用，提交申請表和經核實之聲明，以局長規定的格式，並提交局長要求的一定數量之商標樣本或複製品。(2)

申請書應當包括申請人的住所和國籍、申請人首次使用該標誌的日期、申請人首次在商業上使用該標誌的日期（the date of the applicant's first use of the mark in commerce）、使用該標誌的商品，和該標誌之圖。……[1]」

不過，此一先使用之事實，只需要申請人自己陳述聲明。第1051條(a)(3)規定：「(3)該聲明應由申請人核實並指明──(A)進行核實的人認為他或她，或其代表之法人，是尋求註冊的標誌所有人；(B)就核實者所知和所信，申請中所述的事實是正確的；(C)商標已在商業中使用；……[2]」

在聯邦商標法中，「使用」這個字是有意義的。其堅持公司必須有使用該標誌，才能夠獲得註冊之權利，此可以避免某些人註冊沒有使用的商標，只想讓其他競爭對手無法使用該商標。而「公開銷售」（public sales）可以讓他人知道，他們不應投資資源開發類似已被他人使用於交易中的商標。只有積極之使用，才能讓消費者將一標誌聯想到一特定產品，並告知其他公司該標示已經被如此聯想[3]。

在普通法下，一人必須先在市場中使用某標誌，才能取得獨占的使用權。在1988年以前的美國聯邦商標法，註冊制度稍微修改了這個原則，讓「微少的使用」加上「註冊之公示」，可以作為「實質使用而沒有公示」的替代品[4]。

---

[1]　15 U.S.C. § 1051(a)(1)-(2)("(a)Application for use of trademark

(1) The owner of a trademark used in commerce may request registration of its trademark on the principal register hereby established by paying the prescribed fee and filing in the Patent and Trademark Office an application and a verified statement, in such form as may be prescribed by the Director, and such number of specimens or facsimiles of the mark as used as may be required by the Director.

(2) The application shall include specification of the applicant's domicile and citizenship, the date of the applicant's first use of the mark, the date of the applicant's first use of the mark in commerce, the goods in connection with which the mark is used, and a drawing of the mark.").

[2]　15 U.S.C. § 1051(a)(3)("(3)The statement shall be verified by the applicant and specify that─

(A) the person making the verification believes that he or she, or the juristic person in whose behalf he or she makes the verification, to be the owner of the mark sought to be registered;

(B) to the best of the verifier's knowledge and belief, the facts recited in the application are accurate;

(C) the mark is in use in commerce; and").

[3]　Zazu Designs v. L'Oreal, S.A., 979 F.2d 499, 503 (1992).

[4]　Id. at 503.

二、尚未使用商標之註冊

（一）具使用意圖之申請

　　1988年修正商標法後，增加了一種情況，即在申請時雖然還沒有真正使用，但可說明將來申請到商標會在商業上使用的真實意圖。

　　第1051條(b)規定：「(b)有真實意圖使用商標之申請(1)有真實意圖（bona fide intention）於商業上使用該商標之人，在顯示其善意（good faith）的情況下，可以請求在特此建立的主註冊簿上註冊其商標，只要支付規定的費用並向專利商標局提出申請，並按局長規定的格式提出申請書和經核實的聲明。(2)申請書應當包括申請人的住所和國籍、真實意圖使用該標誌的相關商品和標誌圖樣。(3)該聲明應由申請人核實（verified）並指明──(A)進行核實之人相信他或她，或其代表之法人有權在商業中使用該標誌；(B)申請人在商業中使用該標誌的真實意圖（bona fide intention to use the mark in commerce）；(C)就核實者所知和所信，申請中所述的事實是正確的；(D)據核實者所知和所信，任何其他人無權在商業中使用與該商標相同或幾乎相似的商標，當用於該他人之貨物或與其有關聯，將造成混淆、錯誤或欺騙。……5」

5　15 U.S.C. § 1051(b)("(b)Application for bona fide intention to use trademark
(1) A person who has a bona fide intention, under circumstances showing the good faith of such person, to use a trademark in commerce may request registration of its trademark on the principal register hereby established by paying the prescribed fee and filing in the Patent and Trademark Office an application and a verified statement, in such form as may be prescribed by the Director.
(2) The application shall include specification of the applicant's domicile and citizenship, the goods in connection with which the applicant has a bona fide intention to use the mark, and a drawing of the mark.
(3) The statement shall be verified by the applicant and specify—
(A) that the person making the verification believes that he or she, or the juristic person in whose behalf he or she makes the verification, to be entitled to use the mark in commerce;
(B) the applicant's bona fide intention to use the mark in commerce;
(C) that, to the best of the verifier's knowledge and belief, the facts recited in the application are accurate; and (D)that, to the best of the verifier's knowledge and belief, no other person has the right to use such mark in commerce either in the identical form thereof or in such near resemblance thereto as to be likely, when used on or in connection with the goods of such other

（二）六個月內提出使用聲明書

　　在提出此種申請後，經專利商標局審查，會發出「受理通知書」，在收到受理通知書的六個月內，申請人必須再提交一核實聲明書（verified statement）。第1051條(d)規定：「……申請人應向專利商標局提交一份經核實的聲明，連同局長可能要求的在商業上使用的標誌的樣本或傳真件，並繳納規定的費用，證明該標誌已經在商業上使用，並指明申請人首次在商業中使用該標誌的日期，以及該標誌在商業上使用於或相關於核准通知中指定的商品或服務。經審查並接受使用說明，該標誌應在專利商標局註冊，對使用說明中記載所使用的商品或服務，且有權獲得註冊的項目，發給註冊證書；註冊通知應在專利商標局的官方公報上公告。[6]」

　　也就是說，要在收到受理通知後六個月內，於商業上有眞實使用（bona fide use in commerce），並提出聲明，美國專利商標局才會眞正核准登記該商標。此時，其最初的申請日，就會視爲該申請人的「推定使用日」（constructive-use date），相對於其他在該日之後才使用商標的人，申請人可取得優先權。

（三）商業上眞實使用

　　所謂「商業上使用」（use in commerce），根據第1127條之定義，指：「標誌在正常交易過程中的眞實使用，而非僅是爲了保留對標誌的

---

person, to cause confusion, or to cause mistake, or to deceive....").
6　15 U.S.C. § 1051(d)("(d)Verified statement that trademark is used in commerce
　　(1) Within six months after the date on which the notice of allowance with respect to a mark is issued under section 1063(b)(2) of this title to an applicant under subsection (b) of this section, the applicant shall file in the Patent and Trademark Office, together with such number of specimens or facsimiles of the mark as used in commerce as may be required by the Director and payment of the prescribed fee, a verified statement that the mark is in use in commerce and specifying the date of the applicant's first use of the mark in commerce and those goods or services specified in the notice of allowance on or in connection with which the mark is used in commerce. Subject to examination and acceptance of the statement of use, the mark shall be registered in the Patent and Trademark Office, a certificate of registration shall be issued for those goods or services recited in the statement of use for which the mark is entitled to registration, and notice of registration shall be published in the Official Gazette of the Patent and Trademark Office.").

權利。就本章而言，標誌應被視爲在商業中使用——(1) 在商品上——(A) 以任何方式將其放置在商品或其容器或與之相關的展示品上，或貼在其上的標籤或標籤上，或者如果商品的性質使這種放置不可行，則放置在與商品或其相關的文件上銷售，且(B) 商品在商業中出售或運輸，……[7]」

　　因此，在過去的案例中，第九巡迴法院認爲，要構成聯邦商標法的「商業上使用」，必須符合二要件：1.眞正使用（actual use）要件；2.展示（display）要件[8]。

三、2021年Social Technologies LLC. v. Apple Inc.案

（一）事實

1. Social Tech公司申請MEMOJI商標

　　2016年4月，Social Tech公司對MEMOJI商標向美國專利商標局提出了「意圖使用商標」（intent-to-use）之申請，指定使用於手機應用程式。經審查後，2018年1月30日，專利商標局寄出了「受理通知」（notice of allowance）給Social Tech公司。2018年3月，Social Tech公司申請將提交實際使用證明與陳述書的時間，延長六個月，並獲得准許[9]。

　　在Social Tech公司於2016年申請商標之後，Lucky Bunny公司（簡稱LB公司）於2017年4月3日，也對MEMOJI商標提出申請，並也指定使用於手機應用程式，但該案的審查被暫停，需等待Social Tech公司的審查結果而定。

---

[7]　15 U.S.C. § 1127 ("The term "use in commerce" means the bona fide use of a mark in the ordinary course of trade, and not made merely to reserve a right in a mark. For purposes of this chapter, a mark shall be deemed to be in use in commerce—
(1) on goods when—
(A) it is placed in any manner on the goods or their containers or the displays associated therewith or on the tags or labels affixed thereto, or if the nature of the goods makes such placement impracticable, then on documents associated with the goods or their sale, and
(B) the goods are sold or transported in commerce, and...").

[8]　Id. at 817.

[9]　Social Technologies LLC. v. Apple Inc., 4 F.4th 811, at 814 (9th Cir. 2021).

2. 蘋果公司打算使用Memoji這個詞

2018年5月，蘋果公司的一名代表，與Social Tech公司聯繫，詢問該公司是否有意願出售MEMOJI這個標誌的權利。Social Tech公司拒絕此要約，蘋果公司因而轉與LB公司聯繫，並買下MEMOJI的相關權利，包括申請中的權利。這項交易於2018年5月完成，並向專利商標局登記。

隨後在同年6月4日，蘋果電腦宣告從LB公司買下了MEMOJI的權利，並在6月25日發行了一個包含Memoji程式的新作業系統的公開測試版[10]。

3. Social Tech公司加速開發並倉促推出程式

在2016年提出商標申請之後，Social Tech公司曾經在內部討論一商業計畫，想要對潛在客戶和投資者行銷其Memoji應用程式，但招募投資上並不順利，故在2017年1月，只有在其網站上宣傳Memoji應用程式。

在2018年6月蘋果電腦宣布從LB公司買下MEMOJI的權利之前，Social Tech公司的一名員工表示願意投資10萬美元，並與程式開發商初步討論合作開發Memoji手機程式，但在蘋果電腦正式宣布之前，並沒有真的開始撰寫程式碼[11]。

惟6月4日蘋果電腦宣布之後，Social Tech公司加快開發步調，並在三個禮拜後的6月28日，在Google的Play Store推出自己的Memoji手機應用程式。二天後，Social Tech公司向專利商標局提出「使用聲明」（statement of use），並於9月18日正式獲得註冊登記，商標字號為5566242。

4. 蘋果公司請求撤銷Social Tech公司註冊的MEMOJI商標

2018年9月17日，蘋果電腦推出新版的iOS 12作業系統，將蘋果的Memoji軟體納入所有蘋果電腦的硬體產品中[12]。

2018年9月26日，蘋果電腦向美國專利商標局提出撤銷程序

---

[10] Id. at 814.
[11] Id. at 815.
[12] Id. at 815.

（cancellation proceeding），要求撤銷Social Tech公司註冊的MEMOJI商標。

　　不久後，Social Tech公司向地區法院對蘋果電腦提起商標侵權訴訟。雙方都聲請即決判決。

　　地區法院作成即決判決，認爲沒有理性的陪審團會認爲，Social Tech公司有對MEMOJI標誌爲商業上的眞實使用。因此，地區法院判決，蘋果公司有權撤銷Social Tech公司所註冊的MEMOJI標誌。Social Tech公司不服，向第九巡迴上訴法院提起上訴[13]。

（二）眞實的商業上使用

　　所謂「商業上使用」，根據第1127條之定義，指：「標誌在正常交易過程中的眞實使用，而非僅是爲了保留對標誌的權利。……[14]」

　　在過去的案例中，第九巡迴法院認爲，要構成聯邦商標法的「商業上使用」，必須符合二要件：1.眞正使用（actual use）要件；2.展示（display）要件[15]。

　　第九巡迴法院指出，商標法第1127條的定義，強調「眞實」使用，以及在「正常交易過程」中使用，是爲了避免象徵性使用（token use）。亦即，不能僅是爲了保留商標權而爲使用。若僅是採用商標，但並沒有在商業上眞實使用，並不足以爲聯邦商標法的商標權[16]。

　　其次，單純意圖在商業上使用，並不會獲得商標權。申請人必須證明，其商業上使用，乃足夠公開之方式，讓公眾的適當成員，能夠辨識或區別該被標誌的產品。如果公眾沒有看過該標誌，沒有來源識別功能，則不該受到商標保護，除非其公開使用，能讓消費者對該標誌和商標權人之間產生某種連結[17]。

---

[13] Id. at 816.
[14] 15 U.S.C. § 1127 ("The term 'use in commerce' means the bona fide use of a mark in the ordinary course of trade, and not made merely to reserve a right in a mark....").
[15] Id. at 817.
[16] Id. at 817.
[17] Id. at 817-818.

　　第九巡迴法院指出，在判斷是否有在商業上真實使用，要考量各種因素，但沒有銷售活動（non-sales activities），具有關鍵的影響[18]。

（三）2018年6月4日之前的活動不夠公開

　　法院認為，在Social Tech公司於2016年提出商標申請之後超過兩年，都沒對Memoji程序撰寫過任何一條程式碼，也沒有任何銷售。在蘋果電腦於2018年6月4日宣布要使用Memoji之前，Social Tech公司對MEMOJI的活動，只有維持一個網站，裡面放了一個宣傳影片、早期商業計畫，以及一名員工的內部投資10萬美元，對外部投資者的不成功的招募活動。法院認為，這些活動都不夠公開，不足以支持其商標權，不論Social Tech公司進行這些活動，是否真的出於「將來打算於商業上使用」之意圖[19]。

　　而且，沒有證據能證明，有任何外面的消費者，在蘋果電腦於6月4日宣布之前，能夠將MEMOJI與Social Tech公司產生聯想。雖然上述Social Tech公司的活動，也許可以證明該公司有想要在商業上使用MEMOJI標誌，但是，「單純商業上之意圖」並不足以獲得商標權[20]。

（四）2018年6月4日之後的活動純粹是為了保存商標權

　　2018年6月4日蘋果公司宣布要推出Memoji程式後，Social Tech公司才急著與其他程式開發商合作，加速開發，並緊急在三個禮拜後就將程式上架，然後才向專利商標局提出「使用聲明」，希望完成註冊登記。

　　法院認為，由於聯邦商標法所指的商業上使用，必須是「真實」使用，且不能「僅為了維持商標權利」之使用，亦即不能是象徵性的使用[21]。

　　除了加速開發、發行低品質產品之外，最關鍵點在於，證據顯示，Social Tech公司的負責人與程式開發者的email通信內容中，明確指出想要

---

[18] Id. at 818.
[19] Id. at 819.
[20] Id. at 819-820.
[21] Id. at 820.

趕緊完成註冊登記程序，以便於向蘋果公司進行訴訟，獲得賠償。因此，法院認為，這些行為很明顯是為了維持MEMOJI標誌之權利，並想以此為基礎控告蘋果公司[22]。

Social Tech公司主張，其Memoji程式推出後有5,000次下載，應足以產生事實爭議。但法院認為，重點不在於下載次數，而在於Social Tech公司是否是真的想要為真實商業使用而去開發Memoji程式。所有證據都顯示，Social Tech公司急著開發與推出程式，並非真的想要真實在商業上使用該程式，而是想要維持其權利進而對蘋果公司提起訴訟[23]。

法院最後總結。雖然Social Tech公司一開始於2016年採用「意圖使用」程序申請商標時，具有商業意圖想要開發Memoji程式；但等到2018年其提出「使用聲明」時，卻只是單純為了維持其商標權，並利用象徵性使用，完成商標註冊登記程序。由於這違反了聯邦商標法的第1127條之規定，因而，蘋果電腦確實有權要求撤銷該商標[24]。

第二節　國際優先權

一、國際優先權制度

美國也有國際優先權制度。外國商標權人，可以在外國首次申請的六個月內，到美國申請，主張以外國申請日作為美國的申請日。

首先，第1126條(e)規定外國商標權人可以到美國申請註冊：「外國申請人在所屬國合法註冊的標誌，在符合規定的條件下，也可以獲得主註冊簿註冊，或者按照本章規定在輔助註冊簿上進行註冊。在專利商標局局長規定的期間內，該申請人應提交申請人所屬國註冊證書的核准副本、影本、證書或認證的複製本。……[25]」

---

[22] Id. at 820-821.
[23] Id. at 821.
[24] Id. at 821.
[25] 15 U.S.C. § 1126(e).

　　其次，外國商標權人可以主張國際優先權。第1126條規定(d)規定：「……由本條(b)之國民，已經合法在本條(b)所述國家中對同一標誌提出註冊申請，應該如同其在外國申請日同一日在美國提出申請一般，賦予相同的效力和效果，只要其——(1)是在國外第一次提出申請之日後的六個月內在美國提交申請；……[26]」亦即，只要在外國第一次申請之後六個月內到美國申請，就可以以外國申請日作為美國的申請日。而將外國申請日作為美國申請日的效果，根據第1057條(c)之規定，申請日就會被視為是推定使用日（constructive use date）。

　　不過，外國商標權人主張國際優先權到美國註冊，還是必須符合美國的使用保護主義。因此，第1126條(e)規定：「……申請人應聲明其意圖在商業中使用標誌的真實意圖（bona fide intention to use the mark in commerce），但並不要求在註冊前已使用。[27]」亦即，其仍然要根據第1051條(d)，在收到受理通知書的六個月內，申請人必須再提交一核實聲明書，說明其初次在商業上使用的日期。

　　而且，這個優先權日，受到幾個限制。第1126條(d)(3)至(4)規定：「(3)在第一次於國外提交申請之日前，第三人已經取得的權利，不因本款申請獲准註冊而受到任何影響；(4)註冊人不能根據本項規定起訴在美國註冊商標前實施的行為，除非其獲准註冊是基於商業上使用。[28]」

二、代表判決

（一）SCM Corp. v. Langis Foods Ltd.案

　　在1976年的SCM Corp. v. Langis Foods Ltd.案[29]中，Langis是加拿大公司，SCM是美國公司，雙方都主張在水果飲料上有「Lemon Tree」這個商

---

[26] 15 U.S.C. § 1126(d)(1).
[27] 15 U.S.C. § 1126(e).
[28] 15 U.S.C. § 1126(d)(3)-(4).
[29] SCM Corp. v. Langis Foods Ltd., 539 F.2d 196 (D.C. Cir. 1976)

標[30]。Langis在1969年3月28日於加拿大註冊該商標，並於5月15日開始在加拿大使用；SCM則是在5月15日於美國開始使用該商標。兩家公司都到美國申請商標，SCM的申請日為1969年6月18日，Langis的申請日則是同年9月19日[31]，但Langis以加拿大之申請案主張國際優先權。1971年10月，Langis的美國申請案獲得核准，但直至該時其都沒有在美國使用過該商標[32]。

　　SCM要求撤銷Langis的商標註冊，主張SCM在美國比較早使用，故應該有優先權[33]。此案最後上訴到D.C.巡迴上訴法院，法院判決Langis勝訴。法院認為，根據第1126條(d)，其申請案應該「如同其在外國申請日同一日在美國提出申請一般，賦予相同的效力和效果」，因而產生的效果就是，其會將外國的申請日作為美國的「推定使用日」[34]。因此，Langis的推定使用日為其在加拿大的申請日，即1969年3月28日，早於SCM在美國的真正使用日1969年5月15日，故Langis較為優先[35]。

（二）American Petrofina, Inc. v. Brown案

　　上述SCM案涉及的是商標撤銷爭議，而非商標侵權爭議。但同樣地，外國商標權人的外國申請日被作為「推定使用日」，且後來在美國開始真正商業上使用，並因而觸發了可提起侵權訴訟的權利，仍然會被認為，其推定使用日，會早於侵權人的真正使用日。

　　北卡羅萊納東區地區法院在1974年曾作出American Petrofina, Inc. v. Brown案判決[36]。該案中，原告的母公司早於1954年在加拿大註冊「Fina」商標，並到美國申請註冊，於1956年1月取得美國商標註冊[37]。

---

[30] Id. at 197-198.
[31] Id. at 198.
[32] Id.
[33] Id.
[34] Id. at 199.
[35] Id.
[36] American Petrofina, Inc. v. Brown, 391 F. Supp. 757 (E.D.N.C. 1974).
[37] 391 F. Supp. at 758.

1956年8月，被告Brown開始在美國使用「Fina」商標，原告則是在同年10月才開始在美國使用「Fina」商標[38]。法院認為，在第1126條下，被告之使用，是在原告獲准註冊後、真正在美國商業上開始使用該商標之前，但因為原告已經在美國使用，可以提出侵權訴訟，且原告的推定使用日早於被告之真正使用日，故原告仍然有權阻止被告的使用行為[39]。

第三節　馬德里議定書之國際註冊制度

一、馬德里議定書

（一）國際註冊制度

1989年《商標國際註冊馬德里協定有關議定書》（Protocol Relating to the Madrid Agreement Concerning the International Registration of Marks，簡稱馬德里議定書），乃由世界智慧財產權組織（WIPO）主導的一種國際商標註冊程序，目前有114個國家加入。

在馬德里議定書下，讓外國的商標權人，以自己國家所提出之商標申請案（基礎申請案）或商標註冊案（基礎註冊案），透過原屬國的商標局，向世界智慧財產權組織的國際局（International Bureau）申請，就可取得國際註冊（international registration）。在申請國際註冊時或之後，國際商標註冊權人可以將其國際註冊效力，指定延伸保護到其他國家。

（二）美國商標法

美國在2002年修正聯邦商標法，將馬德里議定書的內容，放入聯邦商標法第XII章（Title XII，現編為聯邦法典第15本第22章商標法的第四分章），讓外國的商標權人，可以透過國際註冊在美國取得「延伸保護」（extension of protection）；也讓美國的商標權人，可以透過該制度取得

---

[38] Id.
[39] Id.

在其他簽約國的商標保護。

1. 請求延伸保護

根據美國聯邦商標法第1141f條(a)，外國商標申請人透過國際局提出請求，將國際註冊延伸保護到美國，由國際局轉交給美國專利商標局，如果在國際局提出請求時附加了在商業上眞實使用意圖之宣誓書（declaration of bona fide intention to use the mark in commerce），並經國際註冊申請人或註冊人核實，視爲已經在美國正式提交申請[40]。

該申請案一樣由專利商標局審查。如果其顯示，申請人有權獲得延伸保護，則專利商標局將會在政府公告上公告該商標[41]。如果沒有人提出異議或異議無理由，也不存在不得註冊事由，則專利商標局應核發延伸保護之證書，其將具有和主註冊簿上之註冊案同樣的效力和有效性[42]。

第1141h條(a)(3)特別規定，不能以商標尚未於商業中使用爲理由，拒絕延伸保護之請求[43]，其與美國自己的申請案有一點不同。美國的「具使用意圖之申請案」，必須在六個月內要眞正使用並提交核實聲明書，但國際申請案之延伸保護請求，只需要提交「在商業上眞實使用意圖之宣誓書」即可獲得核准，並不需要有後續的眞正使用之核實[44]。

2. 取得優先權

第1141f條(b)規定，除非延伸保護被拒絕，否則「根據(a)提起延伸保護之適當申請，將構成該標誌的推定使用（constructive use），並賦予在下述三個可能時間中最早的一個時間，取得第1057條(c)下規定的權利：(1) 如果延伸保護之請求是在國際申請案中提出，則爲國際註冊日；(2) 如果延伸保護請求是在國際註冊日之後提出，則爲延伸保護請求之紀錄日；

---

[40]　15 U.S.C. § 1141f(a).
[41]　15 U.S.C. § 1141h(a).
[42]　15 U.S.C. § 1141i(a), (b)(1).
[43]　15 U.S.C. § 1141h(a)(3).
[44]　Lodestar Anstalt v. Bacardi & Company Limited, 31 F.4th 1228, 1238 (2022).

(3) 根據本章第1141g條規定，主張優先權日[45]。」

　　而第1057條(c)則規定：「只要於本法所設主要註冊簿上之商標註冊，該商標註冊之申請提交，應構成對該商標的推定使用，並賦予其就註冊所指定之商品、服務或相關商品服務上，效力為全國、且得對抗任何人的優先權利，但對於商標未被放棄之人，以及早於該申請日前有下列情形者不在此限：(1) 已實際使用商標；(2) 已提交商標註冊申請，且該申請案處於未決狀態，或已取得商標註冊者；(3) 提交外國商標註冊申請並已依此取得優先權後，及時依據第1126條(d)提出申請，且該申請案處於未決狀態，或已取得商標註冊。[46]」

　　其次是第1141i條(b)規定：「從延伸保護證書核發之日起——(1)延伸保護具有和主註冊簿註冊同樣的效力和有效性；且(2)國際註冊的權利人應享有主註冊簿註冊人同樣的權利，可以獲得同樣的救濟。[47]」

　　因此，根據馬德里制度請求延伸保護到美國的商標，不需要在美國使用，就可以國際註冊日或基礎案之優先權日，作為優先權日。

3. 六年內真實使用

　　不過，根據第1141k條之要求，國際註冊持有人應該在延伸保護證書核發之日起滿六年之前的一年內，提交商業上使用聲明書，否則將會被撤銷該延伸保護[48]。但同樣地，馬德里議定書的註冊者，一樣適用第1127條三年內不使用會被視為放棄的規定。

二、2022年第九巡迴法院Lodestar Anstalt v. Bacardi案

　　美國商標採使用保護主義，但同時又是國際商標註冊制度的馬德里議定書簽約國，二者如何協調？一歐洲酒商於2011年透過馬德里制度取得「Untamed」商標的美國保護，但直至2013年都未在美國使用。另一著

---

[45] 15 U.S.C. § 1141f(b).
[46] 15 U.S.C. § 1057(c).
[47] 15 U.S.C. § 1141i(b).
[48] 15 U.S.C. § 1141k(a)(1), (b)(1)(A).

名酒商於2013年11月在其形象廣告中使用「Untameable」。商標權人一方面趕緊設計「Untamed」品牌的相關產品，並於2016年對被告提出侵權訴訟。但被告認為，原告在2013年11月以前都沒有在美國使用，故不能控告侵權。

（一）事實

1. Lodestar公司的「Untamed」商標

本案中，商標權人Lodestar Anstalt（簡稱Lodestar公司）是一個小酒商，大約於2008年至2009年間，想出了「Untamed」商標，其意思是「不受馴服的、野性的」[49]。其先在歐洲的列支敦士登取得註冊商標「Untamed」，指定使用於威士忌、蘭姆酒和其他蒸餾酒。2009年8月19日，其根據馬德里議定書，以列支敦士登之基礎案，申請二個國際註冊案，包括「Untamed設計商標」和「Untamed文字商標」，並請求在美國延伸保護。而就「Untamed文字商標」，其主張的優先權日為2009年7月21日[50]。2011年10月，美國專利商標局公告其取得延伸保護[51]。

Lodestar公司在美國取得商標之後，在2009年至2011年間，只有極少量地將該商標用於自家銷售的另一款「The Wild Geese Irish Soldiers & Heroes」品牌的威士忌酒瓶標籤後方[52]，且使用的量非常稀少。

2013年初，Lodestar公司老闆擁有的另一家Avalon公司，為了「The Wild Geese Soldiers & Heroes」品牌，開發新的蘭姆酒，命名為「Premium Rum」和「Golden Rum」[53]。但除了在2013年4月於邁阿密舉辦的「2013年蘭姆酒文藝復興貿易展」攤位上有過促銷活動外，其後決定停止發展美國蘭姆酒產品的計畫[54]。

---

[49] Lodestar Anstalt v. Bacardi & Company Limited, 31 F.4th 1228, 1239 (2022).
[50] Id. at 1247.
[51] Id. at 1239.
[52] Id. at 1240.
[53] Id. at 1240-1241.
[54] Id. at 1241.

2. 百加得公司於2013年11月廣告宣傳「Bacardi Untameable」

2013年11月，美國百加得公司（Bacardi U.S.A.）在美國開始使用「Bacardi Untameable」商標進行形象廣告宣傳。其並沒有在酒瓶標籤上使用「Untameable」，而是在各種媒體的廣告內容中使用「Untameable」這個字[55]。

就在2013年11月百加得公司開始對「Untameable」進行廣告宣傳不久之後，同樣也是Lodestar公司老闆擁有的另一家Protégé公司，在其網站上宣布即將推出一款新的「Untamed Revolutionary Rum」蘭姆酒。Lodestar公司坦承，當時其實還沒有真的開發出產品，其目的是想要對抗百加得公司，避免其取得「Untamed」商標[56]。

同一時期，Protégé公司也恢復了原本暫停銷售的「The Wild Geese Soldiers & Heroes」蘭姆酒，而開始進口Golden Rum產品和Premium Rum產品到美國，並進行批發銷售[57]。

（二）第九巡迴法院判決

2016年8月，Lodestar公司對百加得公司提起侵權訴訟，認為百加得公司侵害其「Untamed文字商標」[58]。加州中區地區法院於2019年7月作成即決判決，判決Lodestar公司敗訴[59]。Lodestar公司不服，提出上訴。第九巡迴上訴法院於2022年判決，維持地區法院判決，但理由略有不同。

1. 國際註冊延伸保護賦予優先權

第九巡迴法院認為，在現行聯邦商標法下，就算Lodestar公司是在2013年11月後才真實使用「Untamed文字商標」，但因為國際註冊延伸保護的推定使用日，故Lodestar公司對該商標還是具有優先權[60]。

---

[55] Id. at 1242.
[56] Id. at 1242.
[57] Id. at 1243-1244.
[58] Id. at 1244.
[59] Id. at 1245.
[60] Id. at 1246.

　　既然Lodestar公司成功獲得延伸保護，並因而取得優先權，而其優先權日，在本案中是其在國際註冊中主張的2009年7月21日。百加得公司並未在2009年8月9日前實際使用「Bacardi Untameable」商標或提交「Bacardi Untameable」商標之申請，故Lodestar公司取得可以對抗百加得公司的優先權[61]。

2. 自己在商業上使用才能提告

　　雖然申請延伸保護就可取得優先權，並進而可以對侵權人提告，但第九巡迴法院指出，要依據第1114條或第1125條對他人提起侵權，都必須自己有在商業上使用商標，因此，Lodestar公司必須證明提起侵權訴訟之前，有使用該商標[62]。甚至，侵權人的使用行為，早於商標權人在美國真正開始使用日，商標權人仍然可以提告[63]。

　　法院認為，Lodestar公司最慢從2014年開始，已經在美國商業上真正使用「Untamed文字商標」，用於批發銷售「The Wild Geese Soldiers & Heroes」品牌的蘭姆酒標籤上。雖然Lodestar公司是在2014年才開始在美國真正使用，晚於2013年12月百加得公司使用「Bacardi Untameable」進行廣告宣傳，但法院仍認為，Lodestar公司取得控告侵權的條件[64]。

3. 不存在逆向混淆誤認

　　當然，要控告侵權成功，Lodestar公司仍必須證明，百加得公司的廣告和產品與原告商標存在混淆誤認之虞[65]。

　　本案中，Lodestar公司主張的是逆向混淆（reverse confusion），因為百加得公司是著名的酒商，其使用系爭商標，反而會讓Lodestar公司在使用系爭商標時，讓消費者誤以為與百加得公司有關聯，其將使商標權人喪

---

[61] Id. at 1247.
[62] Id. at 1248.
[63] Id. at 1250.
[64] Id. at 1251.
[65] Id. at 1251.

失對發揮該商標指示來源功能的控制力[66]。

　　但前提問題在於，要將哪些Lodestar公司的產品納入逆向混淆誤認判斷的範圍？第九巡迴法院認為應該排除「Untamed Revolutionary Rum」這款產品[67]。其認為，在控告侵權時，商標權人自己的使用，必須是真實使用（bona fide use），而非只是為了控告侵權而出現的象徵性使用。原告開發的「Untamed Revolutionary Rum」產品，主要是看到百加得公司的廣告宣傳之後，為了保存其「Untamed」商標，才刻意為之的使用。因而，應將之排除於混淆誤認判斷之虞的分析範圍[68]。

　　最後是混淆誤認的判斷，地區法院認為，雖然二者都使用在酒類，但因為被告是作為品牌形象廣告，而非具體使用在哪一款酒上；而原告則是具體使用在蘭姆酒，僅在「Wild Geese Soldiers & Heroes」品牌之酒瓶標籤下方，作為一個口號。基於幾個面向的不同，地區法院認為沒有混淆誤認之虞。第九巡迴法院也支持地區法院看法，認為二者不會讓消費者產生混淆誤認之虞[69]。

第四節　指定代收送達人

一、外國人在美國申請商標需指定代收送達人

　　美國聯邦商標法規定，外國申請人若在美國沒有住所，需指定一個美國居民為文件的代收送達人。第1051條(e)規定：「如果申請人的住所不在美國，其可向專利商標局提交文件，指定影響商標之程序（proceedings affecting the mark）之通知送達或程序送達（served notices or process）之美國居民的姓名和地址。此類通知或程序送達可向指定之人當面送達，或者寄到最後指定文件中記載之被指定人的地址以為送達。如果在最後指定

---

[66] Id. at 1252.
[67] Id. at 1254.
[68] Id. at 1254.
[69] Id. at 1258-1261.

文件中的地址找不到被指定人，或者註冊人沒有向專利商標局提交文件指定應送達的美國居民的姓名和地址，此類通知或程序可以送達給專利商標局局長。[70]」

　　一般來說，這一條適用於專利商標局行政程序上的通知。但是，若該商標後來引發法院訴訟程序（他人在法院主張該商標應撤銷或不得註冊），則在法院程序上，是否也適用這一條？第九巡迴法院在2022年San Antonio Winery v. Jiaxing Micarose案判決中，認為可以適用[71]。

二、第九巡迴法院2022年San Antonio Winery v. Jiaxing Micarose案

（一）事實

1. 聖安東尼奧酒莊

　　聖安東尼奧酒莊（San Antonio，簡稱聖安東尼奧）是一家歷史悠久的洛杉磯酒莊，以其Stella Rosa品牌的葡萄酒而聞名。該酒莊是由Riboli家族經營。聖安東尼奧註冊了「RIBOLI」和「RIBOLI FAMILY」二商標，從1998年就開始使用於葡萄酒產品[72]。

2. 中國嘉興貿易公司

　　嘉興米卡羅斯貿易有限公司（簡稱嘉興）是一家使用Riboli名稱銷售產品的中國公司。2018年，嘉興註冊了Riboli商標，用於服裝鞋帽。2020年，嘉興申請註冊Riboli商標，用於其他類產品，包括倒酒器、瓶架、容器、雞尾酒調酒器、餐具以及其他各種廚房和家居用品。嘉興所註冊之商品與聖安東尼奧在其酒廠和餐廳銷售的產品有相當大的重疊[73]。

---

[70] 15 U.S.C. § 1051(e).
[71] San Antonio Winery, Inc. v. Jiaxing Micarose Trade Co., Ltd., 53 F.4th 1136 (9th Cir. 2022).
[72] Id. at 1138.
[73] Id. at 1138.

（二）原告起訴

1. 原告在美國加州起訴

在得知嘉興使用Riboli名稱於美國銷售產品後，聖安東尼奧在加州地區法院對嘉興提起訴訟，主張嘉興侵害其商標。該投訴根據聯邦商標法就商標侵權、商標淡化和虛假原產地名稱以及相關州法向嘉興提出索賠。另外，聖安東尼奧請求法院禁止嘉興在其產品上使用Riboli商標，撤銷嘉興於2018年所註冊的Riboli商標，並命令嘉興放棄其2020年Riboli商標的申請案，或禁止專利商標局核准該申請案[74]。

2. 原告主張依聯邦商標法規定，透過專利商標局局長為送達

由於嘉興是一家中國公司，所以聖安東尼奧的送達流程，照理說需按照國外送達的規則進行。在美國，此類規則的來源之一是《聯邦民事訴訟規則》第4條(f)。根據規則第4條(f)規定，除其他方式外，可透過「任何國際商定的送達方式合理地發出通知」送達海外之被告，包括《關於向國外送達司法和非司法文件的海牙公約》的程序[75]。

根據《海牙送達公約》，原則上，聖安東尼奧應將傳票和訴狀交給中國政府指定的「中央機關」，然後由其負責向嘉興送達[76]。聖安東尼奧考慮此種方式的送達，可能需要太長時間，故轉而主張根據聯邦商標法第1051條(e)之規定，可送達給嘉興的指定代收送達人；若嘉興沒有指定，則可送達於美國專利商標局局長[77]。

為了利用第1051條(e)的送達程序，聖安東尼奧先詢問曾代表嘉興處理商標申請的美國律師，是否會代表嘉興接受送達。該律師沒有回應，故聖安東尼奧將傳票、訴狀和隨附文件送達專利商標局局長。收到文件後，專利商標局向嘉興寄送一封信，表示「根據15 U.S.C. § 1051(e)，訴訟程序的送達是以透過向專利商標局局長送達而生效」。專利商標局將文件副

---

[74] Id. at 1138.
[75] Id. at 1139.
[76] Id. at 1139.
[77] Id. at 1139.

本寄給嘉興，並將其放入嘉興的商標註冊檔案中[78]。

（三）法院

1. 加州法院認為未合法送達

一審開庭時，被告嘉興沒有出現。聖安東尼奧主張已經透過專利商標局局長合法送達於嘉興。因而，聖安東尼奧請求法院為「一造缺席判決」[79]。

但是，地區法院認為嘉興未被合法送達，而駁回「一造缺席判決」之請求。地區法院指出，目前為止，沒有任何一個上訴巡迴法院曾對於第1051條(e)是否適用於法院程序表達過意見。故其引用加州東區2005年的一個判決見解[80]，認為第1051條(e)的規定只適用於專利商標局的行政程序，並不適用於法院程序[81]。

對於此裁定，聖安東尼奧立即提出上訴[82]。

2. 第九巡迴上訴法院認為適用於法院程序

第九巡迴法院推翻一審裁定，認為聯邦商標法第1051條(e)之規定，一樣適用於法院程序的送達。其認為，可從聯邦商標法第1051條(e)的條文中使用的文字，尤其是條文中的「影響商標之程序」（proceedings affecting the mark），得到答案[83]。

首先，從商標法制定當時的字典或法律字典來看，均認為程序（proceedings）當然包括法院程序或法律上之程序[84]。

其次，法院程序確實會「影響」（affect）該商標。法院除了可以決定是否有權註冊商標，也有權決定是否應撤銷商標[85]。

---

[78] Id. at 1139.

[79] Id. at 1139-1140.

[80] E. & J. Gallo Winery v. Cantine Rallo, S.p.A., 430 F. Supp. 2d 1064 (E.D. Cal. 2005).

[81] San Antonio Winery, Inc. v. Jiaxing Micarose Trade Co., Ltd., 53 F.4th at 1140.

[82] Id. at 1140.

[83] Id. at 1140.

[84] Id. at 1140-1141.

[85] Id. at 1141.

進一步，通知送達或程序送達（served notices or process）中所指的「process」，本來就是法院的開庭通知或令狀。而且，第1051條(e)如果只是行政程序的送達，那麼只需要寫通知送達（served notices）即可，不需要寫「process」這個字[86]。

3. 小結

第九巡迴法院在本案創造了一個重要的新規則。外國商標申請人在美國申請註冊時，要指定一個美國居民作為代收送達人。該代收送達人不只是處理商標申請、商標撤銷等行政程序的文件送達，也會適用後續法院程序的送達。

如果外國申請人沒有按照第1051條(e)指定代收送達人，則法院程序之送達可以送達於專利商標局局長，由專利商標局轉通知外國申請人。因此，外國申請人在請美國律師事務所代為申請美國商標時，需約定清楚，後續若發生法院訴訟程序，是否仍由該事務所作為法院程序的代收送達人。

第五節　詐欺取得商標

一、申請商標若有詐欺，商標可被撤銷

在美國，申請專利和商標時，要對專利商標局誠實，倘若有詐欺取得專利或商標，其專利或商標將無法實施（unenforceable）。他人不但可以主張該商標無法實施，在美國商標法中，還可以主張因為商標權人詐欺取得商標，對他人行使商標造成的損害，請求損害賠償[87]。

美國商標法第1064條(3)規定：「任何認為自己受到或將受到損害

---

[86] Id. at 1141.

[87] See 15 U.S.C. §1120 ("Any person who shall procure registration in the Patent and Trademark Office of a mark by a false or *717 fraudulent declaration or representation ... shall be liable in a civil action by any person injured thereby for any damages sustained in consequence thereof.").

的人，在支付規定費用後，可以提出撤銷商標註冊的請求，並說明所依據的理由……(3)在任何時候……其註冊是以欺詐手段獲得（obtained fraudulently）……[88]」

也就是說，就算符合所有商標申請要件，但只要申請註冊時，有欺騙隱瞞重要資訊，即構成對專利商標局之詐欺（fraud）。所謂詐欺取得商標，必須申請人在申請過程中就事實部分，明知而作成虛假（false）、重要的（material）表達，且需有詐欺之意圖（intent to deceive）。若要主張他人詐欺取得商標，必須提出清楚而具說服力之證據。惟申請過程中單純的疏失，不能算是詐欺[89]。

二、2018年UGG案

美國伊利諾州東區地區法院2018年所判決的Deckers Outdoor Corp. v. Australian Leather Pty. Ltd.案[90]中，也出現了是否詐欺取得商標的爭議。

該案中，被告Australian Leather主張，Deckers公司的前手乃詐欺取得UGG公羊圖商標，並請求因詐欺而受到之損害賠償，同時主張該商標無法實施[91]。

1985年12月，UGG進口行（UGG Imports）向美國專利商標局申請了的UGG Australia公羊圖商標。在該商標申請案中，Smith宣誓，他相信自己的公司是商標權利人，且沒有其他人有權使用該商標。他並將1979年12月28日列為該商標的首次使用日。該商標案於1987年獲得註冊為美國商標號第1460992號商標。但到2008年，Deckers公司並沒有延展該商標，因而該商標已於2008年屆期[92]。

在美國商標申請過程中，審查官和商標申請代理人Brown會有一些問題往返。當時的審查官有問商標代理人：「UGG這個詞在相關交易或產

---

[88] 15 U.S.C. § 1064(3).
[89] Deckers Outdoor Corp. v. Australian Leather Pty. Ltd., 340 F.Supp.3d. at 717.
[90] Deckers Outdoor Corp. v. Australian Leather Pty. Ltd., 340 F.Supp.3d 706 (N.D. Illinois, 2018).
[91] Id. at 717.
[92] Id. at 717.

業有無任何意義？」被告Australian Leather認為，當時代理人Brown一定是回答：「在交易或產業上沒有任何意義」，審查官才會在審查紀錄中對這個問題的意見寫：「不重要」。但是，商標代理人Brown在後來的作證中說，他的回答是：「他認為在美國沒有意義，但在澳洲ugg被用於指示羊毛靴」[93]。

　　Australian Leather主張，如果當時Brown有誠實以告ugg的其他意義，那麼，審查官可能會在核准該商標時，要求就ugg這個詞聲明不專用（disclaimer）。但法院認為，就算當時審查官就ugg這個詞聲明不專用，也不代表ugg這個詞就會變成通用詞。因而，既然ugg在美國不是通用詞，Deckers公司在後續取得的其他UGG商標都沒有問題。

　　而且，既然UGG公羊圖商標已於2008年屆期，而Australian Leather是在2014年才開始販售產品到美國，所以並不會因為公羊圖商標是否為詐欺取得而受到任何損害。而且，由於原告並不是用這個公羊圖商標提告，就算其屬於詐欺取得商標，被告都不能提出商標無法實施之抗辯[94]。

三、2021年Chutter, Inc. v. Great Concepts案

　　2010年，一位商標代理人替客戶申請美國聯邦商標時，簽署了一份聲明，聲明目前該標誌並沒有其他爭訟程序進行中。但該商標當時有二個爭訟程序正在進行中，屬於不實陳述。2016年，其他公司請求撤銷這個商標，主張因為其申請時對專利商標局有詐欺行為。2021年，商標審理暨救濟委員會（TTAB）作出Chutter, Inc. v. Great Management Group, LLC.案決定，認為「輕率疏忽不在意真實」隨便簽署文件，也屬於具有欺騙意圖。

---

[93] Id. at 717.
[94] Id. at 718.

（一）事實

1. 商標權人

本案商標權人是Great Management Group公司（簡稱GMG公司），其提出二項商標申請，一是申請「DANTANNA'S」，指定使用於「香料和香料粉」；二是申請「DANTANNA'S TAVERN」，指定使用於「餐廳和酒吧服務」。GMG公司申請時，另外主張擁有Great Concepts公司所註冊的「DANTANNA'S」商標（聯邦註冊號2929764），指定使用於「牛排和海鮮餐廳」[95]。

2. 原告提出異議

本案的原告則是Chutter公司，其對GMG公司申請的二個商標申請案都提出異議，其主張自己早就使用「DAN TANA'S」標誌於餐廳服務和馬力拉醬，故主張GMG公司申請的二個商標，與自己的商標會構成混淆誤認（15 U.S.C. §1052(d)）。另外，原告也主張，GMG公司所申請的商標，會錯誤地暗示與原告或原告前身Dan Tana有連結或有關係（15 U.S.C. §1052(a)）[96]。

（二）原告主張商標權人的代理人有詐欺行為

不僅如此，Chutter公司也請求撤銷第2929764號商標，認為該商標申請時有對專利商標局「詐欺」。原告主張，該商標的申請人Great Concepts公司在申請時，曾經在2010年3月，根據美國聯邦商標法第1058條和第1065條作過合併宣誓，尤其第1065條的「無爭議宣誓」，宣誓「在美國專利商標局或法院，沒有涉及上述權利的訴訟正進行中或尚未終結」[97]。

但是，當時有二個爭訟程序正在進行中。一是一個撤銷程序（第

---

[95] Chutter, Inc. v. Great Concepts, LLC., 2021 USPQ2d 1001, at 2 (TTAB 2021).

[96] Id. at 2.

[97] Id. at 2.

92045947號）；二是在喬治亞洲北區地區法院有一個民事訴訟，二案都是爭執Great Concepts公司對「DANTANNA'S」標誌的註冊權和使用權[98]。

（三）TTAB認定

1. 無爭議聲明書屬於重要資訊

當商標註冊申請人或商標權人故意對與註冊申請或註冊後文件有關的事實作出不實的、重要（material）的陳述時，且意圖（intent）獲得或維持其無權獲得的註冊，就會構成在獲得或維持商標註冊方面的欺詐行為[99]。

首先，無爭議聲明書是否屬於重要資訊？USPTO在審查商標時，若仰賴第1065條不實的「無爭議聲明」而核准商標，其產生的後果，根據聯邦商標法第1115條(b)[100]，會讓申請人取得一新權利，亦即將該註冊作為「申請人有在商業上使用該商標之專屬權利」的決定性證據，而非僅是表面證據。因此，TTAB認為，只要在第1065條的無爭議宣誓或聲明中，含有不實陳述，就是重要的資訊[101]。

2. 本案商標代理人沒有認真審閱文件就宣誓簽名

本案中，代理人Taylor先生知道涉及「DANTANNA'S」的標誌和註冊，仍有其他爭訟程序正在進行中。但是，Taylor先生代理Great Concepts公司，自己簽署並提交了聯邦商標法第8條（第1058條）和第15條（第1065條）的使用和無爭議合併聲明[102]。

Taylor先生作證說，他沒有詳細審閱這些申請文件，也沒有發現文件中的陳述不正確。而他和Great Concepts公司，都沒有向USPTO通知，申請文件中的陳述有錯誤，雖然他們從2015年起就知道申請文件中的陳述有

---

[98] Id. at 3.

[99] Id. at 12.

[100] 15 U.S.C. § 1115(b).

[101] Chutter, Inc. v. Great Management Group, LLC. and Chutter, Inc. v. Great Concepts, LLC., 2021 USPQ2d 1001, at 14-15.

[102] Id. at 15-16.

錯誤[103]。Great Concepts公司也承認，這些陳述是不實的。

原告Chutter公司主張，被告在作這些不實陳述時，對聲明書的內容屬於「蓄意視而不見」（willful blindness），或者，也可能對於聲明書是否為真，採取「輕率疏忽不在意真實」（reckless disregard）的態度，因為Taylor先生並不知道他簽名的文字是什麼，也沒有探究其正確性[104]。

3.「輕率疏忽不在意真實」也算有欺騙意圖

TTAB最後認為，Taylor先生構成「輕率疏忽不在意真實」。

所謂的「輕率疏忽不在意」，尤其「不在意」（disregard）這個字，根據布雷克法律字典的定義，乃「有意識的漠視行為的後果」。TTAB認為，一般來說，聲明人應該知道其簽署的聲明內容，如果沒有對聲明內容適當地探究其正確性，聲明人就是輕率疏忽不在意真實而行為[105]。

本案中，Taylor先生根本不關心他在宣誓下簽署的文件，因此不在乎他為客戶獲得的利益的重要性。由於未能確定和理解他簽署的文件的重要性，沒有盡到認真履行作為代理人的職責，Taylor先生的行為就是輕率疏忽不在意真實。而且，後來他發現這個問題後，也沒有採取任何行動來糾正錯誤[106]。

如果TTAB認定Taylor先生的行為不構成欺詐，那可能會「鼓勵聲明人得出這樣的結論，即這種『不在意』的行為不會產生任何後果，並且他們不會因未閱讀他們簽署的文件而受到懲罰」。以如此莊嚴的程度作出的聲明，在向美國專利商標局提交和簽署之前，應該先進行徹底確認[107]。

TTAB指出，在之前的In re Bose案[108]中，聯邦巡迴上訴法院認為，欺騙意圖必須是蓄意的（willful）。而各巡迴上訴法院都曾判決認為，「蓄

---

[103] Id. at 17.
[104] Id. at 18-19.
[105] Id. at 19.
[106] Id. at 20.
[107] Id. at 20.
[108] In re Bose Corp., 580 F.3d 1240, 1245 (Fed. Cir. 2009).

意」包括輕率疏忽行為[109]。

　　因此，TTAB認為，「在商標註冊和維護方面，美國專利商標局依賴聲明書的完整性、正確性和眞實性……輕率疏忽不在意眞實等同於欺騙意圖，滿足『欺騙意圖』之要求。[110]」所以，TTAB以欺詐為由，同意取消DANTANNA商標註冊。

---

[109] Chutter, Inc. v. Great Management Group, LLC., and Chutter, Inc. v. Great Concepts, LLC., 2021 USPQ2d 1001, at 23-24.

[110] Id. at 24.

第六章　異議、撤銷程序

一般英文中稱異議為「opposition」，至於撤銷程序（cancellation），英文的用語與中文用語有落差。

在歐盟商標規章和商標指令，並沒有直接使用撤銷（cancellation）這個詞，但歐盟智慧財產局使用cancellation統稱宣告無效（declaration of invalidity）和廢止（revocation）。revocation相當於台灣所指的廢止。而台灣一般指的「撤銷」，在智慧財產權的英文中，應該為「使無效」。因此，cancellation因為同時包含無效和廢止，對應到台灣，或可翻譯成「無效廢止程序」，或者直翻為「撤銷程序」。智慧財產局所翻譯的TRIPS第15條提到的商標cancellation程序，也翻譯為「撤銷」程序。

在美國，撤銷（cancellation）程序（15 U.S.C. § 1064）沒有無效和廢止的用語區分，在效果上可能也沒有區分無效和廢止的差別。故美國的撤銷程序，同時包含了台灣的評定程序和廢止程序。

第一節　異議程序

異議程序規定於第1063條。在審查官認為符合商標註冊要件後，根據第1062條(a)，會將該申請案「公告於專利商標局公報上」（published in the Official Gazette of the Patent and Trademark Office）[1]。在公告後的30日內，任何人均可提出異議程序。

第1063條(a)規定：「(a)任何人認為於主要註冊簿註冊之商標，將使其受有損害，包括本法第1125條(c)之模糊淡化或汙損淡化之虞，於繳納規費，且自該申請註冊商標依本法第1062條(a)公告後三十日內，向專利

---

[1]　15 U.S.C. § 1062(a).

商標局提出異議，並敘明理由。於該三十日期間屆滿之前，申請異議的時間得以書面申請延長三十日。於該延長期間屆滿之前，需要再次申請延長異議時間者，經專利商標局局長認為理由正當，得依申請准予再延展異議期間。局長應將每次延長異議期間通知異議申請人。異議得依局長所規定的條件進行修正。[2]」

倘若無人提出異議，或異議不成立，則USPTO就要正式註冊並核發註冊證。第1063條(b)規定：「(b)除異議成立外——(1)商標依本法第1051條(a)規定申請而註冊於主要註冊簿，或依第1126條規定應於專利商標局註冊者，應核發註冊證，並將註冊通知公告於專利商標局之公報。(2)商標依本法第1051條(b)規定申請註冊，核准審定通知應發予申請人。[3]」

第二節　撤銷程序

第1064條則是撤銷程序（cancellation of registration）。歐盟將撤銷（cancellation）區分為請求宣告無效（declaration of invalidity）和廢止（revocation），但美國並沒有此區分，二者都放在第1064條內。

第1064條所規定的撤銷事由，同時包含「申請時就存在的問題」以及「註冊後使用的問題」，以下以此區分依序介紹。

一、申請時就存在的問題（無效事由）

美國不像歐盟，沒有區分絕對不得註冊與相對不得註冊事由。歐盟區分這二者，其中的一個差別，就是在撤銷程序上有沒有五年的限制。若是相對不得註冊事由，須在五年內提起撤銷程序；若是絕對不得註冊事由，則不受此限制。故以下以「有無受五年限制」進行區分。

---

[2]　15 U.S.C. § 1063(a).
[3]　15 U.S.C. § 1063(b).

（一）相對不得註冊事由

第1064條第一段本文規定：「商標依本法於主要註冊簿註冊，或依1881年3月3日、1905年2月20日法案註冊者，任何人認為該商標之註冊，將使其受有損害，包括有本法第1125條(c)之模糊淡化或汙損淡化之虞者，得載明理由及繳納規費後，依下列規定，申請撤銷該商標之註冊：……[4]」

此條所提到的「任何人認為該商標之註冊，將使其受有損害（any person who believes that he is or will be damaged），包括第1125條(c)的淡化」，其實就已經將第1052條所有不得註冊事由，以及第1125條(c)之淡化，全部納入為可提起撤銷之事由。

但原則上，提起撤銷有五年的限制，其規定於第1064條(1)：「依本法註冊之商標，自註冊之日起五年內。[5]」

另外，第1065條也明確規定，如果是因為有「優先權利人」存在，但先權利人在五年內不提出撤銷，也不能再爭執商標的有效性。第1065條本文規定：「除依本法第1064條(3)、(5)、(6)規定可隨時申請撤銷之理由，使用主註冊簿上之註冊商標，如果有侵害早於其依本法註冊之前，即已依任何州法或地區法律連續使用之商標或商業名稱等有效權利之外，該註冊商標如果自註冊之日起，在其指定的商品或服務已連續使用五年，且持續在商業中使用者，註冊人對該註冊商標於商業中之使用權不可爭執。[6]」

（二）絕對不得註冊事由

第1064條(3)可提起的撤銷事由中，不受任何時間限制。但第1064條(3)內所含的撤銷事由，同時包含「申請時就存在的問題」以及「註冊後使用的問題」。

第1064條(3)規定：「在任何時候……具有功能性，……其註冊是以

---

[4]　15 U.S.C. § 1064.
[5]　15 U.S.C. § 1064(1).
[6]　15 U.S.C. § 1065.

欺詐手段獲得或違反本法第1054條規定，或違反第1052條(a)、(b)或(c)規定，或違反修正前有關註冊之類似禁止規定……[7]」其可進一步整理成以下四項：

　　1.具有功能性。

　　2.其註冊是以欺詐手段獲得（obtained fraudulently）。

　　3.違反第1054條之規定（團體商標和證明標章之要件）。

　　4.違反第1052條(a)、(b)或(c)之規定，根據本章進行註冊（不道德可恥、錯誤暗示與特定人相關、相同於酒類地理標示、與國旗徽章相同近似、與人名近似）。

　　5.違反舊商標法的類似禁止規定。

二、註冊後使用的問題（廢止事由）

　　第1064條(3)的部分內容、(5)和(6)，則規定了商標註冊後使用時出現的問題，比較接近我們指的廢止。

（一）一般商標使用問題

　　第1064條(3)規定：「在任何時候，如果註冊商標已成為指定商品或服務或其一部分的通用名稱，……或已經被放棄，……或者該註冊商標經使用或經同意使用時，註冊人不實表達該註冊商標之商品或服務來源或其關聯性。[8]」

　　將條文稍加整理，區分以下事項：

　　1.商標成為所指定使用之商品或服務或其一部分的通用名稱。

　　2.已被放棄。

　　3.註冊商標之註冊人或經其同意使用之人，使用時不實表達（misrepresent）該商標的商品服務來源（source）或其關聯性。

　　就成為通用名稱之問題，第1064條(3)後段規定：「假如註冊商標並

---

[7]　15 U.S.C. § 1064(3).

[8]　15 U.S.C. § 1064(3).

非為全部商品或服務之通用名稱，而僅為部分商品或服務之通用名稱時，申請人得僅就該部分商品或服務申請撤銷。不得僅因商標可以作為某一獨特商品或服務的名稱，或識別某一獨特商品或服務，便將該註冊商標視為商品或服務之通用名稱。在決定註冊商標是否已經成為商品或服務之通用名稱或為相關使用時，應以該商標予相關公眾之主要意義為測試依據，而非相關公眾之購買動機。[9]」

第1064條(6)則規定三年不使用：「(6)自註冊之日起三年之後的任何時間，如果註冊商標從未在註冊中記載的部分或全部商品或服務上或與之相關的商業中使用過。[10]」

（二）證明標章使用問題

第1064條(5)則涉及證明標章之使用問題規定：「在任何時候，如證明標章註冊人：(A)對於該證明標章之使用未為監督，或未合法行使監督；或(B)從事於使用該證明標章之商品或服務之製造或銷售；或(C)允許將證明標章作證明以外之使用；或(D)對於商品或服務已符合其證明標章標準或要件之人，予以歧視性拒絕或繼續給予證明。[11]」

第三節　同意他人使用自己姓名，可否終止並撤銷商標？

名人同意他人用自己姓名註冊商標後，可否事後終止，並要求撤銷商標？NBA獨行俠隊的球星唐西奇（Luka Dončić），於2022年9月6日透過其成立的Luka99, Inc.公司，向美國專利商標局請求撤銷其母親註冊的美國商標「LUKA DONCIC 7」。本案的關鍵在於，唐西奇在19歲時曾經同意母親用自己的名字申請美國商標，但22歲時用書面向其母表示終止該同意。

---

[9]　15 U.S.C. § 1064(3).
[10]　15 U.S.C. § 1064(6).
[11]　15 U.S.C. § 1064(5).

一、2022年LUKA99, INC. v. Mirjam Poterbin案

　　唐西奇是美國NBA達拉斯獨行俠隊的年輕球星，現年才23歲。而Mirjam Poterbin女士，也就是唐西奇的母親，住在斯洛維尼亞首都。她於2018年、唐西奇19歲時，向美國專利商標局申請註冊「LUKA DONCIC 7」這個商標。兩年後，美國專利商標局核准該商標註冊，理由是其已經先在歐盟有相同商標之註冊[12]。

圖6-1　唐西奇母親註冊之美國商標，註冊號5953034

資料來源：USPTO.

　　圖6-1是唐西奇母親所註冊的美國商標，其字體是經過設計的「LUKA DONCIC 7」。之所以後面加7，是因為唐西奇以前在歐洲皇家馬德里隊打球時，穿的球衣背號為7號。但後來到美國NBA打球時，背號則改為77號。該商標指定使用之商標和服務，包括化妝品、肥皂、服裝、遊戲、玩具和籃球訓練營[13]。

（一）唐西奇撤回對母親使用和註冊商標的同意

　　從唐西奇16歲在歐洲打職業球賽起，其母親就替唐西奇打理周邊事

---

[12] Michael McCann, Luka Doncic Embroiled in Unusual Trademark Dispute With His Mother, September 13, 2022, https://sports.yahoo.com/luka-don-embroiled-unusual-trademark-130000080.html.

[13] Id.

業。當初唐媽在美國申請這個「LUKA DONCIC 7」商標時，有得到19歲的唐西奇的同意，但當時唐西奇還未滿20歲[14]。

到了2021年，唐西奇已經22歲，決定管理自己的周邊事業，故寫了一個正式的書面通知給其母親，說明他「終止」他過去所作過的同意，亦即不再同意使用和註冊任何含有指涉他或與他關聯的商標，包括本案的「LUKA DONCIC 7」商標[15]。

唐西奇自己設立了一家Luka99公司，致力於宣傳唐西奇的姓名、形象和肖像權（Name, Image and Likeness, NIL）。其於2022年9月6日向美國專利商標局的商標審理暨救濟委員會（TTAB）請求撤銷「LUKA DONCIC 7」這個美國註冊商標[16]。

（二）唐西奇自己申請商標被美國專利商標局拒絕

Luka99公司想請求撤銷唐西奇母親註冊的商標，是因為該公司於2021年在美國申請註冊「LUKA DONCIC」和「ORIGINAL HOOPS OF LUKA DONCIC」商標時，美國專利商標局「初步拒絕」這些申請案。其所持的理由為，這些商標與唐媽先註冊的「LUKA DONCIC 7」過於近似，可能會讓消費者產生混淆誤認之虞[17]。至於Luka99公司所申請的第三個申請案，乃將「LUKA DONCIC」標誌使用於慈善籌款服務，該案目前尚未分案進行審查[18]。

（三）申請撤銷

1. 理由一：錯誤暗示與唐西奇有連結

Luka99公司所提出的第一項撤銷理由，是系爭商標「LUKA DONCIC 7」的內容就是使用唐西奇的名字。當這個商標使用在某些產品或服務

---

[14] LUKA99, INC. v. Mirjam Poterbin, Petition to Cancel（請求撤銷書）, at 2.

[15] Id. at 2.

[16] LUKA99, INC. v. Mirjam Poterbin, Petition to Cancel（請求撤銷書）。

[17] Id. at 6-7.

[18] Id. at 7.

上，一般大眾會立刻認為是唐西奇的產品或與唐西奇有關聯，誤以為唐西奇同意或推薦該商標的使用。但是，Luka99公司主張，唐西奇與該商標權人（唐媽）所賣的產品或服務一點關係都沒有，也不「同意」或「推薦」唐媽賣的產品或服務[19]。

其根據的條文是美國商標法第1052條(a)條：「……或錯誤暗示（falsely suggest）與生存或死亡的自然人、機構、信仰、國家象徵有某種聯繫」，可簡稱為一種「錯誤暗示連結」（falsely suggest a connection）條款。該條款的意旨在於，避免名人的姓名被他人拿去當作商標，使用在某些產品或服務上，會讓人錯誤地以為該名人支持、推薦該特定商品或服務。

2. 理由二：使用人名作為商標且唐西奇已終止同意

唐西奇是在19歲的時候（2018年），同意母親在美國申請系爭商標。但在2021年唐西奇22歲時，他明確地表示要立刻「終止」該同意。由於商標使用到他人姓名時要得到他人同意，Luka99公司主張，既然已經終止該同意，故唐媽的註冊應該被撤銷[20]。

其根據的條文是美國商標法第1052條(c)規定：「含有可辨識在世特定自然人的名字、肖像或簽名或由其構成，除非獲得其書面同意……」

3. 理由三：未使用而放棄

Luka99公司主張，商標權人（唐媽）在2020年獲得註冊後，目前唐媽或任何授權人，都沒有在美國商業中將系爭的「LUKA DONCIC 7」商標使用於產品或服務上[21]。

Luka99公司主張，根據相關資訊顯示，唐媽也沒有意圖想要恢復使用這個商標，故可認為已「放棄」了這個商標的權利[22]。因為「放棄」也構成商標「廢止事由」。

---

[19] Id. at 7-8.
[20] Id. at 8.
[21] Id. at 9.
[22] Id. at 9.

（四）可否同意他人註冊姓名後又終止？

這個案件才剛請求撤銷商標，還不知道TTAB最後會採取什麼決定。但本案最有爭議的地方在於，當事人曾經同意他人以自己名字申請商標，可否在數年之後終止該同意，並要求撤銷該商標？此種情形非常罕見，在過去似乎沒有這種案例[23]。

過去曾經發生過，名人同意他人註冊商標，但所為的同意沒有用書面記錄下來，因而該名人撤銷成功。也曾有案例，係名人乃「授權一段具體的時間」讓他人註冊及使用商標，當授權期間屆滿且不再授權，該名人也成功撤銷該商標。但唐西奇這個案例中，曾先有明確的書面同意，但又主張事後終止並要求撤銷商標。故這個案例的後續決定值得我們追蹤。

第四節　不實表達商品服務之來源

一、不禁止搶註冊外國商標

美國商標法採取先使用保護主義，只要在美國先使用，取得優先權利（prior right），即可受到保護。但是，倘若只有在外國使用某商標，沒有在美國使用或註冊，而被他人搶註冊，此時，美國並不會阻止他人的搶註冊行為。

由於美國沒有「單純搶註冊外國商標行為」的規定，以下述的案例可知，可口可樂公司無法主張「他人搶註冊可口可樂公司在印度的商標」而不得註冊，只好改用「他人商標會不實表達商品來源」，試圖撤銷他人搶註冊的行為。

二、2021年Coca-Cola v. Meenaxi Enterprise案

可口可樂公司在印度有兩款當地的著名商標「Thums Up」和

---

[23] Michael McCann, supra note 12.

「Limca」，使用於可樂和汽水產品上，但在美國沒有使用。2012年，兩名印度裔美籍人創辦的公司在美國註冊了這兩個商標。可口可樂公司向專利商標局提出撤銷商標之請求。TTAB認為，縱使在美國境內沒有使用該商標，但在特殊情形下，仍可獲得保護，最後撤銷後者所註冊的商標。

（一）事實

1. 可口可樂公司在印度的著名商標

可口可樂公司在1993年買下印度的「Thums Up」商標，主要使用在可樂（黑色汽水）上，在印度屬於著名商標[24]。實際使用的商標圖案可從圖6-2得知。

圖6-2　「Thums Up」商標圖案

資料來源：https://www.amazon.in/Coca-Cola-Thums-Can-300Ml-Pack/dp/B00UX09SB4.

可口可樂公司也在1993年買下印度的「Limca」商標，主要使用於檸檬汽水上，其同樣在印度屬於著名商標[25]。實際使用的圖案可從圖6-3得知。

---

[24] Id. at 23-28.
[25] Id. at 29-32.

圖6-3 「Limca」商標圖案

資料來源：https://www.goshoppi.us/store/apna-baazar-salt-lake-city/soft-drinksjuices/soft-drinks/coca-cola-limca-can-300ml.html.

2. 被告Meenaxi公司是印度食品飲料經銷商

被告Meenaxi公司是由二名美籍印度人創辦，他們的公司是食品的經銷商，主要經營項目是「將印度製造的食品飲料，分銷到美國的印度雜貨商」。此外，他們出版一個小刊物，列出每個月他們主打的商品，主要散發到印度社區[26]。

在2012年向美國專利商標局註冊了「Thums Up」和「Limca」這兩個商標。Thums Up商標和Limca商標，均指定使用於「可樂；濃縮物、糖漿或粉末用於準備軟飲料（汽水）；汽水，即國際分類號32類之蘇打水」。

表6-1 Meenaxi公司在美國註冊的商標

註冊號	4205598	4205597
商標圖	Thums Up	Limca
指定使用類別	可樂；濃縮物、糖漿或粉末用於準備軟飲料（汽水）；汽水，即國際分類號32類之蘇打水	可樂；濃縮物、糖漿或粉末用於準備軟飲料（汽水）；汽水，即國際分類號32類之蘇打水

資料來源：筆者整理。

---

[26] Id. at 33.

調查發現，這二名美籍印度人在美國的商標資料庫檢索，搜尋一些印度有名的商標，發現「Thums Up」和「Limca」曾在美國被註冊，但分別在1987年和1996年被放棄（未延展）[27]。這應該是他們選擇註冊這些在印度著名商標的原因。

（二）第四巡迴法院2021年Bayer v. Belmora案

2021年第四巡迴法院的Bayer v. Belmora案[28]，與本案非常接近。該案中，生醫藥廠拜耳公司（Bayer）在墨西哥擁有「FLANAX」商標，指定使用於某種止痛藥，但從來沒有在美國使用這個商標。而Belmora公司於2005年在美國聯邦註冊了「FLANAX」這個商標，並且也使用於止痛藥品上。

拜耳公司請求撤銷Belmora公司的商標，而TTAB准許了請求。最後這個決定也被第四巡迴上訴法院維持。

該案的爭議在於，這個「FLANAX」在美國境內沒有被使用、沒有被註冊。但TTAB和法院卻同意拜耳公司可以用這個理由撤銷Belmora公司註冊的商標。該案中的關鍵事實在於，Belmora公司使用了一樣的商標，在一樣的商品上，亦即具有刻意仿冒的存在。而TTAB在該案中認為，由於Belmora公司在美國使用「FLANAX」商標，會讓美國消費者誤以為Belmora公司的產品來自於拜耳公司的墨西哥產品，這樣拜耳公司對其名譽（reputation）的控制能力會喪失，因而受到損害[29]。

ＴＴＡＢ認為，所謂的不實表達商品服務之來源，只有「蓄意（wiillful）地使用混淆的近似商標，尚不足夠（insufficient）」。要構成「不實表達商品服務來源」，商標權人的商品必須刻意地模仿（deliberately passing off）他人的產品。最重要的是，在2007年的一個

---

[27] Id. at 36, 41.

[28] Bayer Consumer Care AG v. Belmora LLC., 110 USPQ2d 1623, 1631 (TTAB 2014), aff'd, 338 F. Supp. 3d 477 (E.D. Va. 2018), aff'd in relevant part, vacated and remanded on other grounds, 987 F.3d 284, 2021 USPQ2d 126 (4th Cir. 2021).

[29] Bayer Consumer Care AG v. Belmora LLC., 110 USPQ2d 1632 (TTAB 2014).

TTAB的先前決定曾經指出：「公然濫用（blatant misuse）商標⋯⋯旨在利用申請人的商譽和聲譽進行交易」[30]。

（三）可口可樂請求撤銷之主張

本案可口可樂公司於2016年3月，請求撤銷Meenaxi公司註冊使用這二個商標。可口可樂公司提出撤銷的理由，主要認為Meenaxi公司註冊使用這二個商標，乃不實表達該商標之商品服務的來源（misrepresented the source of the goods on which the marks are used）[31]。其認為，Meenaxi公司註冊這二個國際著名商標「Thums Up」和「Limca」，是明白地想要欺騙美國消費者相信，其所銷售的汽水是可口可樂公司在印度所販賣的「Thums Up」和「Limca」汽水的美國版本[32]。

三、TTAB決定與聯邦巡迴上訴法院判決

（一）TTAB決定

TTAB認為，相關證據可以證明，商標權人確實有此種公然濫用，且可證明商標權人乃刻意地努力模仿申請人（可口可樂公司）的商標[33]。

TTAB指出，單純蓄意使用近似商標還不夠。本案中，Meenaxi公司不只是從選擇自己所熟悉的印度著名商標，而且在使用這些商標時，還刻意模仿這些商標在印度被使用的方式（早期的商標圖案和現在的新版本，包括使用相同的標語「Taste the Thunder」），亦即使用高度近似的圖形在相同的產品上[34]。

---

[30] Otto Int'l Inc. v. Otto Kern GmbH, 83 USPQ2d 1861, 1863 (TTAB 2007).

[31] The Coca-Cola Company v. Meenaxi Enterprise Inc., case numbers 92063353 and 92064398, at 2 (TTAB 2021).

[32] Id. at 3.

[33] The Coca-Cola Company v. Meenaxi Enterprise Inc., case numbers 92063353 and 92064398, at 23 (TTAB 2021).

[34] Id. at 38.

圖6-4　Meenaxi公司實際使用Thums Up商標之情形

資料來源：The Coca-Cola Company v. Meenaxi Enterprise Inc., case numbers 92063353 and 92064398, at 37 (TTAB 2021).

圖6-5　Meenaxi公司實際使用Limca商標之情形

資料來源：The Coca-Cola Company v. Meenaxi Enterprise Inc., case numbers 92063353 and 92064398, at 42 (TTAB 2021).

　　雖然這二個商標在印度屬於著名商標，但重點是，在美國並不屬於著名商標，甚至幾乎沒有在美國被使用。而TTAB指出，由於在美國有相當數量的印度裔美國人，他們熟悉印度的這二個商標，故可能會因此受到混淆[35]。

　　而且，可口可樂公司在印度的這二款飲料，曾經被進口到美國，且可口可樂公司作證指出，他們有打算在美國擴大使用「Thums Up」和

---

[35] Id. at 29, 32-33.

「Limca」這兩款汽水[36]。

可口可樂公司提出，Meenaxi公司此種不實表達造成的損害，乃是消費者的期待落空，以及Meenaxi公司可以試圖阻止可口可樂公司在印度的汽水進口到美國[37]。

TTAB最後認為，Meenaxi公司使用「Thums Up」和「Limca」商標的方式，乃意圖造成消費者混淆，讓消費者誤以為其產品乃是獲得可口可樂公司的授權，而製造或引進印度的產品。故於2021年6月的決定中，撤銷Meenaxi公司的這兩個商標。

（二）聯邦巡迴上訴法院推翻

此案上訴到聯邦巡迴上訴法院，上訴法院於2022年6月作出判決，推翻TTAB的決定。其大致有三個重點：

1.雖然商標採取屬地主義，而外國公司如果可以提出具體損害，仍可以主張是第1064條的權利受侵害人，而有權提起撤銷請求[38]。

2.但上訴法院認為，可口可樂公司並沒有證明Meenaxi公司在美國使用「Thums Up」和「Limca」，造成可口可樂公司在美國的任何損失。雖然可口可樂公司提到，有進口商自行進口在美國轉賣，但這樣無法證明，可口可樂公司在美國有任何銷售收入，自然也就沒有銷售損失。至於該公司雖然宣稱將來有銷售計畫，但這不是具體的銷售損失[39]。

3.上訴法院認為，可口可樂公司也沒辦法證明，對於系爭二商標在美國有任何商譽，故也無法證明在美國有商譽的損害[40]。

聯邦巡迴上訴法院認為，既然可口可樂公司無法證明Meenaxi公司的行為有造成可口可樂公司其在美國的銷售損失或商譽損失，則可口可樂公司不能主張其是第1064條的權利受害人，故無資格請求撤銷Meenaxi公司

---

[36] Id. at 18.
[37] Id. at 22.
[38] Meenaxi Enterprise, Inc. v. Coca-Cola Company, 38 F.4th 1067 (FCAC, June 29, 2022).
[39] Id.
[40] Id.

的「Thums Up」和「Limca」商標。

四、比較美國與台灣

美國商標採取使用保護主義，與台灣商標法以註冊保護為原則不同。

美國這個案件若放到台灣，比較接近的是商標法第30條第1項第12款的搶註冊行為：「相同或近似於他人先使用於同一或類似商品或服務之商標，而申請人因與該他人間具有契約、地緣、業務往來或其他關係，知悉他人商標存在，意圖仿襲而申請註冊者。」美國第四巡迴法院2021年Bayer v. Belmora案和本件Coca-Cola v. Meenaxi Enterprise案，若放在台灣，應可符合商標法第30條第1項第12款之情形。

但本案之所以產生爭議，其問題在於，美國採取使用保護主義，且採取屬地主義。如果外國商標並沒有在美國先使用或先註冊，無法阻止他人搶註冊外國商標。因此，在美國本來就允許搶註冊外國商標，只要先使用或先註冊就先贏。

這個案子之所以引發爭議，在於TTAB的立場，某程度認為將外國商標拿到美國搶註冊，可能會被撤銷。本案依據的是美國聯邦商標法第1064條(3)的「**註冊商標被註冊人或經其同意使用之人，使用時不實表達（misrepresent）該商標的商品服務來源（source）或與其之關聯性**」。其爭議在於，原本這個不實表達來源條款，適用的情況並不是搶註冊外國商標的情況。

但若仔細看TTAB的決定理由，其強調單純的文字商標搶註冊仍然允許，但是若使用的方式幾乎一樣，包括整體商標圖案、產品外觀等都一樣或高度近似，才會被認為有誤導消費者、不實表達商品服務之來源。因此，此一「不實表達」的要件頗高，並非「單純誤導消費者」就可滿足。

第五節　商標撤銷程序與訴訟之關係

一、TTAB撤銷程序敗訴仍可至法院提出侵權訴訟

在TTAB撤銷程序中敗訴，是否產生「請求權排除效」（相當於一事不再理），而不得再向法院提出第43條(a)之侵權主張？

2021年，美國第三巡迴法院作出Beasley v. Howard案判決[41]，處理此種爭議。該判決涉及一個訴訟法上的問題，亦即先使用人向TTAB撤銷對方商標輸了之後，可否再到法院以先使用商標控告對方侵權？

二、2021年第三巡迴法院Beasley v. Howard案

樂團團員拆夥後，可能出現各自主張擁有團名商標權，而出現商標爭奪訴訟或互告侵權。

（一）事實

1. 比斯利先生

1967年，比斯利先生（David Beasley）在紐澤西州的卡姆登成立了一個名為「The Ebonys」的樂團。Ebonys是幫助創建「費城之聲」的眾多樂團之一，「費城之聲」是一種以費城國際唱片公司為中心的節奏藍調音樂風格，融合了靈魂樂、放克和迪斯可元素。Ebonys在1970年代取得了一些商業上的成功，但並非特別有名。經過十年後，Ebonys的人氣逐漸消退，但比斯利聲稱，自成立以來，他們仍然持續不斷地表演[42]。

2. 霍華德先生

1990年代和2000年代有了新的發展，霍華德先生（William Howard）在1990年代中期加入樂團，比斯利在1997年為「The Ebonys」取得紐澤西

---

[41] Beasley v. Howard, 14 F.4th 226 (3rd Cir. September 17, 2021).
[42] Id. at 229.

州服務商標。此後幾年，比斯利和他的樂團成員與霍華德一起演出[43]。

　　但比斯利和霍華德很快就分道揚鑣，並各自主張擁有Ebonys的團名。2012年，霍華德在美國專利商標局註冊了「The Ebonys」聯邦商標（註冊號4170469，簡稱'469號商標）。

　　比斯利聲稱，自從霍華德註冊了「The Ebonys」商標以來，該註冊商標一直干擾，並且繼續干擾他的事業。比斯利聲稱，他無法註冊一個在網址中使用「The Ebonys」的樂團網站、霍華德阻止比斯利預訂音樂會表演場地、霍華德試圖從比斯利的錄音中收取版稅，且霍華德聲稱自己是Ebonys的真正創始人[44]。

表6-2　「The Ebonys」之聯邦商標

註冊號	4170469
文字商標	**The Ebonys**
註冊日	July 10, 2012
商標權人	William H. Howard DBA The Ebonys

資料來源：USPTO.

3. 比斯利二度請求TTAB撤銷霍華德商標

　　比斯利在2013年向TTAB提出了一份撤銷'469號商標之申請，稱霍華德在申請商標時欺騙了專利商標局。該份撤銷請求書講述了Ebonys於1969年之成立、他為該樂隊取得的紐澤西州服務商標、霍華德的加入和離開樂隊，以及比斯利繼續以Ebonys之名義經營的說法。TTAB在次年駁回了該請求。其發現，參考比斯利提交的所有證據，比斯利未能證明霍華德欺騙了專利商標局[45]。

---

[43] Id. at 230.
[44] Id. at 230.
[45] Id. at 230.

比斯利在2017年向TTAB提出第二次撤銷請求。他在2017年的請求書中再次聲稱霍華德申請商標時有欺騙行為。此外，他另主張，系爭的'469號商標可能會與比斯利的紐澤西「The Ebony」商標產生混淆，而要求專利商標局撤銷'469號商標[46]。

TTAB駁回了2017年的撤銷請求。其依據為「**請求權排除效**」（claim preclusion），**相當於台灣所稱的「一事不再理」**。理由是比斯利2017年的欺騙主張，與他2013年所提出的事實相同，且比斯利在2017年的撤銷請求中放棄了主張混淆誤認之虞的機會，因為該混淆誤認之虞主張所依據的，與2013年欺騙主張的事實一樣[47]。對TTAB這二次的駁回決定，比斯利都沒有提出上訴，因而TTAB的決定「已確定」。

表6-3　本案兩次商標撤銷請求

案號與提起撤銷請求日	被告與商標	原告
92066369 6/28/2017	William H. Howard DBA The Ebonys Mark: THE EBONYS S#:85369748 R#:4170469	David S. Beasley
92057071 4/18/2013	William H. Howard DBA The Ebonys Mark: THE EBONYS S#:85369748 R#:4170469	David S. Beasley

資料來源：USPTO.

（二）地區法院仍認為一事不再理

2019年4月，比斯利決定不請律師，自己向法院對霍華德提起訴訟。比斯利的起訴書再次講述了樂團的歷史以及他與霍華德的激烈分裂。他要求地方法院「撤銷'469號商標的商標所有權」，對「他無法行銷自己樂團而造成的損失」判予金錢賠償，並允許他在專利商標局註冊自己的Ebonys商標[48]。

---

[46] Id. at 230.
[47] Id. at 230.
[48] Id. at 203.

　　由於比斯利未請律師，故地區法院自行解讀，比斯利所提出的主張，應該是根據美國聯邦商標法第43條(a)對「未註冊」商標之保護（15. U.S.C. § 1125(a)）。相對於未註冊商標，已註冊商標的保護條文是15 U.S.C. § 1114。

　　霍華德則提出「請求權排除效」（claim preclusion）和「爭點排除效」（issue preclusion），主張應駁回該訴訟。

　　地區法院接受霍華德的主張，認為這份起訴書中所提出的事實和法律依據，在2017年撤銷請求中都已經討論過，同時也是比斯利本可以在2013年撤銷請求中提出「先使用」（priority of use）的論點，但他沒有提出。因此，符合了「請求權排除效」的要件，故比斯利不能向法院重新提出同樣的主張。地區法院進一步認為，雖然比斯利在這次的起訴書提出了損害賠償請求，這是他之前沒有在TTAB主張的權利，但同樣適用爭點排除效。至於其他雙方所提出的爭點，法院就不為判斷[49]。

（四）第三巡迴法院

　　比斯利不服，繼續提出上訴，因而案件上訴到第三巡迴法院。第三巡迴法院於2021年9月17日作出判決。

　　本案的爭點在於，比斯利在TTAB撤銷程序中敗訴，是否產生「請求權排除效」（相當於一事不再理），而不得再向法院提出第43條(a)之侵權主張？

1. 並不產生排除效

　　第三巡迴法院認為，並不會產生此種排除效果。其認為，雖然比斯利在TTAB的撤銷請求，和在地方法院提出訴訟的事實基本上相似，但TTAB只是處理「註冊商標」的相關問題，其管轄權也只限於對註冊商標的相關爭議。至於根據聯邦商標法第43條(a)對未註冊商標提起侵權訴訟，不在TTAB的管轄範圍，自然不會產生請求權排除效或一事不再理的

---

[49] Id. at 230-231.

問題[50]。

所謂的「請求權排除效」，又稱為既判力（res judicata），乃指一旦「有管轄權的法院對案情作出最終判決」，即保護被告免受「涉及相同訴因（cause of action）的重複訴訟」的風險[51]。

不過，第三巡迴法院強調，TTAB僅對已註冊商標是否符合註冊要件等問題，擁有管轄權；對於未註冊商標根據第43條(a)的其他請求，並無管轄權[52]。

美國聯邦商標法第43條(a)所包含的事項很廣泛，除了在商業上的欺騙使用一標誌，可能對一被告產品之附屬、關聯、來源、贊助、同意產生混淆誤認之虞，也包括欺罔性的廣告使用[53]。此種認定的範圍，比起商標註冊混淆誤認的範圍，還要廣泛得多[54]。因此，TTAB之決定，並不會對後續法院處理第43條(a)之侵權主張，產生請求權排除效。而且，第九巡迴法院、第二巡迴法院，也採取相同見解[55]。

第三巡迴法院還提出一個理由，其認為，TTAB的撤銷審理程序，是一個快速程序，可讓商標權人、申請人都加入的多方程序，但實際上並不完全適用法院的複雜程序[56]。

但是，如果讓TTAB的審理結果，會對申請撤銷人到後續法院的侵權訴訟產生請求權排除效，將導致申請撤銷人不願意到TTAB使用這種程序，而寧可在法院用更完整的程序撤銷。這樣的結果，將會導致大家不願意用TTAB的較快速程序，使得TTAB的設立目的落空[57]。

2. 有爭點排除效適用

不過，第三巡迴法院認為，TTAB認定過的爭點（issue），有爭點

---

[50] Id. at 231.
[51] Id. at 231.
[52] Id. at 232-233.
[53] 15 U.S.C. § 1125(a)(1).
[54] Id. at 233.
[55] Id. at 234.
[56] Id. at 235.
[57] Id. at 235-236.

排除效原則的適用。只要當事人確實在TTAB的程序中經過爭訟，且由有效、終局的決定所認定過[58]，該爭點就不可以再重新於法院爭執。

法院認為，本案中，比斯利主張「霍華德向專利商標局申請專利時有欺騙」，這個爭點已在TTAB經過爭訟並被認定，具有爭點排除效，故在法院訴訟時不可再重新討論這個爭點。但除了這個爭點以外，其他的爭點，包括比斯利是否為先使用商標、霍華德的使用是否會對比斯利的先使用商標產生混淆誤認等，這些爭點都還沒有真正爭訟過，也就沒有爭點排除效的問題[59]。

---

[58] Id. at 236.
[59] Id. at 236-237.

第七章　轉讓、放棄

第一節　轉讓

一、須隨同商譽轉讓

　　商標用於告訴消費者商品或服務的來源。如果將商標轉讓給另一個提供完全不同的商品和服務的賣家，消費者可能會被誤導。同樣地，如果商標所有人將商標授權給對相關商品或服務有不同標準的眾多賣家，則商標無法發揮其功能。因此，如果轉讓商標，則必須連同企業的相關商譽（goodwill）一起出售[1]。

　　聯邦商標法第1060條(a)(1)和(2)規定：「(a)(1)註冊商標或已申請註冊之商標得與該商標實際用於經營之商譽併同轉讓，或與該商標使用相關聯及該商標所象徵的部分商譽併同轉讓。雖如前段所述，但依第1051條(b)所提交之商標註冊申請，在依本法第1051條(c)提交修正以使申請案符合第1051條(a)規定前，或依本法第1051條(d)提交使用具結書前，申請案均不得轉讓。但轉讓予申請人經營之繼承人，或與商標相關部分之繼承人，且該經營現仍進行並存續者，不在此限。(2)依本條規定所作之轉讓，不須包括與其他商標使用相關聯並由其所象徵之商譽，以及於商業經營中使用之名稱及樣式所象徵之商譽。[2]」

　　根據上述條文，只需要連同商譽一起轉讓，但買方無需獲取賣方的存貨、設備、客戶名單和員工契約。所謂「轉讓商譽」，乃指法院會考慮受讓人是否會向消費者交付實質上相同的產品，若有，則受讓人對商標的使用不會誤導消費者[3]。例如，將原本使用於銷售「胡椒味軟飲料」的商

---

[1]　Stephen M. McJohn, Intellectual Property (Third Edition) 397 (2009, Aspen Publishers).

[2]　15 U.S.C. § 1160(a)(1)-(2).

[3]　Stephen M. McJohn, Intellectual Property (Third Edition) 397 (2009, Aspen Publishers).

標轉讓給受讓人，受讓人用該商標銷售「可樂味軟飲料」，則該轉讓無效[4]。

　　無效轉讓或授權的後果各不相同。法院可能只是認定轉讓無效——因此受讓人無法實施該商標，但原所有人仍擁有該商標。但是，其也可能導致商標失其原本意義而被視為放棄[5]。

二、書面與登記問題

　　第1060條(a)(3)至(6)規定：「(3)轉讓須以正式簽署之書面為之。確認書應作為轉讓生效之表面證據；而當報告轉讓之規定資訊記錄於專利商標局時，該紀錄亦得作為生效之表面證據。(4)未於轉讓日後三個月內或後手買受前將報告轉讓之規定資訊記錄於專利商標局，該轉讓不得對抗支付合理對價之善意後買受人。(5)專利商標局應以符合首長規定之格式保存轉讓之資訊紀錄。(6)若受讓人於美國無住所，得以書面向專利商標局指定居住於美國之人及其姓名地址，於商標相關程序中得向被指定人送達通知或傳票。該通知或傳票得以交付予被指定人或郵寄副本至最近一次指定書所載地址予被指定人之方式送達。若於最近一次提交指定之地址未能送達被指定人，或受讓人未以書面向專利商標局指定居住於美國之人及其姓名地址以收受商標相關程序之通知或傳票，則相關通知或傳票得向機關首長為送達。[6]」

　　上述(a)(3)規定轉讓必須以書面為之；(a)(4)則規定應向專利商標局登記。美國商標之轉讓，採取登記對抗主義。亦即，轉讓在交易當事人間並非必要，但只有登記，才可能對抗其他人，包括其後的受讓人或被受授權人等。惟其並未對授權有所規定，因此，商標授權採取當然對抗，亦即不需要登記。

---

[4]　Pepsico v. The Grapette Company, 416 F.2d 285 (8th Cir. 1969).
[5]　Stephen M. McJohn, Intellectual Property (Third Edition) 397 (2009, Aspen Publishers).
[6]　15 U.S.C. § 1160(a)(3)-(6).

第二節 放棄

一、放棄之認定

聯邦商標法第1127條定義了「商標放棄」（abandoned）：「如有下列情形之一者，商標應被視為「放棄」：(1)當商標已停止使用（discontinued）並有不再重行使用的意圖（intent not to resume such use）。不再重行使用意圖得依據情形加以推論。連續三年未使用應作為放棄的表面證據。對商標的「使用」是指在日常交易過程對該商標的真實使用（bona fide use），而不只是為了保留商標的權利。(2)因商標所有人的行為，包括不作為和作為，導致商標成為其使用之商品、服務或相關商品、服務的通用名稱（generic name），或者喪失其作為商標的意義（significance）。購買者動機不得作為本款所述放棄的判斷標準。[7]」

（一）停止使用且不打算重行使用

在美國商標法下，停止使用商標，且不打算重新使用商標，視為放棄商標。放棄商標將導致商標權喪失。其結果：1.可根據第1064條(3)，將已註冊的聯邦商標撤銷（廢止）；2.美國商標法另承認未註冊的普通法上的商標權，而放棄商標的結果，也不得再主張普通法上的商標權。

需說明，此處的放棄，與台灣所指的拋棄不同。台灣所指的拋棄，乃是一個拋棄權利的意思表示。而此處的放棄，則係因符合法條的構成要件，而被視為放棄。

（二）商標成為通用

商標的主要意義（primary significance）在於表彰商品服務之來源。若商標成為一個人民的標準用語，就會喪失其功能。當公眾不再將該用語解釋為來源標識，而是將其解釋為一類商品或服務的名稱時，該用語就會

---

[7] 15 U.S.C. § 1127.

變得通用且無法作為商標受到保護。消費者的調查和該用語在出版物中的使用等證據，可以看出其主要意義[8]。

為避免商標變成通用（generic），商標權人通常會採取措施阻止以通用方式使用該商標。例如，著名商標之權利人會提醒用戶使用「photocopies」（複本）而非「Xeroxes」（全錄）；使用「paper tissue」（紙巾）而非「Kleenex」（舒潔）。但通用狀態的檢測是公眾對商標的看法，商標權利人是否注意並非決定性因素[9]。

（三）商標喪失意義

可能有幾種方式，會讓商標喪失其作為表彰商品服務來源的主要意義：

1.商標只能與相關的商譽一起轉讓。如果Barnet Fair商標的所有者，只是將其轉讓給另一個完全不同的產品上使用該商標的美髮產品銷售商，則該標誌將失去其作為商標的意義[10]。

2.商標也可能因不受控制的授權而失去其意義。如果商標權人將自己的商標授權給其他銷售商而不控制他們的產品，則該商標就會失去其來源指示功能。該理論認為，消費者之所以購買Barnet Fair美髮產品，是因為她對於該商標出售的商品的體驗或賣家的聲譽。如果商標權人簡單地將Barnet Fair商標的使用權出售給其他美髮產品銷售商，消費者的期望就會落空。當商標權人簽訂允許被授權人在其任何產品上使用該商標的協議時，商標被視為放棄，因為商標權人沒有保留控制產品品質的權力[11]。

在授權契約中約定監管貨物的權利，並非絕對必要。如果商標權可以合理依賴被授權人會遵守其品質標準，例如，由於他們過去的關係或被授權人在類似交易中的紀錄，則商標權人不需要在契約中約定品質控制或積

8　Stephen M. McJohn, Intellectual Property (Third Edition) 399 (2009, Aspen Publishers).
9　Id. at 399.
10　Id. at 399.
11　Id. at 399-340. 其引用 Stanfield v. Osborne Industries, 52 F.3d 867 (10th Cir. 1995).

極監督[12]。目前法院在適用此規則時，並不如此嚴格，只要商標權人保留控制品質的契約權利，就可能不需要對被授權人的產品進行實際監控[13]。

商標權人不僅可能因為未能監督其被授權人的活動而失去其權利。如果商標權人允許發生廣泛的侵權行為，同樣可能會被視為放棄。如果合法賣家和走私者都使用該商標，則其就不再能用於指示商品或服務的單一來源[14]。

上述隨意轉讓、概括授權、未能實施商標等情況，並不自動意味著放棄商標。主張者還是必須證明，所涉問題實際上已導致商標失去其作為指標或來源的意義[15]。

二、2022年Tiger Lily Ventures Ltd. v. Barclays Capital Inc.案

雷曼兄弟公司自2008年破產以來，在美國的大部分資產與商標權均被巴克萊資本公司（Barclays Capital，簡稱巴克萊公司）收購。Tiger Lily公司在2013年向美國申請註冊「雷曼兄弟」商標，巴克萊公司提出異議，認為雷曼兄弟公司在破產程序中仍有使用「雷曼兄弟」商標，並未放棄該商標權。2022年聯邦巡迴上訴法院作出判決，認為在破產程序中，雷曼兄弟公司仍持續使用該商標。

（一）事實

1. 巴克萊公司取得「雷曼兄弟」商標卻未延展

巴克萊公司為跨國銀行控股公司巴克萊銀行（Barclays PLC）集團之投資子公司。2008年9月，雷曼兄弟控股公司破產後，巴克萊公司收購雷曼兄弟在美洲的業務。

在收購契約中，雷曼兄弟公司也將聯邦註冊商標「雷曼兄弟」

---

[12] Id. at 340. 其引用Taco Cabana International v. Two Pesos, 932 F.2d 1113, 1121 (5th Cir. 1991).

[13] Id. at 340.

[14] Id. at 340.

[15] Id. at 340. 其引用Exxon Corp. v. Oxford Clothes, 109 F.3d 1070 (5th Cir. 1997).

（Lehman Brothers）轉讓給巴克萊公司。之後，巴克萊公司將該商標回頭授權給雷曼兄弟公司，讓其可就破產程序中，於全球範圍、非專屬授權地使用「雷曼兄弟」商標。但在隨後幾年，巴克萊公司對美國註冊的「雷曼兄弟」商標，於到期後均未申請延展[16]。

2. Tiger Lily公司申請註冊「雷曼兄弟」商標

2013年3月，一家與雷曼兄弟公司、巴克萊公司皆無關的Tiger Lily公司，向美國專利商標局申請註冊「雷曼兄弟」（LEHMAN BROTHERS）文字商標，指定使用於啤酒、烈酒。同年10月，巴克萊公司也向美國申請註冊「雷曼兄弟」文字商標，指定使用於各項金融服務。2014年6月，Tiger Lily公司又申請一樣的「雷曼兄弟」文字商標，指定使用於酒吧、餐飲服務業[17]。

2014年11月，巴克萊公司對Tiger Lily公司的二項商標申請案提出異議，認為Tiger Lily公司的商標與巴克萊公司的商標構成混淆誤認[18]。

（二）TTAB認定

由於巴克萊公司原來在聯邦註冊的「雷曼兄弟」商標均屆未延展而消滅，但普通法上的商標權未必消滅。故商標審理暨救濟委員會（TTAB）須討論，巴克萊公司對於該普通法上之商標權是否有優先權（先使用日）。Tiger Lily公司則主張，就算巴克萊公司有優先權，也已經放棄（abandon）其商標權[19]。

TTAB認為，Tiger Lily公司未能證明巴克萊公司已經放棄「雷曼兄弟」商標。而Tiger Lily公司申請商標時填寫的最早使用日為2013年3月6日，晚於雷曼兄弟公司使用「雷曼兄弟」商標的優先權日，因此認為巴克

---

[16] Tiger Lily Ventures Ltd. v. Barclays Capital Inc., 35 F.4th 1352, 1356-1357 (Fed.Cir. June 1, 2022).

[17] Id. at 1357.

[18] Id. at 1357.

[19] Id. at 1357.

萊公司因承繼雷曼兄弟公司而具有該商標的優先權[20]。

進而，TTAB討論二商標是否存在混淆誤認之虞。TTAB認為，二公司申請的文字商標一模一樣。Tiger Lily公司申請用於啤酒、烈酒、酒吧餐飲服務，巴克萊公司申請用於各項金融投資服務，商品服務類雖然完全不同，但因巴克萊公司承繼雷曼兄弟公司取得的「雷曼兄弟」屬於著名商標，消費者看到Tiger Lily公司使用相同商標於產品服務上，可能會誤以為Tiger Lily公司與巴克萊公司是關係企業、授權關係等，產生關聯性混淆（廣義混淆誤認）[21]。

TTAB認為，巴克萊公司對Tiger Lily公司的商標申請案所提出之異議，因可能構成混淆誤認，故異議成立。

（三）聯邦巡迴上訴法院判決

Tiger Lily公司對此結果提出上訴，由聯邦巡迴上訴法院管轄，並於2022年6月作出判決。Tiger Lily公司主要提出二點主張：1.其認為巴克萊公司已經放棄使用「雷曼兄弟」商標；2.其認為自己申請的商標指定使用於啤酒、烈酒、酒吧餐廳服務，並不會與巴克萊公司的「雷曼兄弟」商標產生混淆誤認[22]。

以下僅特別討論，在美國商標法的標準下，巴克萊公司到底有無「放棄」「雷曼兄弟」商標？

1. 放棄商標的二項要件

商標法第1052條(d)前段規定：「(d)商標含有近似於美國專利商標局註冊商標、他人於美國境內先使用且未放棄（not abandoned）之商標及商號名稱，……」屬於商標不得註冊事由。故若是先使用但已放棄的商標，不能對他人申請案提出異議。

根據第1127條的定義，「當商標已停止使用並有不再重行使用的意

---

[20] Id. at 1357.
[21] Id. at 1357.
[22] Id. at 1358.

圖」，將被視爲「放棄」。此時有二個要件：(1)不使用（nonuse）；(2)不再重行使用的意圖（intent not to resume use）。關於「不使用」要件，過去判例認爲，即便是非常有限的使用，都可以避免被認定爲法條中的「停止使用」（discontinued）[23]。

2. 雷曼兄弟在破產程序中有使用該商標

Tiger Lily公司主張巴克萊公司已經「不使用」該商標，但巴克萊公司說明，其2008年收購了雷曼兄弟公司及其商標後，將「雷曼兄弟」商標授權給雷曼兄弟公司，而雷曼兄弟公司仍持續在許多涉及公眾的金融和企業交易中使用該商標。例如，雷曼兄弟公司在標牌、電子郵件簽名、網址、報告、信件、名片以及公司和監管文件中使用了「雷曼兄弟」（LEHMAN BROTHERS）商標[24]。

聯邦巡迴法院支持巴克萊公司的上述說法。其認爲，自從2008年雷曼兄弟公司破產以後，留下數千億的資產，其作爲資產管理人，必須投資、維護和出售其龐大的商業房地產、證券和衍生商品之投資組合。所有一切都是爲了雷曼兄弟債權人的利益而提供的服務，因此，這些事實證據，無法支持「放棄商標」中的「不使用」要件[25]。

3. 破產結束後不打算使用？

Tiger Lily公司主張，這些都是在破產程序中的行爲，破產結束後，就不再有雷曼兄弟這個公司，但法院不接受此論點。法院認爲，雷曼兄弟的破產程序至今仍未結束，也不確定到底何時會結束。因此，就算雷曼兄弟公司在破產程序結束後不會繼續使用該商標，頂多是符合放棄商標的第二個要件，即「不再重行使用的意圖」，但無法滿足「不使用」商標此第一個要件[26]。

此外，證據也顯示，巴克萊公司自己也仍持續使用「雷曼兄弟」商

---

[23] Id. at 1360.
[24] Id. at 1360.
[25] Id. at 1360-1361.
[26] Id. at 1361.

標。包括維持雷曼兄弟網站、提供雷曼兄弟的檔案研究資料、保留全球的雷曼兄弟網域名稱和商標註冊。法院雖承認巴克萊公司對該商標的使用並不多，但是在商標法下，巴克萊公司確實有繼續使用該商標，即便非常有限，也已經足以認定其並沒有放棄該商標[27]。

4. 既然沒有放棄商標權，故優先權較早

最後，法院既然認定巴克萊公司沒有放棄從雷曼兄弟公司處轉讓取得的商標，則雷曼兄弟在普通法上的商標權就一直存在，那麼其優先權也就不會喪失。因此，巴克萊公司就該商標的優先權，確實早於Tiger Lily公司，而能對Tiger Lily公司的商標申請案提出異議[28]。

---

[27] Id. at 1361.
[28] Id. at 1361.

第八章　混淆誤認之虞

美國商標法第1052條(d)規定，商標註冊時，若與他人註冊在先的商標或先使用的商標，使用於申請人之商品或連結到申請人之商品上，會造成混淆、錯誤或欺騙者，將不准予註冊[1]。

另外，商標法第1114條(1)(a)與第1125條(a)(1)(A)規定，在是否構成商標侵權的判斷上，若他人所使用之商標，與商標權人之商標太過近似，而可能造成混淆、錯誤或欺騙者，構成商標侵權[2]。

在商標「註冊階段」與「侵權階段」，均會判斷二商標是否構成混淆誤認之虞。而商標註冊階段，若對於美國專利商標局之准予註冊之決定不服者，可至美國商標審理暨救濟委員會（TTAB）異議；而商標侵權的判斷，則由聯邦法院審理。因此，此二階段的認定機關並不相同。

第一節　第二巡迴法院Polaroid案八因素

美國第二巡迴法院的管轄區包括紐約，由於許多流行品牌的母公司都在紐約，故第二巡迴法院在商標的判決上具有重要性。台灣智慧財產局採取的混淆誤認八因素，實際上主要就是參考第二巡迴法院的Polaroid案八因素而來。

一、1961年Polaroid案

第二巡迴法院1961年Polaroid Corp. v. Polarad Electronics Corp.案[3]為

---

[1]　B&B v. Hargis, 135 S.Ct. 1293, 1300 (2015).

[2]　Id. at 1301.

[3]　Polaroid Corp. v. Polarad Elects. Corp., 287 F.2d 492 (2d Cir. 1961), cert. denied, 368 U.S. 820 (1961).

目前被引用次數最多、影響最大的商標法案件之一。第二巡迴法院於Polaroid案中就認定是否有混淆誤認之虞，訂定相關的八個因素：

（一）原告商標的強度（the strength of his mark）。

（二）二商標之間的近似程度（the degree of similarity between the two marks）。

（三）商品的類似程度（the proximity of the products）。

（四）先前權利人彌補差距之可能（the likelihood that the prior owner will bridge the gap）；亦即先權利人多角化經營，將商品服務擴張至侵權商品服務之可能性。

（五）實際混淆誤認情事（actual confusion）。

（六）被告在採用自己商標時善意的相互關係（the reciprocal of defendant's good faith in adopting its own mark）。

（七）被告商品的品質（the quality of defendant's product）。

（八）買家的專業程度（the sophistication of the buyers）。

需說明的是，第二巡迴法院是在處理侵權案例而發展出上述八因素。因此，此屬於商標侵權時判斷混淆誤認之虞的因素，而非商標申請時判斷混淆誤認之虞的因素[4]。

二、2022年RiseandShine Corporation v. PepsiCo, Inc.案

2021年3月，百事公司（PepsiCo）旗下的「激浪」（MTN DEW®）品牌，推出一款「MTN DEW RISE ENERGY」水果口味罐裝能量飲料。惟美國有一家罐裝飲料咖啡公司，主要註冊及使用的商標含有大大的「RISE」字樣，認為百事公司的罐裝能量飲料，會與自家的罐裝咖啡產生混淆，故立刻向法院提起訴訟。紐約地區法院認為，二商標圖樣近似，

---

4 關於美國混淆誤認判斷因素，多數巡迴法院處理的是侵權時的判斷，至於商標申請時是否與先商標間有混淆誤認，則主要為聯邦巡迴上訴法院處理這類案件。關於侵權時與商標申請時的混淆誤認判斷的區分，可參見丁俊萍，從商標法上的「混淆誤認之虞」討論商標的保護範圍——兼比較我國與美國的判決，頁170-173，東吳大學法律學系碩士論文，2014年。

且二罐裝飲料類似，有混淆誤認之虞，禁止百事公司使用該標誌。但百事公司不服提起上訴，2022年6月第二巡迴法院作出逆轉判決[5]。

（一）事實

1. 原告RiseandShine公司的罐裝氮氣冷萃咖啡

本案原告是RiseandShine公司，經營上使用Rise Brewing名稱，銷售罐裝氮氣冷萃咖啡和罐裝茶飲。其自2016年起推出第一款罐裝氮氣冷萃咖啡，目前銷售遍及全美主要賣場，包括沃爾瑪、Kroger連鎖超市等。

其在2016年、2017年陸續向美國專利商標局申請了「RISE BREWING CO.」的文字商標以及圖形商標，該圖形商標請見圖8-1。

圖8-1　RiseandShine公司之美國商標，註冊號5333635

資料來源：USPTO.

該商標圖中，「RISE」以很大的紅色、大寫呈現，背景則以淡黃色細線呈現放射狀，好像太陽光。「Brewing Co.」則是放在「RISE」下方，以很小的字體、簡單的方式水平擺置。實際使用上，這個圖形商標在鋁罐的上面三分之一處（圖8-2）。

5　RiseandShine Corporation v. PepsiCo, Inc., 41 F.4th 112 (2022).

圖8-2 RiseandShine公司實際使用商標情形

資料來源：RiseandShine Corporation v. PepsiCo, Inc., 41 F.4th 112 (2022).

2. 被告百事公司的水果口味罐裝能量飲料

　　被告百事公司旗下的碳酸飲料品牌「激浪」，於2021年3月推出一款名為「MTN DEW RISE ENERGY」的水果口味罐裝能量飲料，其中間使用了「RISE」這個字。

　　這款罐裝能量飲料的商標，如圖8-3所示，係利用各種顏色，對應各種水果口味。罐子的上方三分之一，用很大的特殊字體寫上「RISE」這個字，在右邊則是由下而上，直列地呈現「ENERGY」這個字，但相對非常小。在「RISE」的上方，則放上品牌名「激浪」的英文「MTN DEW」，以左下右上的方式斜列在「RISE」文字之上。「RISE」下方則是由幾何碎片組成的風格化獅子標誌。

圖8-3　改版之前的MTN DEW RISE ENERGY外觀

資料來源：RiseandShine Corporation v. PepsiCo, Inc., 41 F.4th 112 (2022).

（二）法院判決

1. 紐約南區地區法院核發初步禁制令

原告在百事公司推出商品前，就發函警告百事公司不得在罐裝飲料上使用RISE作爲商標，但百事公司不予理會。故在百事公司一推出商品後，原告立刻於法院起訴。

原告請求法院發給初步禁制令，禁止被告在訴訟期間使用或展示含有「RISE」的標置於飲料罐上。地區法院認爲，被告的產品，確實可能與原告產品構成混淆誤認，且原告很有可能會勝訴，故裁定下達初步禁制令[6]。

因而百事公司在訴訟期間，只好改變這款飲料的包裝，將大大的「RISE」直接以「ENERGY」取代。但百事公司仍不服，對此初步禁制令提起上訴。

2. 第二巡迴法院推翻一審決定

原告RiseandShine公司主張，二產品的相似商標會構成混淆誤認，且

---

[6] Plaintiff. RiseandShine Corp. v. PepsiCo, Inc., 2021 WL 5173862 (S.D.N.Y. November 4, 2021).

因為被告百事公司的「激浪」是大品牌，故會構成「逆向混淆」，亦即消費者可能會誤以為原告的RISE咖啡產品，是與被告「激浪」品牌有關聯。

第二巡迴法院就混淆誤認採取Polaroid案[7]的八因素判斷，包括原告商標的強度、二商標之間的相似程度、產品的接近程度、原告新增產品而彌合差距的可能性、實際混淆、被告是否善意採用自己的商標、被告產品的品質，以及購買者的專業程度。

第二巡迴法院認為，地區法院就原告商標的強度，以及二商標在實際產品使用上的近似程度，有錯誤評估，故推翻地區法院的初步禁制令。

(1) 原告商標識別性強度

第二巡迴法院認為，商標的強度，取決於其識別性，以及在購買者眼中該商標指示產品來源的程度。具體而言，應根據二點判斷：①該商標先天識別性之程度；或者②其在一般公眾取得後天識別性的強度。

地區法院認為原告的商標為「暗示性商標」，即「RISE」這個字暗示早晨、清醒的印象。第二巡迴法院同意「RISE」相對於咖啡產品屬於暗示性商標。

但是，暗示性商標中，識別性也有強弱之分；有的暗示性商標識別性較弱，可能接近描述性商標。第二巡迴法院認為，「RISE」暗示起床、清醒，與咖啡之間具有強烈邏輯關聯性。另外，「RISE」也與能量有直接關係，因為一般人攝取咖啡因後，能量就會被「提升」（rise）。

第二巡迴法院認為，暗示性商標的識別性強弱，主要視這個詞對應產品的哪些特質。由於咖啡就是要讓大家清醒和提升能量，故「RISE」這個字對一般大眾而言，是咖啡的重要特質，故該暗示性商標的識別性比較弱。

雖然原告是將「RISE」作為產品的最重要標誌來使用，但是被告也提出超過100個例子，表示其他銷售咖啡、茶、瓶裝飲料、能量飲料、咖啡館等，都曾使用「RISE」作為某種標誌。

7　Polaroid Corp. v. Polarad Electronics Corp., 287 F.2d 492 (2d Cir. 1961).

例如，原告當初註冊商標時，原本想註冊「RISE COFFEE CO.」，但專利商標局認為，這會與之前其他人註冊於咖啡產品的「Rise Up Coffee Roasters」和「Rise Up Organic Coffee.」等商標產生混淆誤認，故不准予註冊。其後原告修改申請商標為「RISE BREWING CO.」，才獲得註冊。

第二巡迴法院認為，既然在咖啡產品中，都已經有多個商標含有「RISE」字樣，而可同時存在，那麼被告將「RISE」標誌使用於非咖啡產品的能量飲料上，也應該可以與原告的商標共存於市場上。

(2) 後天識別性？

原告主張，就算「RISE」標誌先天識別性弱，但是其短短幾年投入了1,750萬美元在行銷這款罐裝咖啡，已經在消費者間取得後天識別性。

惟被告百事公司卻主張，既然原告主張的是逆向混淆，認為消費者會誤以為原告的產品，與被告這間超大公司有關聯，這就表示，原告的商標後天識別性仍然不足。

第二巡迴法院認為，本案的情況確實非常特殊，但在此程序中不需要進入事實調查。只能說原告並沒有證明，其已經取得了夠強的後天識別性，而主張其商標強度夠大。

(3) 商標的近似程度

地區法院認為，二家公司的罐裝飲料所使用的商標構成近似，而有混淆誤認之虞。地區法院指出，在雙方的產品上，「RISE」字樣均以「大字體、全大寫字母、淺色背景下的鮮豔色彩，占據鋁罐的上方三分之一，為其主要特徵」。

但第二巡迴法院認為，由於「RISE」這個字識別性弱，二者相似之處只有大大的「RISE」這個字。但若看到整體設計，二者的不一樣之處大於相似之處，並不會讓二者構成近似。

這兩個鋁罐在尺寸、比例、風格、顏色和藝術設計上都不同，「RISE」這個字也以非常不同的方式呈現。在原告的鋁罐上，其以簡單的無框線字體出現——「R」和「S」均勻彎曲。相比之下，被告的鋁罐使用有棱角和鋸齒狀的字體。此外，原告鋁罐上的「RISE」寫在水平線上，但被告鋁罐上的字母排列成弧形。

　　除了「RISE」這個字之外，鋁罐的整體外觀也非常不同。原告的七盎司鋁罐不到被告16盎司鋁罐的一半。原告鋁罐採用暖色或中性色，與被告鋁罐明亮、大膽的顏色形成鮮明對比，且被告鋁罐上的「RISE」字樣在頂部被顯眼的母商標「MTN DEW」部分覆蓋。最明顯的是，原告鋁罐下半部在平靜、統一的背景下顯示簡單、規則、白色的文字，但被告鋁罐下半部分描繪了一個大的、風格化的獅子頭，並由鋸齒狀碎片組成，與鋁罐的字體相得益彰。第二巡迴法院因而認為，二鋁罐的外觀幾乎不會向消費者暗示它們來自同一來源。

　　第二巡迴法院指出，地區法院之所以下達初步禁制令，乃認為可能構成混淆誤認，且認為原告商標識別性強，二商標使用構成近似等理由。但第二巡迴法院指出了上訴錯誤，故認為原告勝訴可能性不高，故駁回地區法院所下達的初步禁制令。

第二節　其他巡迴法院的標準與比較

　　美國有13個巡迴法院，就混淆誤認之虞的判斷，每個巡迴法院各自採取不同的判斷因素。以下介紹幾個巡迴法院的個案，最後再進行比較。

一、第五巡迴法院

（一）八因素

　　第五巡迴法院在2008年的Bd. of Supervisors for La. State Univ. Agric. & Mech. Coll. v. Smack Apparel Co.案[8]中，對混淆誤認採取八因素判斷。其八個因素為：1.被侵害商標之類型；2.二商標間之近似程度；3.產品間之類似程度；4.所使用之零售批發商和製造商；5.所使用的廣告媒體；6.被

---

[8] Bd. of Supervisors for La. State Univ. Agric. & Mech. Coll. v. Smack Apparel Co., 550 F.3d 465 (5th Cir. 2008).

告之意圖；7.實際混淆誤認之證據；8.潛在購買者之注意程度[9]。

（二）2020年Future Proof Brands, LLC. v. Molson Coors Beverage案

低酒精氣泡飲（hard seltzers）是近年來崛起的一種很受歡迎的飲料，各家廠商都紛紛推出各種新品牌。在美國，一家名為BRIZZY的低酒精氣泡飲，主張另一家廠商欲推出的品牌VIZZY，與其商標會讓消費者混淆誤認，而請求法院下達初步禁制令（preliminary injunction）禁止其銷售。但第五巡迴法院於2020年底判決，兩者不構成混淆誤認，駁回原告請求。

1. 事實

近年來，低酒精氣泡飲和預調雞尾酒（ready-to-drink cocktails）的市場不斷成長，推出許多新品牌，自然也開始出現商標權之戰。在美國，銷售BRIZZY牌低酒精氣泡飲的廠商Proof Brand公司，認為另一家新廠商Molson Coors公司打算推出的低酒精氣泡飲品牌VIZZY，與自家品牌構成混淆誤認，而向德州西區地區法院起訴，請求核發初步禁制令，禁止VIZZY的銷售，但地區法院駁回其請求[10]。

圖8-4　BRIZZY與VIZZY的產品比較

資料來源：Future Proof Brands, LLC. v. Molson Coors Beverage, 982 F.3d 280 (5th Cir.(Tex.), 2020).

---

[9]　Id. at 478.

[10]　Future Proof Brands, LLC. v. Molson Coors Beverage, 2020 WL 3578327 (W.D.Tex., March 24, 2020).

　　原告Proof Brand公司不服，向第五巡迴上訴法院上訴，但第五巡迴法院於2020年底，仍判決駁回原告之請求[11]。

2. 混淆誤認判斷之八因素

　　原告Proof Brand公司主張，地區法院在對第一、二、六、七、八因素的判斷上有所錯誤。第五巡迴上訴法院針對原告指出之錯誤，一一審查，最後認為，雖然地區法院的判決存在一些錯誤，但綜合判斷上，地區法院作成的結論並沒有錯，亦即，被告商標VIZZY與原告商標BRIZZY並不構成混淆誤認[12]。

(1) BRIZZY為暗示性商標

　　首先討論，原告商標之識別性與強度。地區法院認為，BRIZZY的字源「fizzy」是指「碳酸」，而BRIZZY就是指碳酸飲料之意，屬於描述性商標，識別性和強度均很弱。但第五巡迴法院認為，BRIZZY商標應該屬於暗示性商標（suggestive），而非描述性商標[13]。

　　但是，暗示性商標與描述性商標，在商標混淆誤認的判斷上，都屬於「相對較弱」的商標，而且，市場上還存在其他飲料的商標，且商標中都有使用「-IZZY-」這個字根，因而可以作證，BRIZZY是一個識別性較弱的商標[14]。

　　由於識別性較弱，在商標圖案近似程度上，被告的VIZZY和原告的BRIZZY，只有字尾的IZZY相同，但字首的BR和V不同，導致讀音上兩者不同。此外，在產品整體包裝上，二者也不相同，因而地區法院認為，商標近似程度很低。而第五巡迴法院認為地區法院的判斷無誤[15]。

(2) 第六因素：被告之意圖

　　就第六因素，被告之意圖（也就是我國所謂的申請時是否為善意），原告主張，被告Molson Coors公司確實知道原告的BRIZZY商標，

---

[11] Future Proof Brands, LLC. v. Molson Coors Beverage, 982 F.3d 280 (5th Cir.(Tex.), 2020).
[12] Id. at 289.
[13] Id. at 291-292.
[14] Id. at 293-294.
[15] Id. at 294-296.

所以才會設計出VIZZY的商標。但第五巡迴法院認為，單純知道在先商標之存在，並不能證明存在「惡意」。而是必須證明，被告設計該商標，是想攀附原告商標之商譽。就此點，法院認為，原告Proof Brand公司並沒有證明被告有此意圖[16]。

(3) 第七因素：實際混淆誤認之證據

就第七因素，是否存在實際混淆誤認之證據。第五巡迴法院認為，如果只有一個批發商，一開始短暫地搞錯了BRIZZY和VIZZY這二個品牌，這不足以證明，消費者對這二個品牌確實有混淆誤認之虞。不過，批發商確實也是該產品的購買者，但終端消費者才是購買的重點[17]。

(4) 第八因素：潛在購買者之注意義務程度

就第八因素，潛在購買者之注意義務程度。因為這是初步禁制令的程序，原告沒有提供其他的宣誓書、證詞或證據，用以證明低酒精氣泡飲的潛在購買者，在零售店、酒吧、餐廳購買時的注意義務很低，因而，法院認為，這個因素並不足以支持核發禁制令[18]。

(5) 綜合判斷八因素

最後，在各種因素的綜合考量下，地區法院認為，三個因素支持原告、四個因素不支持原告，一個因素平手。但其中，「被告並不具備惡意」以及「沒有足夠的真正混淆誤認之證據」等因素，都傾向沒有混淆誤認，故最後綜合判斷，地區法院決定不核發禁制令。第五巡迴法院認為，地區法院的評估並沒有明顯錯誤，因而同意地區法院認定，原告Proof Brand公司就勝訴的實質可能性上，並未盡到舉證責任，而駁回其初步禁制令之請求[19]。

---

[16] Id. at 296.
[17] Id. at 297.
[18] Id. at 297.
[19] Id. at 298.

二、第九巡迴法院

（一）Sleekcraft案八因素

　　第九巡迴法院對混淆誤認採取1979年的Sleekcraft案[20]因素，總計有八個：1.商標的強度；2.商品或服務的類似程度；3.商標的近似程度；4.實際混淆誤認的證據；5.所使用的行銷管道；6.商品種類及購買者在選購商品時所可能付出的注意程度；7.被告選此商標的意圖；8.商品線擴充的可能性。

（二）2022年Arizona Board of Regents v. Doe案

　　2020年，一位匿名大學生在Instagram創建了一個與亞利桑那州立大學名稱接近的帳號，並張貼「舉辦新冠肺炎派對」系列貼文。亞利桑那州立大學要求Instagram下架該帳號卻被拒絕後，提出正式訴訟，控告該帳號與社群網站侵害商標法，構成混淆誤認。2021年8月，法院判決，一般人不會誤以為該帳號貼文乃真正的官方貼文，故不構成混淆誤認[21]。

1. 事實

(1) 亞利桑那州立大學的商標、顏色外觀與Instagram帳號

　　本案原告是亞利桑那州立大學（Arizona State University, ASU），其從1958年起，就使用「ASU」和「Arizona State University」這兩個商標。

　　此外，ASU也擁有未註冊的顏色外觀（colors trade dress），其從1898年起，在使用其商標和各種宣傳文字時，即慣常使用栗色底、金色字的顏色組合。

(2) 匿名學生的惡搞帳號和貼文

　　2020年7月19日，一位不知名大學生在Instagram上建立了一個名為「asu_covid.parties」的帳號。在帳號名下方，標示地點為「亞利桑那州立

---

[20] AMF Inc.v. Sleekcraft, 599 F.2d 341 (9th Cir. 1979).
[21] Arizona Board of Regents v. Doe, 555 F.Supp.3d 805 (D. Arizona, August 17, 2021).

大學」，全名為「ASU Coronavirus Parties」（亞利桑那州立大學新冠肺炎派對），職稱為「活動規劃者」。

　　7月19日，該帳號也貼出第一篇貼文，為一張圖片，其內容如圖8-5。除了「ASU」商標外，並寫著：「不再維持社交距離，不再戴口罩。去派對的時間到了！」這張貼文除了使用亞利桑那州立大學的商標ASU之外，並使用該大學慣常使用的栗色底、金色字的顏色外觀。

　　後來的貼文，就沒有再使用栗色底、金色字的顏色，也只有一則使用了亞利桑那州立大學的商標ASU。

　　此外，後來的貼文，看起來均有些天馬行空。其在第三則貼文中提到：「我剛剛和白俄羅斯共和國領事館的副領事談過了。領事遲到，我只好親自與副領事交談。……我們要感謝他們讓我們在領事館舉辦派對，這樣派對就不會被警察關閉。聚會將在學期的第一個星期六舉行。」後來的貼文指出，領事館為了安全理由，要求大家參加派對時不可戴口罩。另一則貼文則又指出，派對在外國領事館內舉辦，有外交豁免權，不會因為派對違反美國防疫措施而受到處罰。

圖8-5　匿名學生在Instagram上的貼文

資料來源：Arizona Board of Regents v. Doe, 555 F.Supp.3d 805 (D. Arizona, August 17, 2021).

(3) 讓校友產生誤會

2020年7月24日，有一位Twitter帳號的使用者貼了一則貼文，其內容為：「ASU要舉辦一場新冠肺炎派對，並宣稱新冠肺炎是一場騙局？」並宣稱自己是ASU校友，為對此活動表達抗議，將要把所有校友貼紙寄回給ASU，因為其不認同此無知行為。

(4) ASU向Instagram要求下架該帳號和貼文

2020年8月12日，ASU注意到這個惡搞帳號，決定通知Instagram，認為「asu_covid.parties」帳號構成商標侵權，要求下架該帳號及其貼文。

8月14日，Instagram回覆，認為這個被檢舉的帳戶，看起來只是使用ASU的商標，作為指示性使用，用來指示或評論ASU的產品或服務，因此不會對該帳號採取任何行動。

(5) ASU提出商標侵權訴訟

2020年8月20日，亞利桑那州高等教育委員會（Arizona Board of Regents, ABOR）正式向亞利桑那州聯邦地區法院提起訴訟，控告這位匿名學生（在判決中給予代號，名為Doe）以及Instagram的母公司（當時的Facebook公司），構成商標侵權。

起訴後，Facebook公司立刻決定移除「asu_covid.parties」這個帳號，並且承諾會禁止該帳號持有人建立新的帳號。因而，原告將Facebook公司從被告名單中刪除。

2. 原告主張

(1) 主張構成商標之混淆誤認

原告所提出的第一項主張，是被告構成註冊商標之侵權。其引用的是聯邦商標法第1114條。原告認為，Doe在使用「asu_covid.parties」帳號並貼文時，未經授權使用了ASU的商標，讓他人產生混淆誤認之虞，誤以為ASU與該活動有關聯，或ASU支持或贊助該活動。

第二項主張，是被告Doe的行為也會違反聯邦商標法第1125條，亦即不實標示來源和不實廣告。原告認為，被告在以「asu_covid.parties」帳號貼文和留言時，未經授權使用ASU商標、學校顏色外觀和其他對事實為虛

假或誤導性的描述和／或陳述。而這麼作會讓外人產生混淆、錯誤、欺騙之虞，誤以為「asu_covid.parties」帳號與ASU有關聯，或誤以為ASU是此新冠肺炎派對的來源，或者贊助或認可該活動等。

(2) 匿名學生Doe缺席判決

8月24日，某人宣稱自己就是匿名學生Doe，提出答辯狀。但答辯狀亂寫一通，法院命其在9月4日前重新提出答辯狀，但該人沒有再提出答辯狀。因而，原告ABOR請求法院作出缺席判決（一造辯論判決）。

2021年8月，亞利桑那州地區法院法官作出判決，認為理性審慎的消費者，不太可能會把這個帳號與ASU兩者混淆，故沒有混淆誤認之虞，從而判決駁回ASU之請求。

3. 法院判決

(1) 法院認為沒有混淆誤認之虞

原告上述二項主張，都必須證明出現「混淆誤認之虞」。而「混淆誤認之虞」的認定，通常是要確定，一個在市場上的理性審慎之消費者（a reasonably prudent consumer in the marketplace），是否會對使用該標誌或姓名的商品或服務之來源，產生混淆誤認之可能性？

法院認為，在本案中，一個理性審慎之消費者，不會被欺騙或產生混淆，即不會認為ASU是「asu_covid.parties」帳號之貼文和留言的「來源」。

首先，在全部19則貼文中，只有第一則同時使用ASU商標和其特殊的栗色底金色字顏色外觀。法院認為，消費者觀看的整體環境非常重要。因為任何人在瀏覽Instagram帳號的貼文時，可以立刻看到這則貼文下面的評論留言。而在這則貼文中，「asu_covid.parties」帳號自己留了前兩則留言，內容都有點粗俗（使用 f 開頭的字眼）。因此，一個理性審慎消費者，不會認為這則貼文是「ASU邀請大家參加ASU贊助的派對」。

在第一則貼文之後，「asu_covid.parties」帳號後續的貼文或留言，均越來越多批評ASU的防疫政策。因此，沒有一個理性審慎之消費者，會認為這些貼文來自於ASU。

　　甚至，在其後的某一則貼文中，該帳號自稱是學校的CA，一般會認為是指學校的宿舍學生管理員（community advisor）的簡稱。因此，這很明顯是學生的帳號，而非代表學校的帳號。

(2) 一名校友真正產生混淆

　　但原告ABOR指出，有一名校友真的因為這個Instagram帳號的貼文，而誤以為是ASU支持這樣的活動。也就是前述所提及，有一個Twitter上的匿名帳號，宣稱自己是ASU校友，且對學校支持這樣的活動感到不認同。

　　但是，這個Twitter帳號也是匿名的，且貼文內容有許多錯字。因此僅從該則貼文，很難判斷該帳號背後的人是否真的產生混淆誤認。並且這則貼文也看不出來，他是認為ASU贊助這場派對？還是認為ASU的學生贊助這場派對？他說自己要退回校友身分，可能是對學生這種行為感到不以為然。就算這名校友真的誤以為是ASU贊助的活動，但全球有50萬名畢業校友，只有一名校友誤會，也不足以成立混淆誤認之虞。

　　此外，在「asu_covid.parties」帳號貼文下的留言，大多認為該帳號應該是一個學生或學生團體所為，而絕非ASU所為。

　　原告ABOR認為，被告的行為具有欺騙的意圖。但法院認為，被告在貼文中提到自己是CA（宿舍學生管理員），並且批評ASU的官方政策等。因此，其應該沒有「要讓大家相信『asu_covid.parties』帳號之訊息是來自於ASU」的意圖。

(3) 初始興趣混淆？

　　即便理性審慎消費者，在閱讀「asu_covid.parties」帳號相關貼文與留言之後，會認為該帳號與ASU沒有關聯。但是，原告ABOR提出了「初始興趣混淆」理論。亦即，「asu_covid.parties」帳號透過攀附ASU的商譽，吸引了眾人的興趣，讓大家閱讀該帳號的貼文。

　　但法官認為，本案不適用初始興趣混淆。其指出，該帳號的第一則貼文內容，雖然使用了ASU的商標和常見顏色外觀，但其在此則貼文下方的留言，馬上使用了很粗俗和褻瀆的字眼，因而一開始就不會產生「初始混淆」。

4. 結語

社群網站上的假帳號越來越多，貼文內容也可能讓人產生誤會，變成假訊息。本案亞利桑那州立大學用商標法對假帳號不實貼文提出訴訟，雖然看起來似乎是敗訴，但實際上，Facebook公司在ASU起訴之後立刻將該帳號下架，仍然達到了刪除假帳號，避免假訊息散布的目的。

三、各巡迴法院因素比較

以上介紹了第二巡迴法院、第五巡迴法院，以及第九巡迴法院的混淆誤認之虞的判斷因素。以下以第二巡迴法院的Polaroid案八因素為主，再列上第五巡迴法院、第九巡迴法院的判斷因素（表8-1），可以看出，主要的幾個因素都相同，但也有幾個因素不同。

表8-1　美國各巡迴法院判斷侵害商標混淆誤認之虞之比較

第二巡迴法院 Polaroid案八因素	第五巡迴法院	第九巡迴法院	其他特殊因素
1.原告商標的強度		1.商標的強度	
2.二商標之間的近似程度	2.二商標間之近似程度	3.商標的近似程度	
3.商品的類似程度	3.產品間之類似程度	2.商品或服務的類似程度	
4.先前權利人彌補差距之可能；亦即先權利人多角化經營，將商品服務擴張至侵權商品服務之可能性		8.商品線擴充的可能性	
5.實際混淆誤認情事	7.實際混淆誤認之證據	4.實際混淆誤認的證據	
6.被告在採用自己商標時善意的相互關係	6.被告之意圖	7.被告選此商標的意圖	

表8-1 美國各巡迴法院判斷侵害商標混淆誤認之虞之比較（續）

第二巡迴法院 Polaroid案八因素	第五巡迴法院	第九巡迴法院	其他特殊因素
7.被告商品的品質			
8.買家的專業程度	8.潛在購買者之注意程度	6.商品種類及購買者在選購商品時所可能付出的注意程度	
	1.被侵害商標之類型		
	4.所使用之零售批發商和製造商	5.所使用的行銷管道	
	5.所使用的廣告媒體		
			使用商標未造成混淆誤認的時間長短（第三巡迴法院）

資料來源：筆者整理。

第三節 聯邦巡迴上訴法院DuPont案十三因素

　　前二節所介紹的混淆誤認之虞，主要是在侵害商標案件中，判斷是否構成混淆誤認。但是，申請商標註冊時，申請商標可能也會與先註冊商標構成混淆誤認，此則屬於申請註冊時的混淆誤認判斷，與侵權時的混淆誤認判斷不同。

　　由於美國聯邦商標註冊，乃向聯邦專利商標局申請。對申請結果不服，可先向TTAB提出救濟，再不服可向聯邦巡迴上訴法院上訴。故聯邦巡迴上訴委員會採取的混淆誤認標準，也很重要。

一、1973年DuPont案

位於首都華盛頓特區的聯邦巡迴上訴法院（United States Courts of Appeals），管轄專利商標局的上訴案件，故具有重要性。其前身為美國關稅和專利上訴法院（United States Court of Customs and Patent Appeals），於1982年才改制為聯邦巡迴上訴法院。

美國關稅和專利上訴法院於1973年判決Application of E.I. DuPont DeNemours & Co.案，簡稱為DuPont案。該案對混淆誤認因素採取了13個因素[22]，現為聯邦巡迴上訴法院所採，被稱為DuPont因素，也稱為杜邦因素。

杜邦因素總計有13個：「(1)商標的整體近似程度或不近似程度，包含外觀、聲音、觀念和商業印象；(2)商標申請或註冊時所描述的商品或服務，其本質及類似程度或不類似程度，或者商標申請或註冊時所描述的商品或服務，其與商標先使用者之間的關聯性；(3)已建立並且可能會持續使用的行銷管道的相似性或不相似性；(4)購買當時的情況和購買者的類型（例如：是衝動購買者抑或是小心謹慎的購買者）；(5)商標先使用者的聲譽（銷售量、廣告、使用商標時間的長短）；(6)在類似商品上使用近似商標的本質可能性及數量；(7)實際混淆誤認的本質與程度；(8)二商標並存使用卻未引起混淆誤認情況的時間長短；(9)商標所使用或未使用的商品種類（主要商標、家族商標、產品商標）；(10)商標申請者和商標先使用者在市場上的銜接介面：(a)僅同意註冊或使用；(b)因排除混淆誤認而設計的契約條款（例如：雙方繼續使用商標的限制）；(c)商標、申請、註冊和相關業務商譽的轉讓；及(d)可歸責於商標先使用者怠於行使權利或違反禁反言法理，則視為沒有混淆誤認之虞；(11)申請人可以排除他人使用其商標於其商品的權利範圍；(12)潛在混淆誤認的程度；(13)任何其他建立的事實證明使用商標的影響。[23]」

---

[22] E.I. DuPont DeNemours & Co., 476 F.2d 1357, 1361 (CCPA 1973).
[23] Id. at 1361.

表8-2　商標侵權與申請時混淆誤認因素比較

第二巡迴法院 Polaroid案八因素	第九巡迴法院	聯邦巡迴上訴法院 DuPont案十三因素
1.原告商標的強度	1.商標的強度	5.商標先使用者的聲譽（銷售量、廣告、使用商標時間的長短）
2.二商標之間的近似程度	3.商標的近似程度	1.商標的整體近似程度或不近似程度，包含外觀、聲音、觀念和商業印象
3.商品的類似程度	2.商品或服務的類似程度	2.商標申請或註冊時所描述的商品或服務，其本質及類似程度或不類似程度，或者商標申請或註冊時所描述的商品或服務，其與商標先使用者之間的關聯性
4.先前權利人彌補差距之可能；亦即先權利人多角化經營，將商品服務擴張至侵權商品服務之可能性	8.商品線擴充的可能性	
5.實際混淆誤認情事	4.實際混淆誤認的證據	7.實際混淆誤認的本質與程度
6.被告在採用自己商標時善意的相互關係	7.被告選此商標的意圖	
7.被告商品的品質		
8.買家的專業程度	6.商品種類及購買者在選購商品時所可能付出的注意程度	4.購買當時的情況和購買者的類型（例如：是衝動購買者抑或是小心謹慎的購買者）
	5.所使用的行銷管道	3.已建立並且可能會持續使用的行銷管道的相似性或不相似性
		6.在類似商品上使用近似商標的本質可能性及數量
		8.二商標並存使用卻未引起混淆誤認情況的時間長短

表8-2　商標侵權與申請時混淆誤認因素比較（續）

第二巡迴法院 Polaroid案八因素	第九巡迴法院	聯邦巡迴上訴法院 DuPont案十三因素
		9.商標所使用或未使用的商品種類（主要商標、家族商標、產品商標）
		10.商標申請者和商標先使用者在市場上的銜接介面：(a)僅同意註冊或使用；(b)因排除混淆誤認而設計的契約條款（例如：雙方繼續使用商標的限制）；(c)商標、申請、註冊和相關業務商譽的轉讓；及(d)可歸責於商標先使用者怠於行使權利或違反禁反言法理，則視為沒有混淆誤認之虞
		11.申請人可以排除他人使用其商標於其商品的權利範圍
		12.潛在混淆誤認的程度
		13.任何其他建立的事實證明使用商標的影響

資料來源：筆者整理。

二、2021年Micro Mobio v. GM案

　　Cruise（巡航）這個字，是許多汽車導航，或者半自動駕駛系統都會使用的一個字。通用汽車（GM）於2016年將「SUPER CRUISE」註冊為商標，2021年8月，其對福特汽車（Ford）所使用的BlueCruise系統，提起商標侵權訴訟。福特汽車決定提出反擊，要求撤銷通用汽車的SUPER CRUISE商標。但在此之前，已經有另一家Micro Mobio公司，曾經主張應撤銷通用汽車的SUPER CRUISE商標，提起訴訟，但法院卻判決通用汽車勝訴。

（一）事實

　　美國通用汽車於2016年6月，向美國專利商標局申請註冊文字商標

「SUPER CRUISE」，指定使用於「機動車半自動駕駛的電腦軟體、攝像頭、超聲波傳感器、全球定位系統和雷達物體探測器」[24]。

　　本案另一當事人Micro Mobio公司，在2009年12月，則註冊文字商標「SuperCruise」，指定使用於「電子電路和天線的設計、模擬和控制，接收和發送信號，以及語音和資料傳輸中的調變和媒體接取控制之半導體設備、電腦硬體、電腦軟體」[25]。

表8-3　Micro Mobio公司與通用汽車「SUPER CRUISE」商標比較

	Micro Mobio公司	通用汽車
註冊號	3972396	5387518
文字商標	SuperCruise	SUPER CRUISE
申請日	March 22, 2011	June 20, 2016
指定使用	用於電子電路和天線的設計、模擬和控制，接收和發送信號，以及語音和資料傳輸中的調變和媒體接取控制之半導體設備、電腦硬體、電腦軟體	用於機動車半自動駕駛的電腦軟體、攝像頭、超聲波傳感器、全球定位系統和雷達物體探測器

資料來源：筆者整理。

（二）TTAB認為沒有混淆誤認

　　Micro Mobio公司主動請求撤銷通用汽車申請之商標，主張通用汽車的商標與自己先使用、先註冊的商標太過接近。美國專利商標局下的TTAB經過審理後，駁回Micro Mobio公司之請求，認為通用汽車的「SUPER CRUISE」商標，與Micro Mobio公司的「SuperCruise」商標，二者不會構成混淆誤認。

---

[24] Micro Mobio Corporation v. General Motors, LLC., 2021 WL 4735312, at 1 (Fed Cir. 2021).
[25] Id. at 1.

在判斷是否構成混淆誤認上，TTAB使用了DuPont案[26]之混淆誤認因素。

1. 商標圖案近似程度

在商標圖案近似程度上，TTAB認為二商標構成近似，兩者幾乎一樣，差別只在於通用汽車之商標在SUPER和CRUISE間有空格。由於二商標在外觀、讀音、觀念三方面幾乎一樣，TTAB認為，SUPER和CRUISE間的空格，無關緊要[27]。

2. 商標識別性：super cruise為暗示性商標

就商標識別性之強弱，TTAB認為，Micro Mobio公司的商標既然已經註冊，則被推定具有識別性。但TTAB也認為，該商標並非隨意性商標（arbitrary）或創造性商標（fanciful）。其應屬於暗示性商標（suggestive），識別性並不強[28]。

TTAB認為，「cruise」（巡航）這個字本身有「快速、平穩或毫不費力地移動或前進」之意；而「super」（超級）一詞，則有「高等級或品質」、「非常大或強大」、「展示其極端或過度等級之類型特徵」的意思。因而，Micro Mobio公司的商標「SuperCruise」，就暗示著其產品的品質，有助於極其快速和順利地接收和傳輸信號[29]。

3. 商標之商業強度或知名度

就Micro Mobio公司商標的商業強度或知名度（commercial strength or fame），TTAB檢視Micro Mobio公司在銷售和廣告上之支出，認為其並沒有特別令人留下印象。Micro Mobio公司沒有提供任何市場占有率之證據。TTAB認為，該商標的「商業強度或知名度」，屬於中等[30]。

---

[26] In re E.I. DuPont De Nemours & Co., 476 F.2d 1357, 1361 (CCPA 1973).

[27] Micro Mobio Corporation v. General Motors, LLC., 2021 WL 4735312, at 1 (Fed Cir. 2021).

[28] Id. at 1.

[29] Id. at 1.

[30] Id. at 1.

4. 二公司商品類似程度

就二公司商品的類似或不類似程度，Micro Mobio公司主張，其商標指定使用的商品與通用汽車商標指定使用的商品，二者構成類似。其中，Micro Mobio公司特別指出，通用汽車的Super Cruise系統也使用了半導體、電腦硬體、軟體，且在通用汽車的Super Cruise系統中使用的電腦軟體，也包含控制系統組件之間信號傳輸的軟體[31]。

但TTAB不同意這點。其認為，「通用汽車用於汽車半自動駕駛的商品可能包含或使用半導體、電腦硬體、軟體這一事實」，並不意味著通用汽車的商品與Micro Mobio公司的商品相同，或雙方的商品就混淆誤認之虞方面有所關聯。TTAB認為，諸如Micro Mobio公司所銷售的電腦元件，被整合運用於通用汽車的半自動駕駛系統，「光就這點本身，並不是確定雙方產品有關聯的充分依據」[32]。

Micro Mobio公司主張，其產品屬於通用汽車半自動駕駛系統的互補品，因為通用汽車系統需要一個連結平台才能運作。但TTAB認為，不能僅因為「一個產品被合併為另一個產品的一部分」，就認為二公司產品為互補品。TTAB認為，所謂的互補品，乃指「很可能會被同一購買者一起購買、共同使用的各產品」。而二公司商品不會有機會被同一購買者接觸，而誤以為二商品來自同一商業來源（公司）。因而，這一點無法支持會構成混淆誤認之虞[33]。

5. 銷售管道和客戶類別

就二商品的銷售管道（channels of trade）及客戶類別（class of customers），TTAB認為二者間並沒有有意義的重疊。雖然二公司都會與無線載運者（電信公司）有商業往來，但二公司並非將商品賣給無線載運者（電信公司）。Micro Mobio公司主張，去修理汽車的消費者，可能會混淆二家公司商品，但TTAB認為，Micro Mobio公司的SuperCruise商標產

[31] Id. at 2.
[32] Id. at 2.
[33] Id. at 2.

品，並非汽車零件，且Micro Mobio公司也沒有以SuperCruise商標製造任何車用系統[34]。

6. 銷售條件及購買者精明程度

就銷售條件（conditions of sale）及購買者精明程度（sophistication of purchasers），TTAB認為，一樣不會出現混淆誤認。汽車是昂貴的產品，而通用汽車的半自動駕駛系統Super Cruise選配零售價格，要價5,000美元。因此，消費者在仔細考慮後，才會購買Super Cruise系統。至於Micro Mobio公司的產品，通常是透過非常高階的行銷管理銷售，主要是針對專業的消費者。因此，TTAB認為，這一因素也不利於主張混淆誤認[35]。

7. 其他

最後，TTAB認為，並沒有具體證據可以證明有真正出現混淆二公司產品的情形，二公司的市場區分也沒有互相重疊，且也都沒有超過任何潛在混淆的最低程度（*de minimis* level of potential confusion）[36]。

因此，TTAB在衡量所有DuPont案因素後，認為沒有混淆誤認之虞，因而駁回了Micro Mobio公司撤銷通用汽車商標之請求[37]。

（三）聯邦巡迴上訴法院：對雙方皆為暗示性商標

Micro Mobio公司不服，向聯邦巡迴上訴法院提起上訴。聯邦巡迴上訴法院於2020年10月12日作出判決[38]，仍然判決Micro Mobio公司敗訴。

在所有理由中，最令人感興趣的，就是Super Cruise（超級巡航）本身的意義。

Micro Mobio公司主張，自己的「SuperCruise」商標並非暗示性商標；其老闆在選擇這個商標時，只是很喜歡這個商標的發音而已，因而主

---

[34] Id. at 2.
[35] Id. at 2.
[36] Id. at 2.
[37] Id. at 2.
[38] Micro Mobio Corporation v. General Motors, LLC., 2021 WL 4735312 (Fed Cir. 2021).

張是任意性商標。聯邦巡迴法院認為，一個具有暗示性效果的商標，並不會因為商標權人當初選擇這個商標的時候，並非出於其暗示性、描述性意義，就將一個暗示性、描述性商標，轉化為任意性商標[39]。

　　另外，Micro Mobio公司主張，「cruise」（巡航）這個字在字典中的意思，就是「從一個地方航行到另一個地方，如為了享樂或尋找某物」，或「以類似的方式騎行」。但TTAB卻對「cruise」這個字採取另一個意義，而認為其具有「快速、平穩或毫不費力地移動或前進」，故認定乃是暗示Micro Mobio公司的產品性質[40]。

　　但聯邦巡迴法院認為，一個字在字典會有多個意思，而Micro Mobio公司並沒有提出有力理由，說明為何TTAB不能採取該字的另一個意義，以認定其屬於暗示性商標。法院認為，一個字有多個意義，採取某個意義時可暗示產品特性，並不能因而要求必須採取該字的其他意義，以認為其屬於任意性商標[41]。

　　「cruise」這個字的其中一個意義，對Micro Mobio公司的產品來說，有暗示其快速、平順移動、前進的意思；「cruise」這個字的另外一個意義為「從一個地方航行到另一個地方」，對通用汽車的產品來說也具有暗示性。法院認為，對兩方來說，這個字的不同意義，都具有暗示性，但不會因而使Micro Mobio公司的商標暗示性降低，而使其成為任意性商標[42]。

（四）後續發展：通用汽車控告福特汽車BlueCruise侵權

　　Cruise這個字，是許多汽車導航，或者升級到半自動駕駛時都會使用的一個字。但因為通用汽車將SUPER CRUISE註冊為商標，其他車商在自己的導航或半自動駕駛系統上，使用了cruise這個字，反而會被通用汽車控告侵害其商標。

---

[39] Id. at 2.
[40] Id. at 3.
[41] Id. at 3.
[42] Id. at 3.

　　例如，福特汽車對自家的半自動駕駛系統決定取名為「BlueCruise」，
2021年8月，通用汽車主張福特汽車侵害其SUPER CRUISE商標而提起訴
訟[43]。福特汽車也決定提出反擊，向TTAB提出申請，要求撤銷通用汽車
的SUPER CRUISE商標[44]。這是另一場通用汽車和福特汽車對半自動駕駛
系統的cruise商標戰爭，值得我們持續追蹤。

第四節　註冊與侵權之混淆誤認之虞

一、2015年美國最高法院B&B v. Hargis案

　　B&B公司和Hargis公司，兩家都是金屬扣件的製造商。B&B公司為航
太工業製造金屬扣件，而Hargis公司為建築業製造金屬扣件。雖然航太業
與建築業看似差異很大，但是兩邊的工程師，都喜歡將東西封（seal）緊
（tightly）。因此，這兩家公司都希望使用暗示性商標[45]。

　　1993年，B&B公司向美國專利商標局註冊「SEALTIGHT」商標，指
定使用於航太工業中的具螺紋或不具螺紋的金屬扣件和其他相關金屬零
件。

圖8-6　B&B公司註冊之商標

資料來源：http://www.sealtightsolution.com/.

---

[43] Chris Isidore, Super Cruise vs. BlueCruise: GM and Ford slug it out in trademark dispute,
    CNN Business, August 17, 2021, https://edition.cnn.com/2021/08/17/business/gm-ford-cruise-
    trademark-fight/index.html.
[44] Id.
[45] Id. at 1301.

　　1996年時，Hargis公司向美國專利商標局申請註冊「SEALTITE」，指定使用於製造金屬和鋼架建築的自我穿刺或自我鑽孔的金屬螺絲。但B&B公司反對Hargis公司的申請，認爲雖然二家公司銷售不同的商品，但SEALTITE商標仍與SEALTIGHT商標構成近似而有混淆誤認之虞[46]。

圖8-7　Hargis公司註冊之商標

資料來源：http://sealtite.com/.

　　2002年時，美國專利商標局於公報上公告核准SEALTITE商標之註冊。B&B公司立即向當時的TTAB提出異議（opposition），主張SEALTITE商標與自己擁有的SEALTIGHT商標構成近似，而有混淆誤認之虞。B&B公司主張，兩家公司都有線上網站、最大的金屬扣件經銷商同時販賣兩家的產品、消費者有時在訂購時會說錯公司名稱。而Hargis公司反駁，認爲兩家公司對不同的消費者、在不同的地方使用、透過不同的經銷管道、銷售不同的產品[47]。

　　TTAB引用了幾個判斷商標混淆誤認之餘的「杜邦案因素」（DuPont factors）[48]，認定B&B公司主張有理。訴願會綜合考量各種因素，包括：（一）SEALTIGHT商標並不著名；（二）二商標指定使用之產品類別並不相同；（三）二商標圖樣高度近似；（四）消費者有時會發生混淆誤認情形。TTAB指出，混淆誤認之餘判斷時最重要的關鍵因素，就是商標圖樣的近似程度，以及產品類別的類似程度。最後，TTAB認爲，Hargis公

---

[46] Id. at 1301.
[47] Id. at 1301-1302.
[48] 陳宏杰，從歐美商標審查實務觀點看混淆誤認之餘參酌因素的運用，智慧財產權月刊，第139期，頁7，2010年7月。

司的SEALTITE商標與B&B公司的SEALTIGHT商標會構成混淆誤認，而不應准予註冊。對於此結果，Hargis公司雖然有權向聯邦巡迴上訴法院或地區法院提出訴訟，但其卻放棄此救濟[49]。

二、行政機關的決定在民事訴訟中也有爭點效

（一）TTAB對混淆誤認之虞之判斷是否排除了地區法院侵權時之判斷？

除了商標註冊之爭議外，B&B公司在同一段時期，也早已對Hargis公司提出商標侵權訴訟。在聯邦地區法院尚未判斷二商標是否構成混淆誤認之虞前，TTAB作出了上述決定。因而，B&B公司向地區法院主張，Hargis公司在此侵權訴訟中，不可再爭執「不構成混淆誤認」，因為TTAB之決定，已經具有「爭點排除效果」（preclusive effect），類似我們台灣所稱的「爭點效」。

但地區法院並不同意，因為其認為TTAB並非美國憲法第3條所指的法院（Article III court），故法院毋庸受其拘束。而後來地區法院的陪審團作出裁決，認定二商標並不構成混淆誤認之虞，亦即判決Hargis公司勝訴[50]。

B&B公司對此判決不服，向第八巡迴上訴法院提起上訴。第八巡迴法院認為，行政部門的決定，有時可能具有爭點效（issue preclusion），但基於下述三理由，仍認為在本案中，地區法院不需要接受TTAB之認定：

1.TTAB在判斷混淆誤認之餘之因素，與第八巡迴法院所使用之因素不同。

2.TTAB太過強調二商標圖樣之外觀與讀音近似。

3.在TTAB程序中，Hargis公司負擔舉證責任；但在地區法院訴訟程

---

[49] Id. at 1302.
[50] Id. at 1302.

序中，則由B&B公司負擔舉證責任[51]。

（二）行政機關的決定在民事訴訟中也有爭點效

究竟行政機關之決定，是否可以對法院產生「爭點效」？最高法院認為答案是肯定的。

美國法院一般所稱的爭點效，大概是指，一個法院之前在雙方當事人已經處理過的爭議，就已經是永久定案，之後不可以再度在訴訟中爭執該爭點。但是，爭點效仍然有其例外，在美國**《判決法重述（第二版）》**（**Restatement (Second)**）**第27條對於爭點效之一般要件已有明確規定。其規定：「當一個事實或法律爭點，已經過真的訴訟，且由有效或終局的判決所決定，且該決定為該判決之必要部分，則該決定在後續雙方當事人間的訴訟中，均已為定論，不論後續訴訟的主張是否相同。[52]」**

但是，最高法院指出，從過去最高法院的判決，以及此一《判決法重述（第二版）》中，均沒有限制，此一爭點效在適用上，必須是在前後二個法院之間。所以，**就算是一法院與一行政機關面對同一爭點，仍然適用爭點效。**

最高法院在1991年的Astoria案中曾經指出，當國會授權行政機關處理特定爭議，且國會立法時就期待爭點效原則可適用時，則法院可接受行政機關之決定，除非從立法目的來看很明顯（evident）不希望如此[53]。最高法院認為，過去法院一直以來所持的立場，就是若一行政機關乃執行司法部門的權限，解決事實之爭議，且提供雙方當事人適當的訴訟機會，則法院可毋庸置疑地適用「既判力」（res judicata）原則[54]。

（三）國會無明顯理由希望拒絕適用爭點效

前述1991年Astoria案所建立之標準提及，如果一般爭點效適用的要

---

[51] Id. at 1302.
[52] Restatement (Second) of Judgments § 27, p. 250 (1980).
[53] Astoria Fed. Sav. & Loan Assn. v. Solimino, 501 U. S. 104, 108 (1991).
[54] B&B v. Hargis, 135 S.Ct. at 1303.

件都具備，僅在國會有明顯理由希望拒絕適用爭點效，才可以拒絕適用爭點效。那麼，在商標法中，是否有明顯證據可以禁止爭點效？最高法院認為，不論從商標法的法條文字或法條結構來看，答案均為否定[55]。

　　有人或許認為，對於TTAB之決定，可以後續向地區法院提起訴訟，並要求重新審理（de novo），因而認為，若是TTAB之決定，並沒有經過後續訴訟就確定，不應該賦予其爭點效。但最高法院認為，當事人自己放棄對前一法院決定提出後續救濟時，即便後續救濟採取重新審理，但既然放棄了此救濟機會而使該判決確定，仍然會使該判決具有爭點效，從而拘束後面的法院判決[56]。

　　本案與1991年的Astoria案相比，有所不同。在Astoria案中，原告先向行政機關主張受到歧視，完成行政機關程序後，繼而對行政機關決定提出後續訴訟。由於提起訴訟的前提，必須先走完前面的行政程序。當時最高法院指出，從法條的結構來看，既然可以對該行政機關決定提起後續行政訴訟，則在針對該行政決定是否正確之後續訴訟中，不可賦予該行政決定爭點效。惟此與本案不同，註冊商標之程序並非提起商標侵權訴訟的前提，而是判斷二種不同權利的不同程序。這二種程序並非同一套救濟流程中的先後程序[57]。

三、二個階段的混淆誤認之虞的判斷相同

　　第八巡迴法院認為，TTAB在對商標註冊時所為的混淆誤認之虞的判斷，與地區法院在審理是否構成商標侵權的混淆誤認之虞的判斷，兩者雖然相似，但並不完全相同，所以，認為TTAB之決定不具有爭點效。但是，最高法院卻認為，在註冊階段與侵權階段所採取的混淆誤認之虞判斷的標準，兩者皆相同[58]。

---

[55] Id. at 1305.
[56] Id. at 1305.
[57] Id. at 1305-1306.
[58] Id. at 1306.

（一）二者所採取的實質標準相同

　　雖然商標註冊階段的混淆誤認之虞，以及商標侵權階段的混淆誤認之虞，規定在不同的法條，但最高法院認為，其所採取的判斷標準卻一模一樣。其提出三項理由：

　　1.二者在法條上所使用的文字本質上是一樣的。

　　2.美國國會在商標法數條條文中所使用的「混淆誤認之虞」（likelihood-of-confusion）這個詞，從1881年以來就是商標註冊的核心。所以其內涵應該一樣。

　　3.聯邦地區法院在商標侵權訴訟中，和因商標註冊爭議而上訴的案件中，均有權取消商標註冊。同一個地區法院的法官、同樣的「混淆誤認之虞」的文字，不可能採取不同的標準[59]。

（二）「所註冊之商標」與「實際使用之商標」實質相同

　　Hargis公司認為，商標註冊與商標侵權的混淆誤認，在法條上的確有些許文字不同。在聯邦商標法第1052條(d)中，提到商標圖樣是否「近似」（resemble），而侵權的判斷上，在第1114條(1)則著重在商標的「商業使用」（use in commerce）。最高法院認為，之所以會有文字上的些許差異，是因為在註冊階段，判斷是否混淆誤認，往往僅以申請註冊的商標圖樣作比對，而不涉及實際使用的情形[60]。

　　最高法院認為，TTAB在處理商標註冊時，雖然所思考的使用情形，與地區法院所思考的實際商業使用情形，並不相同，但並不代表他們二者採取不同的標準。

　　如果在一案例中，商標權人所註冊的商標與實際使用的商標是一樣的，那麼，TTAB所為之混淆誤認之虞的判斷，就與地區法院在侵權案件中所為的判斷，是一樣的。反之，若商標權人所註冊之商標與實際使用之商標不同，則二個階段所為的商標混淆誤認之虞的判斷，就有所不同；此

---

[59] Id. at 1307.
[60] Id. at 1307-1308.

時，TTAB所爲的判斷，對地區法院就不具備爭點效[61]。

　　不過，所註冊之商標與實際使用之商標，倘若只有些微不同，並不會使爭議點不同，而排除爭點效[62]。

　　第八巡迴法院判決認爲，由於TTAB太過重視商標之外觀近似與讀音近似，所以對地區法院不具爭點效。最高法院認爲，這是錯誤的看法。如果TTAB在判斷混淆誤認之虞，對某些因素仰賴過多而出現錯誤，那麼當事人應該對該決定尋求司法救濟。並不因爲實際上TTAB的判斷可能偏頗，就一概認爲不適用爭點效[63]。

（三）救濟審理程序與訴訟程序相近

　　其次，Hargis公司主張，TTAB的程序，與地區法院所採取的程序有所不同，因而不應適用爭點效。但最高法院認爲，二者程序的確不同，但並不必然排除爭點效的適用。最高法院認爲，不應把焦點放在二者程序是否不同，而應探究的是，前者之程序，是否有根本地缺乏、草率或不公平（fundamentally poor, cursory, or unfair）[64]。

　　最高法院認爲，此案中，並沒有理由去質疑TTAB在通案上，其程序的品質、深度或公平性有問題。其大部分的程序，與聯邦法院的審理程序相同。例如，雖然TTAB的事證開示程序（discovery）沒有比法院程序來得狹窄，但那是因爲註冊階段不太需要去討論實際使用的問題，但基本上，TTAB一樣是適用聯邦民事訴訟程序規則（Federal Rule of Civil Procedure）第26條之規定。當然，在某些特定議題、特定案例中，TTAB之程序的確有所不足，例如，當事人想要提出實質證據時，該程序並不允許其提出（該程序原則上採書面審理）；或者當事人想要當面作證時，該程序也不允許（該程序僅能提出書面證詞）。不過，《判決法重述（第二版）》第28條已經考量到在這些少數情況下，能充分證明該程序不公平

---

[61] Id. at 1308.
[62] Id. at 1308.
[63] Id. at 1308.
[64] Id. at 1309.

時，即可排除爭點效之適用[65]。

　　第八巡迴法院提到，雙方在不同程序中所負舉證責任不同。但這點也是錯誤的，事實上，是B&B公司在異議程序中反對Hargis公司的註冊，其負有舉證責任；同樣地，在侵權訴訟中，B&B公司主張Hargis公司侵權，也負有舉證責任[66]。

（四）註冊階段異議所涉及之利益相當重要

　　Hargis公司主張，註冊階段的利益，比起侵權階段的利益來得小，不應該承認TTAB的爭點效。《判決法重述（第二版）》第28條規定，如果第一個爭訟相對於第二個爭訟，其系爭利益太小，適用爭點效將明顯不公平時，可拒絕適用[67]。

　　最高法院認為，商標註冊爭執的利益，是重要的。申請註冊商標後，若有人提出異議，雙方都會嚴肅地看待該爭議。因為商標若能夠註冊，其本身就可推定該註冊商標之有效性[68]，且若註冊達五年，就不會再被挑戰[69]。

　　就是因為商標註冊的重要性，國會才對TTAB之決定提供後續的救濟管道，且規定地區法院可對該決定重新自為審理。綜合來說，商標之註冊附隨著許多重要權利，且也有後續的救濟審查，由此可知商標註冊之決定本身利益重要，因而該決定有爭點效之適用[70]。

四、判決結論

　　最後，最高法院撤銷第八巡迴法院判決，發回重審，並要求採取下述標準：只要爭點效的一般要件均具備，則TTAB所判斷的商標圖樣，與地

---

[65] Id. at 1309.
[66] Id. at 1309.
[67] Id. at 1309-1310.
[68] 15 U.S.C. § 1057(b).
[69] 15 U.S.C. § 1065
[70] B&B v. Hargis, 135 S.Ct. at 1310.

區法院侵權訴訟中判斷的商標圖樣實質相同（materially the same as），就應適用爭點效[71]。

　　一個新的商標，在申請註冊階段，要判斷是否與其他先註冊商標構成「混淆誤認之虞」；就算這個商標不註冊，仍然可以直接使用。本案判決結果告訴我們，在美國，在商標申請註冊階段，對於「混淆誤認之虞」的爭執，必須堅持到底，倘若對TTAB之決定，自行放棄上訴機會，以為不註冊也沒關係，但實際上，未來在商標侵權訴訟中，法院會認為TTAB的決定已經具有爭點效，因而認為在訴訟中不必再討論是否構成混淆誤認之虞。

---

[71] Id. at 1310.

第九章　其他混淆形式

　　典型的混淆誤認，指的是購買當下的混淆誤認，且指的是對商品服務來源的混淆誤認。美國法院進而又發展出一些概念，包括關聯性混淆、初始興趣混淆、逆向混淆等。關聯性混淆，在台灣被稱為廣義混淆；初始興趣混淆，是指購買前的混淆，但購買當下沒有混淆；逆向混淆，則是指先權利人和後使用者的商標使用有混淆，但消費者卻誤以為先權利人的商標來自於後使用者。

　　美國另外有一個銷售後混淆概念。其大意乃指，典型的製造仿冒品者，在銷售商品時明白地告訴購買者，此商品為仿冒品，故購買者在購買當下沒有被混淆。但等到購買者穿戴使用該仿冒品時，其他人會誤以為購買者穿的是正牌，亦即讓其他觀看者產生混淆。甚至，原本購買者也可能將產品轉賣出去，導致後續購買者被混淆。此種在購買者沒有被混淆，但其他人可能被混淆的情況，被稱為銷售後混淆。通常只適用在典型的仿冒品案例中，故本書不介紹此種類型。

第一節　關聯性與認可之混淆

一、關聯性或認可之混淆

　　一般所稱的混淆誤認，可分為狹義混淆誤認，亦即混淆二商品來自同一來源；以及廣義混淆誤認，亦即雖然消費者不會誤認二商品來自同一來源，但誤認二商標之使用人間存在關係企業、授權關係、加盟關係或其他類似關係[1]。

　　在美國商標法中，第1114條(1)所定義的商標侵權，只有提到「該使

---

[1] 智慧財產局，混淆誤認之虞審查基準：3.混淆誤認之類型。

用可能會導致混淆、錯誤或欺騙」（is likely to cause confusion, or to cause mistake, or to deceive）[2]，並沒有強調此種混淆到底是哪一種混淆。

但在第1125條(a)(1)(A)有更詳細寫到了關聯性或認可之混淆。第1125條(a)(1)(A)規定：「任何人在任何商品或服務上或其相關範疇，或任何商品之容器，將文字、詞彙、名稱、符號，或圖形，或其任何聯合式，或任何錯誤的原產地標示、錯誤或具誤導性之描述或表示使用於商業，並——(A)可能會造成對該人與他人間之附屬、連結，或關聯上（affiliation, connection, or association），或其商品、服務或他人所爲之商業活動的來源、贊助關係或是否經同意（the origin, sponsorship, or approval）產生混淆、錯誤或欺騙。[3]」

第1125條(a)(1)(A)一方面可提供未註冊商標之保護，二方面也界定了關聯性與認可之混淆（confusion regarding association or endorsement）。

因此，雖然一般說已註冊商標可以依據第1114條起訴混淆誤認，未註冊商標才依據第1125條(a)，但已註冊商標權人若要主張關聯性或認可之混淆時，往往也會同時援引第1114條和第1125條(a)(1)(A)。例如以下案例中，原告的商標有獲得聯邦註冊，但因爲要提告的是關聯性混淆，故也同時援引第1125條(a)(1)(A)。

二、第十一巡迴法院Sportswear Inc. v. Savannah College of Art and Design Inc.案

專門印製紀念商品的廠商，未經藝術學院之授權，就使用於紀念商品上並販售，因而被藝術學院控告侵害其商標權。美國法院一度認爲，由於學校註冊商標指定於教育服務類，不及於商品類，故不構成侵權。但最後第十一巡迴上訴法院於2020年底的Sportswear Inc. v. Savannah College of Art and Design Inc.案[4]判決認爲，被告的使用仍然會讓消費者產生關聯性

---

[2] 15 U.S.C. § 1114(1).

[3] 15 U.S.C. § 1125(a)(1)(A).

[4] Savannah College of Art and Design, Inc. v. Sportswear, Inc., 983 F.3d 1273,1288 (11th Cir. 2020) ("SCAD II").

混淆。

（一）事實

1. 藝術學院的商標與侵權事實

　　薩凡納藝術設計學院（The Savannah College of Art and Design, SCAD）向美國專利商標局註冊了幾個聯邦商標，包括「SCAD」和「SAVANNAH COLLEGE OF ART AND DESIGN」的文字商標，以及搭配其吉祥物蜜蜂設計的商標，指定使用於「教育服務」（圖9-1）。

圖9-1　薩凡納藝術設計學院註冊之聯邦服務類商標，註冊號3751493

資料來源：USPTO.

2. Sportswear網站

　　Sportswear是一家專門在線上販售紀念品的網站，提供各種幼稚園、小學、中學等紀念衣服。2014年，薩凡納學院發現，Sportswear公司在其互動線上網站上，銷售使用該學院商標的衣服和紀念品。Sportswear販售使用薩凡納學院商標的衣服，主要使用了「SCAD」和「SAVANNAH COLLEGE OF ART AND DESIGN」的文字商標：至於吉祥物蜜蜂設計的商標，並沒有完全使用整個圖案，但使用了主要的蜜蜂圖案。

SCAD　　　　　　　　　　　　Sportswear

圖9-2　被告使用薩凡納學院的蜜蜂圖商標的蜜蜂部分

資料來源：Savannah College of Art and Design, Inc. v. Sportswear, Inc., 983 F.3d 1273, 1288 (11th Cir. 2020).

（二）原、被告主張

　　薩凡納學院於2014年7月對Sportswear公司提起侵權訴訟，主張其構成第1114條的商標侵權，以及第1125條(a)的產品不實標示。而Sportswear公司也立刻停止販售相關產品[5]。

　　對於此指控，Sportswear公司承認確實於販售的商品上，使用了幾乎與薩凡納學院商標一模一樣的圖案。但是其主張在網站上，有很清楚地聲明該服裝並非由薩凡納學院贊助、認可或附屬，並且所有產品均由Sportswear公司獨家生產和提供。同樣，Sportswear公司的網站、廣告材料和包裝材料，也沒有宣稱任何商品為薩凡納學院的官方產品或得到薩凡納學院的認可。因而，Sportswear公司主張，這些清楚的聲明已經避免讓消費者產生混淆[6]。

（三）一審判決

　　本案一審法院判決薩凡納學院敗訴。其主要是引用第十一巡迴法院曾經作過的Crystal Entertainment & Filmworks, Inc. v. Jurado案判決[7]的見解。

---

[5]　Id. at 1278.
[6]　Id. at 1278.
[7]　Crystal Entertainment & Filmworks, Inc. v. Jurado, 643 F.3d 1313 (11th Cir. 2011).

法院認為，由於薩凡納學院的註冊商標，僅指定使用於「教育服務」，屬於服務類商標，因而，薩凡納學院無權阻止他人在服裝領域使用相同的文字圖案。而且，薩凡納學院也沒有證明，在Sportswear公司使用該商標之前，薩凡納學院就先使用了系爭商標於服裝產品上面，以證明其就「商品」有普通法上的未註冊商標權利[8]。

（四）第十一巡迴法院

薩凡納學院上訴到第十一巡迴上訴法院。第十一巡迴法院推翻一審判決，判決原告勝訴[9]。第十一巡迴法院指出，地區法院所引用的Jurado案，當初涉及的是普通法上的未註冊商標，並非在聯邦之註冊商標。而本案薩凡納學院擁有的是聯邦已註冊之商標，故不應引用Jurado案的見解。

1. 服務商標保護範圍是否及於商品

第十一巡迴法院指出，本案的關鍵問題在於：「薩凡納學院在聯邦所註冊商標指定於服務類，其保護是否可以及於產品類？」

第十一巡迴法院認為，對於此問題，最重要的判決先例應該是第五巡迴法院1975年的Boston Professional Hockey Ass'n, Inc. v. Dallas Cap & Emblem Manufacturing, Inc.案判決[10]。該案中一樣涉及，聯邦所註冊服務商標，是否可及於產品的侵權。第十一巡迴法院認為，Boston Hockey案採取一立場，就是聯邦註冊的服務商標，並不需要在產品類別上註冊，也不需要提出在產品商使用商標的先前證據，仍可以對他人在商品上使用該商標主張侵權。

因此，第十一巡迴法院將本案發回給地區法院，指示地區法院應適用Boston Hockey案之見解，認定薩凡納學院的商標範圍及有效性，然後進

---

[8] Savannah Coll. of Art & Design, Inc. v. Sportswear, Inc., 2015 WL 462911, at *2 (N.D. Ga. 2015).

[9] Savannah College of Art & Design, Inc. v. Sportswear, Inc., 872 F.3d 1256 (11th Cir. 2017) ("SCAD I").

[10] Boston Professional Hockey Ass'n, Inc. v. Dallas Cap & Emblem Manufacturing, Inc., 510 F.2d 1004 (5th Cir. 1975).

行混淆誤認之判斷，判斷被告是否侵害了薩凡納學院的商標權。

2. 是否構成關聯性混淆

發回一審後，地區法院重新判斷，認為被告的產品確實與原告的商標，對消費者構成混淆誤認。被告不服，第二次上訴到第十一巡迴法院。法院於2020年12月作出判決。

第十一巡迴法院就混淆誤認之判斷，主要採取七個因素：(1)被控侵權的商標強度；(2)被侵權商標與侵權商標的相似性；(3)兩個商標所提供的商品和服務之間的相似性；(4)商標權人的銷售網點、客戶群等實際銷售方式的相似性；(5)廣告方式的相似性；(6)被訴侵權人有侵占權利人善意的意圖；(7)消費大眾中實際混淆的存在和程度[11]。

第十一巡迴法院提出，所謂的「混淆誤認」，是強調關聯性的混淆，亦即消費者是否會誤會系爭產品的來源是商標權人的關係企業、連結或得到其贊助[12]。

被告一再強調，其在網站上有各種免責聲明，聲明其產品與薩凡納學院無關，故不會造成購買者混淆誤認。但第十一巡迴法院認為，從過去類似的案例中，只要製造商特別將他人的徽章印在產品上，就算有這類免責聲明，惟消費者之所以會購買這類產品，就是因為這個徽章，而製造商也知道消費者想要買有這種徽章的產品，因而，仍然會構成消費者混淆誤認[13]。

最後，第十一巡迴法院維持地區法院判決，認為被告使用SCAD文字商標與蜜蜂圖的行為，確實構成混淆誤認，讓消費者誤以為與薩凡納學院有關聯。

（五）本案啟示

本案被告原來向美國聯邦最高法院提出上訴，但聯邦最高法院於

---

[11] SCAD II, 983 F.3d 1280-1281.
[12] Id. at 1281.
[13] Id. at 1285-1286.

2021年10月決定拒絕移審，故本案確定。

　　對許多非營利性教育機構來說，可能在註冊商標時，只會註冊教育服務類的商標，而不會指定使用於其他商品。但各種知名大學、學院的名稱、校徽等，對校友、家長、學生都有一定知名度。而某些廠商若想用大學、學院的名稱、校徽等製作紀念商品，雖然未必會產生來源混淆，但可能產生關聯性混淆。

　　本案最特殊的是，雖然被告特別在網站上一再聲明，此商品與學院無任何關聯、未得到授權或贊助，但法院仍然認爲這種免責聲明，並不會妨礙混淆誤認的認定。

第二節　初始興趣混淆

一、初始興趣混淆

　　所謂的銷售前（pre-sale）混淆或初始興趣混淆（initial interest confusion），是指消費者在眞正購買的時間點，並沒有混淆商標權人與被告的商品；但消費者在一開始進入商店、瀏覽網頁時，可能被混淆誤以爲進入商標權人的商店或網頁，亦即一開始選購的興趣被混淆[14]。

　　最典型的初始興趣混淆案例，乃涉及關鍵字廣告的購買使用。亦即，第三人向搜尋引擎購買商標權人的商標作爲搜尋關鍵字，一旦網路使用者輸入該商標作爲關鍵字搜索，就會跳出第三人的網站。當網路使用者進入第三人網站時，可以清楚區分第三人與商標權人之不同，沒有被混淆。惟其一開始係搜索商標權人的商標，卻受到混淆，才被導引進入該第三人網站。

　　消費者可能想說既來之則安之，既然走錯商標或看錯網頁，乾脆將錯就錯，而在被告的商店購物。因此，美國部分巡迴法院承認此種初始興趣混淆，認爲這也是一種商標混淆誤認之情形，而構成商標侵權。

---

[14] Select Comfort Corp. v. Baxter, 996 F.3d 925, 932 (8th Cir. 2021).

美國至今為止，第二、第三、第五、第六、第七、第九、第十和聯邦巡迴上訴法院，均承認初始興趣混淆。但第一、第四、第八、第十一巡迴法院，未承認此理論[15]。

二、第八巡迴法院2021年Select Comfort Corp. v. Baxter案

　　智慧床墊的市場越來越大，美國的市場領導者是擁有睡眠密碼（Sleep Number）商標的Select Comfort公司。其競爭對手利用睡眠密碼商標作關鍵字廣告及網路文宣，在實際銷售床墊時，並沒有讓消費者產生混淆。此類型問題在美國稱為初始興趣混淆。美國有的巡迴法院承認初始興趣混淆，有的卻不承認。2021年5月，第八巡迴法院在Select Comfort案中，第一次承認初始興趣混淆理論。

（一）事實

1. 原告可調整充氣式床墊Sleep Number

　　原告Select Comfort公司乃設計、製造、行銷可調整式充氣床墊及相關產品。其最有名的產品系列使用「睡眠密碼」（Sleep Number）商標。原告在美國有超過450家睡眠密碼專賣店，並也透過線上、電話銷售其產品。其在可調整充氣床墊的市場占有率，高達90%以上。

　　Select Comfort公司，擁有「睡眠密碼」（Sleep Number）、「選擇舒適」（Select Comfort）和「什麼是你的睡眠密碼」（What's Your Sleep Number）等聯邦註冊商標[16]。

　　被告為「個人舒適」（Personal Comfort）公司，在網路行銷上，花了80%之廣告預算投入購買關鍵字廣告。Personal Comfort公司所購買的關鍵字廣告，包括（數字床墊）（Number Bed）、「選擇舒適」（Select

[15] Eric Alan Stone and Catherine Nyarady, Initial-Interest Confusion Doctrine at the Supreme Court, New York Law Journal, September 7, 2021, https://www.law.com/newyorklawjournal/2021/09/07/initial-interest-confusion-doctrine-at-the-supreme-court/.

[16] Select Comfort Corp. v. Baxter, 156 F.Supp.3d 971, 976 (D.Minn., 2016).

Comfort）以及「睡眠密碼」（Sleep Number）等。

本案原告並非爭執被告Personal Comfort公司乃使用這些關鍵字作為關鍵字廣告，而是認為，在被告公司網站上的文宣內容，使用了這些原告商標作為文宣中的關鍵字[17]。

2. 網頁文宣中使用原告商標關鍵字

當消費者點選被告「個人舒適」（Personal Comfort）公司網站後，在網站上，被告將其產品與原告睡眠密碼（Sleep Number）的產品作比較，請見圖9-3。

在此網頁上，左上角先放上被告Personal Comfort公司自家商標，下面則有一行小字「與Sleep Number Bed®比較」。在主畫面上，先寫上「比Sleep Number®床墊好的地方」，而在左方選單欄中，標題「比較」下，可以看到「與Sleep Number®比較」（vs. Sleep Number®）。回到畫面中間，有一個粗黑標題寫著「Sleep Number®床墊與Select Comfort®床墊比較」，下方則寫著「我們邀請你先做功課，查看比較結果」。在網頁的最下方並附有免責聲明：「Personal Comfort®或Sleep Number's bed®之間不存在從屬關係。本網站不出售任何屬於Select Comfort®或Sleep Number's Bed®的產品，任何參考僅供比較之用。Select Comfort®和Sleep Number's Bed®是Select Comfort®公司的註冊商標，您可以在www.sleepnumberbed.com上訪問它們」[18]。

除了網頁之外，在瀏覽被告網站時，還有許多獨立的廣告方塊。裡面文字雖然沒有直接使用被告的商標，但卻將商標中的文字打散排列組合，包括使用「number beds」、「sleep」、「comfort」[19]。

此外，原告也主張，被告放在第三方網站上的展示型廣告，內容的二行中，第一行出現了「sleep」，第二行出現了「密碼床墊」（Number

---

[17] Id. at 979.
[18] Id. at 980-981.
[19] Id. at 981.

圖9-3　被告公司網站將原告產品與被告產品比較

資料來源：Select Comfort Corp. v. Baxter, 156 F.Supp.3d 971 (D.Minn., 2016).

Bed）[20]，請見圖9-4。

圖9-4　被告展示型廣告的內容

資料來源：Select Comfort Corp. v. Baxter, 156 F.Supp.3d 971, 976 (D.Minn., 2016).

3. 搜尋引擎優化SEO

　　除了付費關鍵字廣告之外，被告也使用一些方式，在消費者輸入「sleep number」搜尋時，能讓自家網站在Google的搜尋結果自然排序上出現在比較前面的位置。這個方式一般稱為「搜尋引擎優化」（Search Engine Optimization, SEO）。方法之一，是在自家網站的每個網頁名稱標籤或後設資訊中，使用對手的商標；方法之二，則是在第三方網站上，連結文字上使用對手商標，但連到自家網站。只要連到自家網站的他人網站越多，自家網站的自然排序位置也會往前[21]。

　　原告主張，被告使用原告的商標，包括「Sleep Number Bed」和「Sleep Number Beds銷售中」在第三人網站上的超連結文字中，當使用者點選這些文字，會連回到被告的「個人舒適」（Personal Comfort）公司

---

[20] Id. at 982.

[21] Id. at 979.

的網站[22]。

　　原告也主張，被告使用原告的商標於「個人舒適」（Personal Comfort）網站的網頁標題、標籤中，包括使用「Sleep Number Bed」、「50% OFF Sleep Number Bed」、「WHAT'S YOUR NUMBER?」等[23]。

　　最後，原告主張，在「個人舒適」（Personal Comfort）網頁的商標整體圖案中，就出現了「Number Bed」，此亦構成侵害原告商標權[24]，請見圖9-5。

圖9-5　被告網站的主要logo使用了Number Bed

資料來源：Select Comfort Corp. v. Baxter, 156 F.Supp.3d 971, 976 (D.Minn., 2016).

（二）原、被告主張

　　本案原告主張，被告在網站文宣上使用這些原告的商標，或類似的文字組合，構成了銷售前混淆或初始興趣混淆。

　　被告反擊，主張原告並沒有註冊「number bed」這個詞組為商標，原告也沒有對該詞組具有商標的權利，因為這個詞組是一種通用性詞組，或者屬於描述詞，欠缺次要意義[25]。甚至，被告也主張，原告所註冊的「Sleep Number」商標也已經變成通用詞組而不再受保護。當然，被告也認為，原告不可主張初始興趣混淆[26]。

---

[22] Id. at 982.

[23] Id. at 982.

[24] Id. at 982.

[25] Select Comfort Corp. v. Baxter, 996 F.3d 925, 930 (8th Cir. 2021).

[26] Id. at 930.

（三）法院判決

1. 一審判決

　　本案一審的明尼蘇達州地區法院認為，過去第八巡迴法院在2010年的Sensient Techs. Corp. v. SensoryEffects Flavor Co.案[27]中，並沒有明確承認或否認初始興趣混淆理論，但是，由於本案涉及的是昂貴的可調整充氣床墊，精明的消費者會再三確認商品，因而不適用初始興趣混淆。一審法院認為，本案若要構成商標侵權，只有在銷費者購買時眞正被混淆才成立[28]。

2. 第八巡迴法院判決

　　第八巡迴法院在2010年的Sensient Techs. Corp. v. SensoryEffects Flavor Co.案[29]中，首次提到初始興趣混淆理論，但並沒有明確承認或否定之。因該案的消費者屬於公司的專業商業採購者，法院認為不會被混淆，故不適用該理論[30]。

　　此次的Select Comfort案，第八巡迴法院正式提出，在第八巡迴區內，在限制條件下，有機會適用初始興趣混淆理論[31]。

　　不過，第八巡迴法院強調，還是要遵守Sensient案的限制，亦即，如果消費者屬於專業消費者，在採購時具有很高的專業注意程度，仍不適用初始興趣混淆理論。但個案中消費者是否為專業採購者的判斷，應交由陪審團判斷[32]。

　　本案一審時，地區法院直接自己認定，本案的床墊因為價格較高，消費者一定較為精明，故排除初始興趣混淆。但第八巡迴法院認為，消費者是否足夠專業的問題，應該交由陪審團認定，不能由法院自己認定。而

---

[27] Sensient Techs. Corp. v. SensoryEffects Flavor Co., 613 F.3d 754 (8th Cir. 2010).
[28] Select Comfort Corp. v. Baxter, 156 F.Supp.3d at 987-988.
[29] Sensient Techs. Corp. v. SensoryEffects Flavor Co., 613 F.3d 754 (8th Cir. 2010).
[30] Id. at 766.
[31] Select Comfort Corp. v. Baxter, 996 F.3d at 935.
[32] Id. at 936.

且，本案又涉及線上購物，則線上購物的消費者是否足夠精明，也應由陪審團個案認定[33]。

床墊雖然是高價產品，消費者應該會更謹慎；但是因為消費者很少購買床墊，未必具有充分的資訊。另外，網路購物的消費者，有的很精明，有的很衝動。因此，難以認定床墊的消費者是否就一定夠精明[34]。

3. 後續

本案是第八巡迴法院第一次明確承認，第八巡迴區也有機會適用初始興趣混淆理論，但若是專業謹慎的採購者則排除適用。由於目前美國有的巡迴區承認，有的巡迴區不承認此理論，未來期待本案上訴到聯邦最高法院，統一見解。

三、比較歐盟、台灣

所謂的初始興趣混淆，其實就是利用商標權人的商譽（goodwill）以吸引消費者上門，也就是一種搭便車（free rider）的行為[35]。若是放在歐盟，因為其有獨立的不公平利用他人商譽（take unfair advantage of reputation）此種態樣，故歐洲國家能夠直接以此種態樣認為侵權。但因美國商標法沒有這種態樣，故發展出初始興趣混淆此種概念。

回頭比較台灣，由於公平交易法第25條的禁止事業為不公平之行為，包括榨取他人努力成果、攀附他人商譽等；而公平交易委員會和法院一般認為，使用他人事業商標作為關鍵字吸引他人瀏覽自家網頁，雖然沒有構成商標之混淆，但構成攀附他人商譽之搭便車行為。因此，吾人可以說，美國的初始興趣混淆理論，在台灣目前由公平交易法第25條扮演類似的功能。

---

[33] Id. at 936-937.
[34] Id. at 937.
[35] Id. at 932.

第三節　逆向混淆

一、逆向混淆

　　一般的商標混淆，乃是正向混淆（forward confusion），通常是侵權人（後使用者）使用了商標權人（先使用者）的商標，導致消費者看到後者的商標產品，誤以爲是前者的商標，此是典型的混淆誤認的方向。

　　所謂「逆向混淆」（reverse confusion），則是因爲侵權人（後使用者）比商標權人（先使用者）的商標更有名。消費者看到商標權人（先使用者）的商標產品，反而會誤以爲是後者的商標產品。

　　逆向混淆對於商標權人（先使用者）有什麼傷害？逆向混淆會讓商標權人喪失商標的價值，包括對商品識別、公司識別、控制商譽與知名度、擴展市場等能力，均一一喪失[36]。

二、2021年第九巡迴法院Ironhawk v. Dropbox案

　　Dropbox是提供雲端儲存服務的著名公司，在該公司的商業方案中，有一個「Smart Sync」智慧同步功能。美國的Ironhawk公司認爲，自己已先註冊了SmartSync商標，故於2018年控告Dropbox公司侵害商標權。因爲Dropbox公司的知名度比較高，原告Ironhawk公司知名度較低，故Ironhawk公司主張，商標混淆誤認的方向，是所謂的「逆向混淆」。

（一）事實

　　Ironhawk公司是一家開發電腦軟體、有效傳輸資料的公司，並從2004年起，使用「SmartSync」指稱自家開發的軟體。Ironhawk公司於2007年在美國聯邦註冊了「SmartSync」這個商標。特別說明，Ironhawk公司的商標中，Smart和Sync是連在一起的，中間沒有空格。

　　Dropbox是著名的提供雲端存取服務的公司。2017年，Dropbox公司

---

[36] Ameritech, Inc. v. Am. Info. Techs. Corp., 811 F.2d 960, 964 (6th Cir. 1987).

推出了「Smart Sync」的功能，讓使用者可以在自己的Dropbox雲端儲存帳號中，存取所有硬碟中的資料。也就是說，在雲端的空間超級大，可將整個硬碟都放在雲端上。Dropbox公司使用「Smart Sync」這個商標時，Smart和Sync是分開的，中間有空格。

2018年，原告Ironhawk公司決定對被告Dropbox公司提告，主張Dropbox公司使用「Smart Sync」這個詞，構成商標侵權和不公平競爭。而且原告認為，Dropbox公司在推出「Smart Sync」這個詞時，已經知道原告商標的存在，屬於故意侵權，且會讓消費者有混淆誤認之虞。

（二）地區法院認為不構成混淆誤認

加州中區地區法院於2019年10月，認為本案沒有事實爭議，不需召開陪審團，而作出即決判決（summary judgment），判決Dropbox公司勝訴。法院認為，從既有事實、操作混淆誤認八因素，沒有任何理性的陪審員會認為，Dropbox公司使用Smart Sync，會構成消費者混淆誤認之虞[37]。

（三）第九巡迴法院判決

Ironhawk公司對一審判決不服，提起上訴。上訴中最主要的理由，乃是認為Dropbox公司比自家公司有名，所以讓消費者混淆的方向，屬於逆向混淆。

本案中，因為被告Dropbox公司是有名的雲端服務公司，商標權人Ironhawk公司反而沒那麼知名。因而，可能會讓與Ironhawk公司交易的消費者，以為Ironhawk和Dropbox是同一家公司，或是有關聯的公司。

1. 相關消費者

第九巡迴法院於2021年4月21日作出判決[38]。首先，法院先界定本案的相關消費者（relevant consumer）。原、被告爭執在於，Ironhawk公司的相關消費者，是指目前該公司唯一的消費者，亦即美國海軍；還是包括

---

[37] Ironhawk Technologies, Inc. v. Dropbox, Inc., 2019 WL 5538831 (C.D. Cal. 2019).

[38] Ironhawk Technologies, Inc. v. Dropbox, Inc., 994 F.3d 1107 (9th Cir. 2021).

其他商業消費者？[39]

　　Dropbox公司主張，相關消費者應該限於美國海軍。既然美國海軍是消費者，其在採購程序中，會提高其注意程度，故不太可能會產生來源混淆或關聯性混淆[40]。

　　但是Ironhawk公司主張，他們之前也曾經有商業客戶，而且目前也正在向其他商業客戶行銷、洽談生意。其認為，目前鎖定的客戶和潛在的客戶，也屬於相關消費者[41]。

　　第九巡迴法院認為，由於Ironhawk公司過去曾經有過商業客戶，目前正在積極地尋求更多的商業客戶，故理性的陪審團可能會認為，潛在的商業客戶也屬於相關消費者[42]。

2. 混淆誤認八因素

　　美國共有13個巡迴法院，就商標的混淆誤認因素，在各巡迴區都差不多，惟引用的判決則不一樣。在第九巡迴法院，其八因素乃是引用1979年的AMF Inc. v. Sleekcraft Boats案[43]，故稱為Sleekcraft案八因素。

(1) 商標識別性之強弱

　　Dropbox公司主張，「SmartSync」是一個描述性商標，因為其中文的意思為「智慧同步」，只是描述其產品的功能。但Ironhawk公司主張該商標為暗示性商標，是一個新創的詞，暗示有同步儲存的功能。法院認為，理性陪審團確實有可能認為其屬於暗示性商標[44]。

　　法院認為，由於Dropbox公司對「Smart Sync」花了大量費用打廣告，該商標在商業上識別性很強，因而可能吞噬了Ironhawk公司的知名度[45]。

---

[39] Id. at 1117.
[40] Id. at 1117.
[41] Id. at 1117.
[42] Id. at 1118.
[43] AMF Inc. v. Sleekcraft Boats, 599 F.2d 341, 348-349 (9th Cir. 1979).
[44] Ironhawk Technologies, Inc. v. Dropbox, Inc., 994 F.3d. at 1118-1119.
[45] Id. at 1119-1120.

(2) 產品服務之類似程度

Dropbox公司的「Smart Sync」和原告的「SmartSync」，二個產品或服務乃高度類似，打算銷售給相同的購買者，並且在用途和功能上類似[46]。

(3) 商標圖樣之近似程度

二商標圖樣高度近似，差別只在二個字中間有無空格。而Dropbox公司在使用該商標時，是連同自家的主商標「Dropbox」一起使用「Smart Sync」，法院認為這會惡化逆向混淆誤認的可能性[47]。

(4) 真正混淆誤認之證據

原告Ironhawk公司提出了某些消費者逆向混淆誤認的證據。法院認為，關於實際上到底有無混淆誤認，應交由陪審團認定這些證據的證明力[48]。

(5) 所使用之經銷管道

法院認為，二者銷售管道不太一樣。不過，這應該交由陪審團，考量所有情況以認定這個因素的重要性[49]。

(6) 商品之類別，購買者購買時可能的注意程度

消費者在購買時是否更專業、更加謹慎注意，這也要發回調查事實後才能判斷[50]。

(7) 被告選擇該商標之意圖

Dropbox公司宣稱，在2015年決定使用「Smart Sync」這個商標時，並不知道Ironhawk這家公司的存在。但是，在2017年正式推出「Smart Sync」功能時，已經知道Ironhawk公司了。因此，第九巡迴法院認為，理性的陪審團可能會認為，Dropbox公司明知他人商標存在仍選擇該商標，是選擇忽略逆向混淆的風險[51]。

---

[46] Id. at 1120-1121.
[47] Id. at 1121-1122.
[48] Id. at 1122-1123.
[49] Id. at 1123.
[50] Id. at 1123-1124.
[51] Id. at 1124-1125.

(8) 原告擴增產品線的可能性

原告公司是否會擴增產品線？法院認為此沒有證據支持。然而，Ironhawk公司已經證明，其確實對更多的商業客戶行銷其產品，而可擴大相關消費者的範圍[52]。

綜合上述八因素，法院認為，某些因素尚有事實上的爭議，因而需要交由陪審團審判。故第九巡迴法院推翻一審判決，發回地院，並要求召開陪審團。

（四）不同意見：Ironhawk公司的客戶都是大型公司

本案中，Wallace Tashima法官提出不同意見。他認為，就算同意Ironhawk公司的相關消費者可以擴大到其目前正在洽談生意的商業客戶，但仍然不太可能存在混淆誤認。

因為，Ironhawk公司的產品都是鎖定大型、專業的公司買家，這些公司有很多資訊科技的專業員工。且每年的授權金都高達2萬美元以上，要購買前，也都要經過多次的面對面會議，才有機會談成生意。因此，Ironhawk公司的潛在買家，不太可能會出現逆向混淆，而誤以為Ironhawk和Dropbox是同一家公司，或二公司間有關聯[53]。

三、2022年第十一巡迴法院Wreal, LLC. v. Amazon.com, Inc.案

亞馬遜網站（Amazon.com）在2014年4月推出「fireTV」機上盒產品，但美國一家色情影片公司Wreal在2007年就推出了一個色情影片線上串流服務「FyreTV」，並且推出了專屬的色情影片串流機上盒。且Wreal公司在2007年就申請註冊「FyreTV」商標。原告Wreal公司從2014年就對亞馬遜提起訴訟，認為亞馬遜「fireTV」產品與原告的「FyreTV」會產生混淆誤認，而且是「逆向混淆」。2022年6月28日，第十一巡迴法院作出

---

[52] Id. at 1125.
[53] Id. at 1126-1128 (J. Tashima, dissenting).

判決，認爲本案就逆向混淆存在事實爭議，應進入陪審團審判。

（一）事實

1. Wreal公司的色情影片串流服務FyreTV

　　Wreal公司是一家位於邁阿密的色情影片公司，從2007年開始，學習Netflix這種線上影音串流服務，推出一個線上色情影片串流服務，並使用「FyreTV」和「FyreTV.com」等標誌[54]。其並在2007年向美國專利商標局申請註冊了「FyreTV」和「FyreTV.com」這兩個商標。

　　其後Wreal公司也推出自己的專屬機上盒，稱爲「FyreBoXXX」，讓消費者可以直接在電視上連線到「FyreTV」服務。不過，「FyreBoXXX」機上盒只有在FyreTV.com網站上銷售，並沒有在其他的實體商店或網路商店銷售。在2012年10月至2014年4月之間，Wreal公司暫停銷售「FyreBoXXX」機上盒。最遲在2012年底，Wreal公司不再於實體、廣播電視行銷其「FyreBoXXX」和「FyreTV」，只保留在其他成人網站上廣告行銷這兩個商品[55]。

　　不過，Wreal公司的消費者還是可以從另外兩個機上串流設備，即蘋果的Apple TV和Roku的電視棒，觀看FyreTV[56]。

圖9-6　原告的產品

資料來源：Wreal, LLC. v. Amazon.com, Inc., No. 19-13285, 2022 WL 2312071 (11th Cir. June 28, 2022).

---

[54] Id. at *1.
[55] Id. at *2.
[56] Id. at *2.

2. 被告亞馬遜的fireTV

　　被告是亞馬遜網站。其從2011年開始，使用「Fire」這個標誌在自家的Kindle平版上，強調可以用平版串流網路上的影音。最遲在2012年底或2013年初，亞馬遜打算推出自家平版、手機、機上盒，並決定使用「Fire」這個品牌[57]。

　　在討論機上盒品牌時，亞馬遜知道Wreal公司和其FyreTV產品，但仍決定使用「Fire」這個標誌。其在2014年4月推出了「fireTV」機上盒產品，並開始在全球進行行銷。該機上盒可以連上許多影音串流服務平台，包括Netflix、Prime Instant Video、WatchESPN等[58]。

　　亞馬遜fireTV串流的影片，不會有任何硬蕊色情片，但在fireTV上連至「Showtime」和「HBO GO」這兩個服務時，就有提供軟蕊色情片。至於亞馬遜自家的「Amazon Prime Instant Video」影音服務，透過機上盒連線時，原則上不會出現硬蕊色情片，但紀錄顯示，還是有成人片曾經出現在片單中。不過，亞馬遜沒有在任何色情網站廣告銷售fireTV產品[59]。

圖9-7　被告的fireTV機上盒

資料來源：Wreal, LLC. v. Amazon.com, Inc., No. 19-13285, 2022 WL 2312071 (11th Cir. June 28, 2022).

---

[57] Id. at *2.

[58] Id. at *2.

[59] Id. at *2.

（二）原告主張逆向混淆

本案原告Wreal公司主張，亞馬遜使用「fireTV」的行為，構成了混淆誤認，侵害其商標「FyreTV」。但並非典型的正向混淆誤認，而是逆向混淆。亦即，消費者並非將亞馬遜的fireTV誤以為是原告的商品或與原告有關聯；而是倒過來，消費者可能會誤以為，原告的FyreTV商品是被告亞馬遜的商品或與亞馬遜有關聯。

原告Wreal公司從2014年就提起訴訟[60]，到2019年7月時，佛州南區地區法院作成即決判決，認為就現有證據來看，沒有事實上的爭議，並不會構成逆向混淆[61]。但Wreal公司不服，提起上訴。2022年6月28日，第十一巡迴法院作出判決，認為本案就逆向混淆存在事實爭議，應進入陪審團審判[62]。

一般正向混淆誤認，在第十一巡迴區下，採用七因素檢測法。法院審查以下因素：1.商標的識別性；2.二商標的近似程度；3.二商標商品服務的類似程度；4.雙方銷售管道、消費者客群等的相似性；5.廣告方式的相似性；6.被控侵權人取用原告商譽的意圖；7.消費大眾中是否存在實際混淆[63]。

地區法院的即決判決對逆向混淆，採用上述七因素檢驗，並認為消費者不太可能混淆FyreTV和Fire TV標誌。

（三）第十一巡迴法院判決

第十一巡迴法院認為，在判斷是否存在逆向混淆時，與一般正向混淆案件的七因素檢測，存在幾個重要差異[64]。

---

[60] Wreal, LLC. v. Amazon.com, Inc., No. 1:14CV21385., Complaint (S.D. Florida., April 17, 2014).

[61] Wreal, LLC. v. Amazon.com, Inc., Case No. 14-21385-Civ-Lenard/Goodman, Order Adopting Report and Recommendations on Defendant's Motion for Summary Judgment (D.E. 378) and Granting Defendant's Motion for Summary Judgment (D.E. 224) (S.D. Florida. July 26, 2019).

[62] Wreal, LLC. v. Amazon.com, Inc., No. 19-13285, 2022 WL 2312071 (11th Cir. June 28, 2022).

[63] Id. at *5.

[64] Id. at *1.

1. 商標之識別性

第十一巡迴法院認為，在審查這一因素時，必須考慮「原告商標的概念強度（conceptual strength），和被告商標的相對商業力量」「後使用者商標的相對強度越大，後使用者就可以『稱霸』市場，從而降低先使用者商標的價值」。法院認為，鑑於亞馬遜在fireTV商標上取得「壓倒性的」成功，以及Wreal公司商標的概念強度，這一因素「完全有利於Wreal公司」[65]。

2. 商標的近似程度

上訴法院認為，商標近似程度的判斷，在正向混淆與逆向混淆並沒有不同。不過，地區法院的認定有錯誤。

地區法院認為，由於字體和拼寫不同等因素，這兩個商標「FyreTV」和「fireTV」並不近似，並且商標在商業中的使用方式也不同。

上訴法院不同意地區法院的觀點，指出「火」（fire）是這兩個商標中唯一賦予商標觀念的文字，使這兩個商標在讀音上、觀念上都完全相同[66]。

另外，與正向混淆中有一點不同的是，如果是正向混淆，被告在系爭商標旁加上公司主要商標，有助於消費者區分二商標；但如果是逆向混淆，亞馬遜在使用fire TV標誌時，是與主商標「Amazon」一起使用，由於「Amazon」太有名，反而可能導致消費者誤以為亞馬遜是Fyre TV商標的來源[67]。

3. 商品服務之類似程度

在審查這一因素時，第十一巡迴法院特別檢視了幾項證據：

(1) 消費者能夠在fireTV上透過HBO和Showtime等內容提供者播放軟蕊色情內容。

---

[65] Id. at *6-7.
[66] Id. at *8.
[67] Id. at *8.

(2) 消費者可以在亞馬遜自己的串流媒體服務Prime Instant Video上播放軟蕊色情內容。

(3) 亞馬遜在Amazon.com網站上銷售硬蕊色情DVD和雜誌。

(4) 雙方設備的相似性——帶有小遙控器的電視機上盒。

(5) 亞馬遜在主流機上盒的直接競爭對手，如Roku和Apple TV，都已經提供了硬蕊色情內容，包括提供FyreTV[68]。

法院指出，關鍵問題是上述證據對一般謹慎的消費者而言，是否會預期亞馬遜會想辦法「補上」目前產品之間的「差距」，亦即軟蕊色情片和硬蕊色情片，甚至提供專門用於串流色情內容的機上盒。法院認為答案是肯定的，並認為這一因素有利於Wreal公司[69]。

4. 銷售通路或消費客群是否近似

上訴法院指出，fireTV隨處可見，包括在世界各地的多個線上網站和實體商店。另一方面，FyreTV只能在FyreTV.com上購買，且前提是買家必須證明其年齡超過18歲並有興趣購買色情內容。法院認為這一因素有利於亞馬遜[70]。

5. 廣告的近似程度

上訴法院認為，這一因素也非常有利於亞馬遜，因為其在Amazon.com主頁、電視、印刷媒體和店內投放fireTV廣告，而Wreal公司只在色情網站或類似媒體投放廣告[71]。

6. 亞馬遜採用該商標之意圖

上訴法院認為，有證據支持，亞馬遜在推出fireTV之前，就已經知道Wreal公司的商標註冊，並且證據表明，其試圖「向市場投放大量廣告，以降低消費者對Wreal公司同名商標的認知度」。法院認為，這一因素非

---

[68] Id. at *9.
[69] Id. at *9.
[70] Id. at *11.
[71] Id. at *11.

常有利於Wreal公司[72]。

7. 真正混淆誤認之情事

上訴法院表示，此階段「在評估對原告有利的認定所需的實際混淆量，即使是『非常少』的實際混淆量，也有高度證明力」。Wreal公司記錄了兩個客戶明顯產生混淆的案例，故這一因素對Wreal公司有利[73]。

綜合以上說明，第十一巡迴法院主要認為，亞馬遜在採用商標前已經知道Wreal公司商標的存在，仍採取類似發音的商標、推出類似的產品，且以亞馬遜的商業實力與大量廣告，試圖降低消費者對Wreal公司產品的認識。而且，原告Wreal公司確實提出二位消費者產生混淆誤認的真實情況。綜合上述重點，第十一巡迴法院撤銷即決判決，認為本案需要進入陪審團審判[74]。

---

[72] Id. at *12.

[73] Id. at *13-14.

[74] Id. at *16.

第十章　輔助侵權、境外侵權

第一節　輔助侵權

美國商標法的輔助侵權（contributory infringement），乃由最高法院1982年的Inwood Laboratories, Inc. v. Ives Laboratories, Inc.案[1]所建立。

該案建立了二種類型：一、如果製造商和經銷商故意地引起另一人侵害商標；或二、如果其持續提供商品給其明知（know）或有理由知道（have reason to know）正在從事商標侵權者，則該製造商或經銷商就要負輔助侵權責任[2]。

第二節　網路平台之侵權責任

一、2010美國Tiffany v. eBay案

在美國2010年第二巡迴上訴法院的Tiffany v. eBay案[3]中，原告Tiffany控告eBay網站部分商家販售的產品侵害Tiffany的商標。

Tiffany認為，eBay網站購買關鍵字廣告，且在廣告中使用了Tiffany商標，構成商標的直接侵害。但法院認為，eBay網站在廣告中的使用，是一種指示性合理使用（nominative fair use），而不構成直接侵權[4]。

在本案中，雙方不爭執Inwood案的輔助侵權責任也適用在網路服務業者[5]。而本案的關鍵在於，eBay網站是否符合第二種類型，亦即明知或

---

[1] Inwood Laboratories, Inc. v. Ives Laboratories, Inc., 456 U.S. 844 (1982).

[2] Id. at 854.

[3] Tiffany (NJ) Inc. v. eBay Inc., 600 F.3d 93 (2nd Cir. 2010).

[4] Id. at 102-103.

[5] Tiffany (NJ) Inc. v. eBay Inc., 600 F.3d at 105.

可得而知，仍繼續提供協助商家販售侵害商標物品？

　　必須說明的是，eBay自己建立了「認證權利人計畫」（Verified Rights Owner ('VeRO') Program），採取「通知取下」模式，讓智慧財產權人「基於誠信，相信特定販售商品侵害了其著作權或商標權」，可以向eBay舉發，其網站上他人銷售的商品有侵權疑慮；在收到舉發通知的24小時內，eBay會將該商品移除。實際上，eBay會在12小時內移除70%至80%的舉發商品。在收到侵權舉發後，若該拍賣、販售還未結束，eBay會取消該拍賣，並通知該出賣人為何取消；如果拍賣已經結束，eBay也可能會溯及既往地撤銷該交易，並將已支付費用退款給買家。此外，如果買家可以提出證據證明，所購買商品為仿冒品，eBay也會退款給買家[6]。

　　因此，若是Tiffany有提出侵權舉發的商品，eBay就立刻移除，而沒有繼續提供協助[7]。但Tiffany爭執的是，其他未被舉發侵權的商品，由於Tiffany持續不斷向eBay提出舉發，所以eBay擁有一般性的知情（generalized knowledge），其平台上販售的Tiffany商品部分有商標侵權問題，仍繼續提供侵權協助，故構成前述的明知或可得而知侵權活動[8]。但最後第二巡迴法院認為，一般性的知情不足以構成輔助侵權，一定要得知具體特定之侵權，仍繼續提供協助，才構成輔助侵權[9]。

二、2021年Ohio State University v. Redbubble案

　　當有商家在大型電子市集（例如拍賣網站）上販售侵害商標的產品，不論國內外均認為，電子市集原則上不負侵害商標責任，因為其只是提供平台，不可能知道商家所銷售的每個商品。這些大型平台大多會採取「通知取下」機制，若商標權人認為其上販售的商品侵害其商標，可以通知平台取下，平台若儘速取下，一般而言不會認為平台要負侵權責任。

---

[6]　Id. at 99.
[7]　Id. at 106.
[8]　Id. at 106.
[9]　Id. at 107-108.

　　但是，新的網路平台提供的支援服務越來越多，除了金流服務外，也可以協助寄送服務，甚至還包括訂購商品後的代製服務。此時，網路平台是否還可宣稱自己不負侵害商標之責？美國第六巡迴法院2021年的Ohio State University v. Redbubble案[10]，即涉及此種新型網路印製平台的商標侵權責任問題。

（一）事實

1. Redbubble網站印製平台

　　本案被告Redbubble是一家全球營運的線上市集網站，有超過60萬名藝術家使用該網站的服務，將自己設計好的圖形上傳該網站。消費者則可上該網站，挑選這些設計圖形，選擇要印製到衣服、壁畫或其他配件上。消費者下訂單後，Redbubble網站就會聯絡藝術家，並負責尋找第三方公司，協助製造產品並寄送到消費者手上；而上傳圖形的藝術家可以分到產品利潤[11]。據統計，Redbubble網站每年的銷售營業額超過1億美元[12]。

　　在這個過程中，Redbubble網站自己不負責設計、製造和寄送服務，所以對這些商品並不擁有所有權。不過，Redbubble網站對所銷售的商品，仍扮演監督和執行的角色。例如，Redbubble會協助行銷列在其網站上的商品，有時候也會提供說明如何保養「Redbubble服飾」，讓人以為這些商品就是Redbubble的商品。最重要的是，其在寄送的包裝上和標籤上，均印有Redbubble的標誌，且Redbubble會協助處理金流和退貨問題[13]。

　　某程度來說，Redbubble稱自己是一個平台，獨立藝術家可以透過這個平台，將印有他們作品的產品被製造、銷售[14]。

---

[10] Ohio State University v. Redbubble, Inc., 989 F.3d 435 (6th Cir. 2021).

[11] Id. at 440.

[12] Id. at 440.

[13] Id. at 440-441.

[14] Id. at 441.

2. 俄亥俄州立大學

本案的原告是俄亥俄州立大學（Ohio State University）。其主張，某些藝術家在Redbubble網站上傳的圖像，侵害了該大學的商標；某些消費者訂購的產品，使用了這些侵害商標的圖像。俄亥俄州大發現後，寄發了警告信給Redbubble網站[15]。

但Redbubble網站則是回覆俄亥俄州大，要求其明確指出哪些圖案侵害其商標，他們會將其下架。俄亥俄州大再次回覆，信中列出了九張圖，認為侵害了其商標。但Redbubble網站卻回覆，必須提供具體的網址，否則無法辨識哪些圖形，從而不肯下架任何圖案。至此，雙方就不再聯繫。2017年12月，俄亥俄州大直接對Redbubble網站提起商標侵權訴訟[16]。

（二）一審判決Redbubble沒有使用商標

提起訴訟後，Redbubble向法院請求即決判決，認為自己只是一個交易的中介者，替買方、賣方、製造商、運送商間仲介交易，自己並沒有「使用」俄亥俄州大的商標。

俄亥俄州南區聯邦地區法院作成即決判決，同意Redbubble的主張，認為其沒有使用系爭商標[17]。法院認為，Redbubble在製造、銷售系爭產品的參與程度很低，接近亞馬遜網站或其他拍賣網站，而非設計、製造、銷售自己擁有的產品，所以沒有直接侵權責任[18]。

（三）第六巡迴法院

俄亥俄州大不服，向第六巡迴上訴法院提起上訴。第六巡迴法院於2021年2月作出判決，推翻一審判決。

---

[15] Id. at 441.
[16] Id. at 441.
[17] Ohio State University v. Redbubble, Inc., 369 F.Supp.3d 840 (S.D. Ohio, March 29, 2019).
[18] Ohio State University v. Redbubble, Inc., 989 F.3d at 446.

1. 聯邦商標法之商業上使用

本案在美國商標法的關鍵在於，Redbubble網站的角色，是否構成聯邦商標法第1114條(1)的「商標使用」。

美國商標法第1114條(1)規定：「(1)任何人未經註冊人同意——(a)將註冊商標的任何重製物、僞造品、複製品或彩色模仿品，在「商業上使用」（use in commerce）於該商標註冊之或相關的商品或服務，爲銷售、提供銷售、分銷或廣告，該使用可能會導致混淆、錯誤或欺騙；或者(b)重製、僞造、複製或彩色模仿註冊商標，並將此類重製、僞造、複製或彩色模仿應用於標籤、標誌、印刷品、包裝、包裝材料、容器或廣告，意圖在「商業上使用」（use in commerce）於該商標註冊之或相關的商品或服務，爲銷售、要約銷售、分銷或廣告，該使用可能會導致混淆、錯誤或欺騙。[19]」

俄亥俄州大主張，Redbubble網站構成直接侵權，因爲其經營線上市集之行爲，符合了法條上所謂的「商業上使用」[20]。

2. 是否構成代位侵權責任

除了直接侵權，Redbubble網站也可能構成「代位侵權責任」（vicarious liability）[21]。第六巡迴法院過去承認，如果被告和眞正侵權人具有眞正或表面的合作關係，且有權在交易上約束另一方，或對侵權產品行使共有權或控制侵權產品，被告就可能構成代位侵權[22]。

不過，由於俄亥俄州大在一審聲請即決判決時，沒有提出代位責任的主張，而是在上訴時才提出，第六巡迴法院認爲，在上訴時不可提出新主張，因而不討論Redbubble網站是否有代位侵權責任[23]。

---

[19] 15 U.S.C. § 1114(1).
[20] Ohio State University v. Redbubble, Inc., 989 F.3d at 442.
[21] Id. at 442.
[22] Grubbs v. Sheakley Grp., Inc., 807 F.3d 785, 793 (6th Cir. 2015).
[23] Ohio State University v. Redbubble, Inc., 989 F.3d at 443-445.

3. 接近eBay和亞馬遜等被動平台？

回到直接侵權的問題，俄亥俄州大認為，Redbubble在其網站上行銷和銷售侵害商標的產品，係商業上使用其商標，而構成直接侵權[24]。

Redbubble則主張，在解釋聯邦商標法時，應該限縮解釋，必須限於製造者、銷售者，以及「在銷售展示或其他廣告素材中使用商標」者，才會有商標侵害責任。亦即，其認為只有直接製造者、積極銷售者，才會有直接侵權責任[25]。Redbubble主張自己只是促成銷售，和亞馬遜網站一樣，沒有生產、處理商品，所以不構成直接侵權[26]。

美國2010年第二巡迴法院在Tiffany v. eBay案[27]中曾判決，eBay和亞馬遜此種線上市集，只是促成獨立商店的銷售，一般而言可以豁免於商標侵權責任。相對地，如果是一般的實體商店，銷售侵害商標之產品就會有侵權責任[28]。那麼，本案的Redbubble主張到底比較接近哪一端？

4. 第六巡迴法院認為需視參與程度而定

第六巡迴法院認為，重點在於，在何種情況下，當事人可以主張自己只是「被動促進者」（passive facilitator），而免於侵權責任？[29]

Redbubble網站與eBay和亞馬遜網站不同之處在於，Redbubble會指示其他人製造、展示侵害商標之產品，且使用Redbubble的標籤，並說明如何維護「Redbubble的商品」。相對地，亞馬遜網站並沒有提供銷售製造「Amazon的產品」[30]。

第六巡迴法院認為，關鍵在於是否表示自己在銷售，還是只是促進他人銷售的「促進者」（facilitator）。例如eBay和亞馬遜網站在銷售時，都表示是在替其他零售商銷售產品；但本案的Redbubble網站在銷售時，商

---

[24] Id. at 445-446.
[25] Id. at 446.
[26] Id. at 446.
[27] Tiffany (NJ) Inc. v. eBay Inc., 600 F.3d 93, 103, 109 (2d. Cir. 2010).
[28] Ohio State University v. Redbubble, Inc., 989 F.3d at 446-447.
[29] Id. at 447.
[30] Id. at 447.

品根本還不存在，是消費者下訂單後才開始製造，且是以Redbubble的包裝、Redbubble的標籤寄送商品，因而不能認為Redbubble只是被動地促進交易者[31]。

雖然Redbubble是使用第三方公司製造商品，但是Redbubble對製造、品質控制和運送服務的參與及控制程度，在評估其是否為直接侵權上相當重要[32]。

不過，由於本案一審時採用即決判決，沒有進入事實調查，故這些問題需要發回給一審法院進行調查後認定。例如，雖然包裝上和標籤上有Redbubble的商標，但這到底意味著什麼？仍須在事實調查後才能判斷[33]。

第三節　場所主人之輔助侵權

一、商場房東要為店家行為負責？

賣場房東將店面租給商家，商家或許再轉租給小攤販，而小攤販販售侵害商標的仿冒品時，賣場房東是否要為侵害商標負責？賣場房東是否有義務檢查承租商家販售的商品？

二、2021年Omega v. 375 Canal案

美國第二巡迴法院在2021年Omega v. 375 Canal案的判決中認為，如果房東過去已經知道承租店面有販賣仿冒品的情況，就應該避免此種情況再次發生。倘若不作任何措施避免再次發生，並持續租給該侵權商家，即構成「蓄意視而不見」，仍然要負輔助侵權責任。

---

[31] Id. at 448.

[32] Id. at 448.

[33] Id. at 450-451.

（一）事實

1. 商場中的店家不斷發生販賣仿冒品問題

　　Canal 375號公司（簡稱Canal公司）擁有紐約曼哈頓運河街375號的一棟房產。過去該房屋租給一間商店，發生過仿冒、侵害商標訴訟。2006年，紐約市控告Canal公司，因為承租的商店銷售仿冒商品而構成「妨礙」（nuisance）。Canal公司和解，支付8,000美元罰款，並承諾運河街375號不會再讓人使用作為「銷售和／或持有商標仿冒商品或盜版商品」[34]的商店。

　　2006年，LV公司也控告Canal公司在運河街375號內有仿冒活動。當時Canal公司也簽署和解協議，承諾永久不會再侵害LV的商標，並張貼告示兩年，內容為：「銷售和購買仿冒的LV商品是違法的」，並允許LV的代表隨時查訪[35]。

　　除了仿冒包，運河街375號的商店也販賣仿冒手錶。2010年12月，警察在該處逮捕了一名稱為「拉曼」的人在銷售仿冒Omega手錶[36]。因此，2011年9月，Omega公司寄信給Canal公司的合夥人之一，認為作為該商場的所有人，應該有能力監督控制承租的商店，且主張出租人要為承租人的行為負責，包括商標的輔助責任和代位責任（contributory and vicarious liability）。

　　但是Canal公司的律師回信稱，是承租人又將店面轉租給販賣盜版的小攤販，且就他們所知，盜版的商品已經下架。然而，在審判中，Omega公司提出證據證明，Canal公司直到2012年都沒有採取行動阻止假冒，例如張貼防偽標誌、進行巡視或檢查可能暗藏仿冒品的隱藏隔間[37]。

---

[34] Omega SA v. 375 Canal, LLC., 984 F.3d 244, 248 (2nd Cir. 2021).

[35] Id. at 248.

[36] Id. at 248.

[37] Id. at 249.

（二）原、被告主張

1. 原告主張房東構成輔助侵權

2012年5月，Omega公司的私家調查員前往運河街375號，並購買了一支仿冒Omega的Seamaster手錶。因而，Omega公司在2012年9月對Canal公司提告輔助侵權，認爲Canal公司持續出租給小攤販，且他們知道這些小攤販在該處販賣Omega的仿冒手錶[38]。

前已說明，對於輔助侵權，最高法院在1982年的Inwood Laboratories, Inc. v. Ives Laboratories, Inc.案[39]中，建立了二種類型：(1)如果製造商和經銷商故意地引起另一人侵害商標；或(2)如果其持續提供商品給其明知（know）或有理由知道（have reason to know）正在從事商標侵權者，則該製造商或經銷商就要負輔助侵權責任[40]。

在第二種情況下，並不需要眞的知道有在侵權，只要有理由知道有在侵權即可。不過，所謂「有理由知道有在侵權」是否要具體到「可能知道某個特定之人在侵權」？

2. 被告抗辯：蓄意視而不見理論

Canal公司提出抗辯，認爲Omega公司沒有指出Canal公司持續出租給一個具體特定（specific）的攤販。Canal公司亦認爲，Omega公司應該要證明，Canal公司有理由知道某個特定攤販持續在銷售仿冒品，卻仍然繼續給予幫助，才會構成輔助侵權。

但Omega公司主張，他們不需要指出一個特定的攤販，因爲他們所依據的理論是「蓄意視而不見」（willful blindness），亦即，Canal公司乃故意不想知道到底哪個轉租的小攤販在販售仿冒品，根據蓄意視而不見的理論，一樣有可歸責性[41]。

---

[38] Id. at 249.
[39] Inwood Laboratories, Inc. v. Ives Laboratories, Inc., 456 U.S. 844 (1982).
[40] Id. at 854.
[41] Omega SA v. 375 Canal, LLC., 984 F.3d at 249.

　　一審地區法院在2016年12月對於這個前提問題作出判決[42]，引用2010年第二巡迴法院的Tiffany v. eBay案[43]判決，判決Omega公司勝訴。在Tiffany v. eBay案中，如果被告對侵權者的身分蓄意視而不見，就算被告真的不知道特定侵權者的身分，仍然可能構成商標輔助侵權。

（三）法院判決

1. 一審給陪審團之指示與裁決

　　一審法院召開陪審團審理，法官指示陪審團，對於主觀要件可以採用蓄意視而不見理論，亦即只要被告知道，或有合理理由知道（had reason to know），其承租人、轉租人或其他占有人，有在銷售提供銷售、散布帶有Omega商標的仿冒品，卻還是繼續提供房屋出租即成立。而所謂的「合理理由知道」，包括蓄意視而不見[44]。

　　其進一步指示，所謂蓄意視而不見，就是Canal公司或其代理人，有合理理由懷疑有侵害商標產品被銷售，卻刻意地不去調查，或採取其他檢查方式，以避免得知這類侵權活動[45]。

　　在法官的指示下，陪審團判決Canal公司構成輔助侵權，並判決其對每一個商標要賠償27萬5,000美元的法定賠償金，總共110萬美元的賠償金[46]。

　　除了賠償金，2019年6月12日一審法官又修正最終判決，加入了一項永久禁制令，「禁止Canal公司、其管理人、代理人、員工、律師和其他與該公司有合作、參與之公司，或該公司之管理人、代理人、員工、律師等，只要得知本法院命令者，都不得侵害、促進侵害Omega商標，或參與其他侵害活動，即便在運河街375號以外的地方。[47]」

---

[42] Omega SA v. 375 Canal, LLC., No. 12-CV-6979, 2016 WL 7439359, at *3 (S.D.N.Y. December 22, 2016),

[43] Tiffany (NJ) Inc. v. eBay Inc., 600 F.3d 93 (2d Cir. 2010).

[44] Omega SA v. 375 Canal, LLC., 984 F.3d at 250.

[45] Id. at 250.

[46] Id. at 250.

[47] Id. at 250.

Canal公司不服，提出上訴。其主張，法院應該要求原告Omega公司必須指出一個具體特定之人構成侵權，且Canal公司知道或應該要知道該特定攤販在銷售仿冒手錶，仍持續出租給該特定之人[48]。

2. 第二巡迴法院判決援引Tiffany v. eBay案

第二巡迴法院主要援引自己於2010年所作出的前開Tiffany v. eBay案。該案判決提到，不允許一服務提供者蓄意視而不見。當服務提供者有理由懷疑其服務的使用者們正在侵權一特定商標，其不能故意避開該爭議，以避免知道特定的侵權交易而免於責任[49]。

被告可能會蓄意視而不見特定的交易，或者侵權者的身分。如果eBay有理由懷疑Tiffanty的仿冒品在網站上銷售，且故意地不去調查侵害的項目或者銷售者之身分，則eBay很有可能被認為滿足Inwood案的「知道或有理由知道」此一要件[50]。

因此，第二巡迴法院認為，Tiffany v. eBay案對於蓄意視而不見的討論，也包括不知道的是銷售仿冒品之人的身分，只要是因為其蓄意視而不見而導致其不知道，也可以構成商標輔助侵害[51]。因此，這點就可以否決了Canal公司的主張，亦即Omega公司並不需要證明「有一個具體特定之人持續侵權，且Canal公司知道或有理由知道該人的侵權，卻仍然繼續出租店面給該人使用」[52]。

法院比較Tiffany v. eBay案後認為，eBay沒有一般性的監督責任，但若eBay知道侵權活動存在，且立即將之取下，就已經避免該侵權活動繼續發生。可是在本案中，Canal公司因為之前的訴訟或檢舉，已經知道其出租的店面被他人作為販售仿冒品使用，就應該積極阻止侵害行為繼續發生。如果房東確實有積極阻止，儘管阻止失敗，也不會有責任；但若房東

---

[48] Id. at 253.
[49] Tiffany (NJ) Inc. v. eBay Inc., 600 F.3d at 97-100.
[50] Id.
[51] Omega SA v. 375 Canal, LLC., 984 F.3d at 254.
[52] Id. at 254.

都沒有阻止，則就要負起責任[53]。

（四）結語

　　對一個出租店面的房東來說，原則上沒有主動監督義務，但是當有人已經告知房東在其產權上有侵權行為正在發生，房東當然要立刻阻止侵權活動。但Omega v. 375 Canal案較為特別的是，過去曾經在該出租商場發生過侵權活動，房東當時也知道，並也阻止了，但房東之後想要蓄意視而不見，避免知道有後續侵權活動存在。此次判決認為，房東過去既然知道存在侵權活動，就不能蓄意視而不見，而仍然要負起輔助侵權責任。

　　筆者認為，2021年Omega案與2010年Tiffany案最主要的差別在於，eBay網站上的商家成千上萬，eBay確實沒辦法常常巡邏阻止，只有待他人的檢舉通知，並等通知後取下，就可免其責任；但Canal公司的商場並不大，承租店面的店家也不多，法院似乎認為Canal公司有能力常常巡邏檢查，承擔起阻止侵權的責任。

第四節　境外侵權效力

一、各巡迴法院之境外效力判斷標準

（一）美國商標法相關規定

　　美國商標法第1114條(1)規定：「任何人未經商標註冊人同意，(a)在商業中使用（use in commerce）註冊商標的任何重製品、仿冒品、複製品或有顏色之模仿物（colorable imitation）」，應負民事責任。

　　美國商標法第1125條(a)(1)規定：「任何人，在任何商品或服務或任何商品容器上或與之相關，在商業中使用（use in commerce）任何詞語、術語、名稱、符號或裝置，或它們的任何組合，或任何虛假的原產地名

---

[53] Id. at 255.

稱，對事實的虛假或誤導性描述，或對事實的虛假或誤導性陳述──(A)很可能在此人與另一人的從屬關係、聯繫或關聯，或對其商品、服務的來源、贊助或批准方面造成混淆，或造成錯誤或欺騙……。」

至於何謂「商業」，在第1127條則定義爲「可由國會合法監管的所有商業」。並於第1121條(a)規定，聯邦法院對於根據本法所產生的所有請求有管轄權。

（二）最高法院Steele案

針對商標法，最高法院在1952年的Steele v. Bulova Watch Co.案[54]中，曾經提出過聯邦商標法的境外效力問題。當時最高法院認爲，聯邦商標法確實可以在某些時候，適用於境外行爲。

該案中，被告是美國公民，其將美國進口的瑞士手錶機芯、錶盤和錶殼出口至墨西哥組裝後，在手錶上貼上了「Bulovas」字樣並在墨西哥出售。由於其假冒「Bulovas」的流通，美國Bulovas手錶公司的德克薩斯州銷售代表收到了來自墨西哥邊境地區零售珠寶商的大量投訴，這些珠寶商的顧客將有缺陷的「Bulovas」送去維修。經檢查，瑕疵品大多不是該公司的產品[55]。

由於被告是美國公民，且其在美國購買了部分侵權零件出口到墨西哥，而其假冒的「Bulovas」手錶又流通回美國；其產品可能會對美國Bulovas公司的商譽產生影響[56]。因此，最高法院認爲，從本案的事實來看，應該可以適用美國聯邦商標法[57]。

可是就算聯邦商標法有時候可以適用於境外，惟要以何種標準來決定，哪些時候可適用境外活動？哪些時候不能適用？在1952年Steele案以來，各巡迴法院發展出不同的標準來加以判斷[58]。

---

[54] Steele v. Bulova Watch Co., 344 U.S. 280, 282-285 (1952).
[55] Id, at 285.
[56] Id, at 286-287.
[57] Id, at 286.
[58] Hetronic International, Inc. v. Hetronic Germany GmbH, 10 F.4th 1016, 1034 (2021).

（三）各法院判決標準

1. Vanity Fair案檢測

第二巡迴上訴法院在1956年的Vanity Fair Mills, Inc. v. T. Eaton Co.案中，建立了所謂的Vanity Fair案檢測標準。其要考量三個因素：(1)被告行為是否對美國商業產生實質影響？(2)被告是否爲美國公民？(3)相關外國法下建立之商標權是否存在衝突？這三個判斷因素，如果其中一個爲否定，可能就會影響結果；如果二個爲否定，幾乎就確定不適用境外效力[59]。第十一巡迴法院、聯邦巡迴法院，均採取此一標準[60]。

第四、第五巡迴法院雖採取類似的Vanity Fair案檢測標準，但是調整了第一因素。第四巡迴法院將所謂的「是否產生實質影響」，改爲「是否產生重要影響（significant effect）」[61]；第五巡迴法院則是指要求有「某些影響」（some effect）[62]。

2. Timberlane案標準

第九巡迴法院採取另一個標準，該標準稱爲Timberlane案標準[63]。該檢測標準一樣有三因素：(1)系爭違規行爲……對美國的對外貿易產生了一些影響；(2)根據聯邦商標法，影響足以對原告造成明顯的損害；(3)其與美國對外貿易的利益和聯繫，相對於對其他國家的利益與連結，是否夠強大，足以證明具有境外法權的主張是正當的[64]。

3. McBee案標準

第三個標準，則是第一巡迴法院所採取的McBee案標準。該標準先確

---

[59] Vanity Fair Mills, Inc. v. T. Eaton Co., 234 F.2d 633, 642 (2d Cir. 1956).

[60] See Int'l Cafe, S.A.L. v. Hard Rock Cafe Int'l, (U.S.A.), Inc., 252 F.3d 1274, 1278 (11th Cir. 2001); Aerogroup Int'l, Inc. v. Marlboro Footworks, Ltd., 152 F.3d 948 (Fed. Cir. 1998).

[61] Nintendo of Am., Inc. v. Aeropower Co., 34 F.3d 246, 250 (4th Cir. 1994).

[62] Am. Rice, Inc. v. Ark. Rice Growers Coop. Ass'n, 701 F.2d 408, 414 n.8 (5th Cir. 1983).

[63] Timberlane Lumber Co. v. Bank of America National Trust & Savings Ass'n, 549 F.2d 597 (9th Cir. 1976).

[64] Trader Joe's Co. v. Hallatt, 835 F.3d 960, 969 (9th Cir. 2016).

認：被告是否爲美國公民[65]。如果是美國公民，對美國公民的境外活動原則上也適用，就算對美國商業的影響未達到實質程度；其次，若是對國外被告的國外活動，在尋求賠償時，則要判斷系爭活動對美國商業是否產生實質影響[66]。

二、第十巡迴法院2021年Hetronic International v. Hetronic Germany GmbH案

第十巡迴法院於2021年之Hetronic International v. Hetronic Germany GmbH案中，原則上採取第一巡迴法院的McBee案標準，但增加第三步驟，即在符合前述第二步驟後，法院要討論，美國商標法的境外適用，是否會與外國法所建立之商標權產生衝突[67]。

（一）商標權人與經銷契約

本案的商標權人Hetronic International公司是一家美國公司，專門生產遠端控制重機械（例如起重機）的無線遙控器（簡稱美國Hetronic）。美國Hetronic的產品特色，主要使用黑色和黃色的組合，以與其他競爭對手相區別[68]。

2006年，美國Hetronic和奧地利Hydronic Steuersysteme簽署經銷與授權契約，在歐洲超過20個國家經銷美國Hetronic的產品。2007年，美國Hetronic與德國Hetronic Germany的前身（另一家公司）簽署同樣的經銷與授權契約，負責德國的經銷。奧地利Hydronic和德國Hetronic由董事長Albert Fuchs擁有[69]。

在經銷和授權契約中，奧地利Hydronic和德國Hetronic被授權可使用Hetronic之商標，也必須向美國Hetronic進口零件，除非得到書面同意。

---

[65] McBee v. Delica Co., 417 F.3d 107, 111 (1st Cir. 2005).
[66] Id. at 119-120.
[67] Hetronic International, 10 F.4th at 1038.
[68] Id. at 1024.
[69] Id. at 1024-1025.

契約中要求，二個經銷商在為各種行為時要出於美國Hetronic之最佳利益，保護美國Hetronic之機密資訊，並且同意不與Hetronic品牌相競爭[70]。

（二）德國與奧地利公司開始製造仿製品並使用相同商標

2011年9月，德國Hetronic員工偶然發現，美國Hetronic和德國Hetronic前身所簽署的一個研發契約。其向德國的律師諮詢後認為，根據該協議，德國Hetronic可以擁有在該協議下所有研發出來的科技與商標[71]。

因此，德國Hetronic和奧地利Hydronic開始對Hetronic之產品為逆向工程，並開發出模仿產品，稱為KH。此後，兩家公司尋找新的製造商製造KH產品，並在Hetronic品牌產品中，放入未授權之第三方供應商所提供的KH零件[72]。

2014年，美國Hetronic知道上述情況後，終止了與兩家公司的經銷授權契約。但這兩家公司仍在中止後的幾個月間，繼續販售Hetronic品牌之商品[73]。同時，兩間公司的董事長Albert Fuchs，透過自己持有的ABI德國公司，另外設立了兩間新公司，並分別收購了原本的兩家舊公司（Abitron德國公司收購德國Hetronic；Abitron奧地利公司收購奧地利Hydronic）。此後，兩家新公司開始銷售與美國Hetronic的NOVA和ERGO相同的產品，且使用一模一樣的產品外觀[74]。

（三）奧克拉荷馬州西區法院一審判決

2014年6月，美國Hetronic在奧克拉荷馬州西區法院，向兩家公司與其後來的公司、董事長等，提出違反契約與侵害商標法等訴訟。

被告提出答辯，認為此案的爭議行為發生在歐洲，美國法院欠缺人之

---

[70] Id. at 1025.
[71] Id. at 1025.
[72] Id. at 1025.
[73] Id. at 1025.
[74] Id. at 1025.

管轄權[75]。但地區法院認為，本案奧克拉荷馬州西區法院有管轄權，其主要原因在於，兩家主要公司與其繼受公司，在原來簽署的經銷協議中，就有約定管轄條款。至於對ABI持股公司和Fuchs先生個人，則根據聯邦民事訴訟規則第4條(k)(2)，地區法院具有管轄權[76]。

就算州地區法院有人之管轄權，但被告主張，本案法院就商標侵權爭議欠缺事物管轄權，因為系爭行為發生在歐洲。被告也提出，美國商標法的境外效力，只限於被告之行為，對於美國境內之商業產生實質影響（has a substantial effect on U.S. commerce），但本案的行為並沒有對美國境內商業產生影響[77]。

2015年6月，被告決定在歐洲提出反擊，向歐洲智財局主張NOVA商標應予廢止。但歐洲智財局之廢止部門（Cancellation Division）及救濟委員會（Board of Appeal）均認為系爭商標有效存在。因而，美國一審法院認為，此部分具有爭點效，在美國訴訟中也不可再爭執商標是否有效[78]。

一審法院召開陪審團後作出裁決，同意美國Hetronic所有主張，認為被告等人乃蓄意侵害美國Hetronic之商標，並應賠償1億1,500萬美元，其中9,600萬美元是因為侵害商標所需支付的賠償[79]。

陪審團裁決後，原告美國Hetronic進一步請求法院下令被告永遠不得再使用系爭商標。被告再次主張，法院在美國商標法下，無法對於被告在外國的活動下達禁制令。但地區法院最後仍下達永久禁制令，禁止被告在全球為侵害系爭商標之行為[80]。

（四）第十巡迴上訴法院判決

本案上訴到美國第十巡迴上訴法院。以下僅介紹判決中關於美國商標法境外效力的部分。

---

[75] Id. at 1026.
[76] Id. at 1026.
[77] Id. at 1026.
[78] Id. at 1027.
[79] Id. at 1027.
[80] Id. at 1027.

　　第十巡迴法院採取第一巡迴法院McBee案標準。首先，本案被告是否為美國公民？六個被告都不是美國公民或美國公司[81]，因而進入第二步驟，該行為是否對美國商業造成實質影響？第十巡迴法院認為，確實對美國商業造成實質影響[82]。

　　所謂實質影響，法院認為，美國商標法的目的，除了保護美國消費者免於受到混淆誤認，也要確保商標權人可以從「擁有理想名稱或產品」回收相關的財務和名譽回報[83]。

　　美國Hetronic提出了二個對美國商業的影響：1.被告在國外銷售的產品最終進口到美國；2.若被告不在海外侵權，就不會影響原告本來可以獲得的海外銷售[84]。

1. 海外商品轉售到美國

　　針對第1項，被告承認，每年有1,700萬歐元的被告產品，最終轉售到美國。而原告也提出，美國消費者確實出現將原告和被告商品混淆誤認的情況，最典型的就是美國消費者將被告的商品，拿去給原告公司送修[85]。不過，被告主張，其在美國以外的銷售，占了所有總銷售的97%[86]，也就是大部分的銷售都在美國境外。

　　法院認為，一方面有達1,700萬歐元的被告產品轉賣到美國；二方面被告也確實有美國消費者產生混淆，因而認為，就第一種項目，已經對美國商業產生實質影響[87]。

2. 轉移銷售理論

　　針對第2項，原告主張，若被告不在海外侵權，原告在海外的銷售就不會受到影響，亦即，該侵權導致美國公司的收益受到影響，此可以稱

---

[81] Id. at 1042.
[82] Id. at 1042.
[83] Id. at 1042.
[84] Id. at 1042.
[85] Id. at 1043-1044.
[86] Id. at 1038.
[87] Id. at 1044.

爲「被搶走之銷售」（diverted sales）或「轉移銷售理論」（diversion-of-sales theory）。某些法院已經承認，被搶走之銷售，會對美國商業產生實質影響[88]。

本案中，原告主張，被告在海外的行爲，導致原告在海外銷售減少，損失高達數千萬美元。如果沒有被告之行爲，這些收入就會回到美國經濟體系，故被告行爲對美國商業造成實質影響[89]。第十巡迴法院最終也同意採取此理論，認爲被告之行爲，導致原告收入減少，實質影響了美國商業[90]。

3. 禁制令之範圍

第十巡迴法院基於上述討論，同意一審陪審團的賠償裁決，亦即要求被告賠償1億1,500萬美元，而其中9,600萬美元是因爲侵害商標所需支付的賠償。

而一審法院也同意下達禁制令，其範圍乃禁止被告在全球銷售侵害原告美國商標之產品。第十巡迴法院認爲，這個禁制令的範圍太廣泛，畢竟所主張的是美國商標。故第十巡迴法院認爲，禁制令涵蓋的範圍，僅能在原告目前有行銷、眞正銷售的市場（國家），因爲只有這些市場才會受到被告行爲的傷害。至於原告目前沒有去行銷、銷售的國家，被告的行爲並不會造成當地消費者之混淆誤認，也就不應該在禁制令的範圍[91]。

三、2023年最高法院Abitron Austria GmbH v. Hetronic Int'l, Inc.案

本案上訴到最高法院後，最高法院於2023年6月29日作出判決，推翻一、二審判決。Alito大法官撰寫的多數意見認爲，美國商標法的損害賠償範圍只及於「國內商業上的侵權使用」（infringing use in commerce is

---

[88] Id. at 1044-1045.
[89] Id. at 1045.
[90] Id. at 1046.
[91] Id. at 1046-1047.

domestic）[92]。

（一）美國法有無境外效力之判斷

在商標領域之外，近年來美國最高法院在其他判決中，建立了美國法律能否適用於境外的判斷標準。因此，美國最高法院採用最新的標準，重新檢視這個案件。

在2016年的RJR案中，最高法院建立了「判斷法律是否有境外效力」之二步驟判斷架構。首先，法律原則上採屬地主義，亦即推定「法律原則上不適用於境外」。判斷步驟的第一步要確認，法條上是否給予清楚、肯定的指示，其可以適用於境外行為，而可以推翻上述推定？如果國會有如此指示，推翻「原則上不適用境外之推定」後，RJR案提出，對於境外效力的範圍，則要看國會是否有對該境外適用給予或未給予之限制。

如果沒有推翻該推定，第二步驟則是要確認，該案件是否涉及該法條的國內適用（domestic application）[93]。關鍵在於，確認相關條文背後國會關注的「焦點」（focus）。在2018年的WesternGeco LLC. v. ION Geophysical Corp.案中，最高法院說明，所謂一條文的焦點，乃是「其關注的對象」，包括其希望規範的行為，以及其希望保護或維護的當事人和利益[94]。但是，並非找到焦點就好，而是要探究「與該焦點相關的行為是否發生在美國境內」[95]。

Alito大法官強調，並非找到「焦點」就好，之前的判決先例強調，要探究「與該焦點相關的行為是否發生在美國境內」[96]。因此，要證明所請求涉及「條文的國內適用」，原告必須證明，與該條文焦點有關的行為乃發生在美國境內。

---

[92] Abitron Austria GmbH v. Hetronic Int'l, Inc., No. 21-1043, 2023 WL 4239255, at *2 (U.S. June 29, 2023).

[93] RJR Nabisco, Inc. v. Eur. Cmty., 136 S. Ct. 2090, 2101 (2016).

[94] WesternGeco LLC. v. ION Geophysical Corp., 138 S. Ct. 2129, 2137 (2018).

[95] Id. at 2136.

[96] Abitron Austria GmbH v. Hetronic Int'l, Inc., at *4.

（二）境內的商業上侵權使用

1. 美國商標法第1114條(1)(a)或第1125條(a)(1)沒有明確指示可適用境外

Alito大法官指出，美國商標法第1114條(1)(a)或第1125條(a)(1)，都只提到禁止可能會造成混淆誤認的「商業上使用」，沒有明確規定境外適用，也沒有任何其他清楚跡象顯示，其屬於可適用於境外的「罕見條款」。

因而，必須進入第二步驟的判斷，亦即，請求賠償是否屬於該條文的「國內適用」？Alito大法官認為，適當的標準應該是關注「與該條文焦點有關行為的地點」（location of the conduct relevant to the focus）。但本案雙方的辯論只關心該條文的「焦點」，而未討論「與焦點有關的行為」。

2. 系爭條文適用的焦點是「商業上的侵權使用」

Alito大法官強調，一條文「允許的國內適用」應該是關心「與該焦點有關的行為的地點」。而系爭條文中「與焦點有關的行為」應該是「商業上的侵權使用」。

這可從兩個條文的文字和上下文看出，兩個條文都禁止對一受保護商標「可能造成混淆誤認」的未授權「商業使用」。換句話說，國會禁止在某些條件下在商業上使用該商標。誠然，該行為必須產生足夠的混淆風險，但混淆並非一個獨立的要件；相反地，其只是違規使用的一個必要特徵。

由於國會將賠償責任建立在一個特定行為上，亦即一種特定的商業上使用類型（會造成混淆誤認的商業上使用），則該特定行為就是該條文中「與焦點有關的行為」。

3. 什麼是商業上的侵權使用

Alito大法官總結指出，最高法院使用以下二步驟進行判斷，第一步驟：商標法第1114條(1)(a)和第1125條(a)(1)，原則上沒有境外效力；第二

步驟：「商業上使用」是判斷該條文的境外適用和境內適用的區別標準。過去下級法院採取的多因素標準，並非正確的判斷商標境外效力的標準，故將二審判決推翻發回[97]。

　　惟究竟什麼是在美國的商業上侵權使用？Alito大法官指出，在商標法下，所謂的「商業使用」乃指「在通常交易過程具真實意圖的使用商標」[98]。若採用這個標準，一般認為該商標產品的交易必須發生在美國。Jackson大法官雖加入Alito大法官的多數意見，但提出協同意見指出，消費者在外國購買商品後在美國轉售，也可能構成商業上使用[99]。

　　而Sotomayor法官撰寫的協同意見（有三位大法官加入）則強調，「混淆誤認」才是第二步驟下判斷的焦點。其認為在國外銷售而流入美國的商品，也可能構成美國的混淆誤認[100]。

　　因此，這個案件雖然推翻了下級法院過去採用的多因素標準，但未來法院如何認定何謂在美國的商業上使用，仍存在爭論或解釋空間。

---

[97] Id. at *9

[98] Id. at *9.

[99] Id. at *10.

[100] Paul B. Stephen, Two New Supreme Court Decisions on the Presumption Against Extraterritoriality July 6, 2023, https://tlblog.org/two-new-supreme-court-decisions-on-the-application-of-the-presumption-against-extraterritoriality/.

第十一章　未註冊商標之保護與不實廣告

　　美國商標法第1125條(a)原本是對商品標示的獨立規定，但後來演變成可提供未註冊商標之保護。而第1125條(c)規定了淡化侵權、第1125條(d)規定了網域名稱盜用防止等，使第1125條具有非常多的內涵，以下分節逐一介紹。

第一節　未註冊商標之保護

　　第1125條(a)乃規定對產品的不實描述或說明，一方面是為了保護消費者不受欺騙，但實際上也等於保護未註冊商標。亦即，未註冊商標之權利人可以援引第1125條(a)，主張他人對產品的不實描述，與自己的未註冊商標近似，構成消費者混淆。

一、法條規定

　　第1125條(a)(1)主要可區分為二種情況：(1)(A)屬於對未註冊商標之保護；(1)(B)屬於純粹不實表達欺騙消費者。

（一）未註冊商標之混淆誤認

　　第1125條(a)(1)(A)規定：「任何人在任何商品或服務上或其相關範疇，或任何商品之容器，將文字、詞彙、名稱、符號，或圖形，或其任何聯合式，或任何錯誤的原產地標示、錯誤或具誤導性之描述或表示使用於商業，並——(A)可能會造成對該人與他人間之附屬、連結，或關聯上（affiliation, connection, or association），或其商品、服務或他人所為之商業活動的來源、贊助關係或是否經同意（the origin, sponsorship, or approval）產生混淆、錯誤或欺騙。[1]」

此一條文具有二種功能：一方面，其適用於所有商標，包括已註冊的聯邦商標或未註冊商標；二方面，其在混淆誤認的概念上，擴張及於關聯性與認可之混淆。

1. 未註冊商標之保護

雖然該條文沒有明確提到保護「未註冊商標」，但卻間接地允許「未註冊商標」行使商標權。例如，第二巡迴法院於1985年之案件中曾經提到，第1125條(a)是想讓公眾免於產品來源之混淆。如果一標誌具有第二意義，購買者將聯想到特定製造者，若一個相同或近似商標使用於另一製造者之產品，很可能也會產生相同的聯想[2]。因此，只要具有第二意義，未註冊商標就可以援引第1125條(a)行使救濟。

由於屬於未註冊商標的保護，立體商標與顏色商標必須不具功能性，故第1125條(a)(3)規定：「在涉及本法規定下未註冊於主要註冊簿之商業外觀的侵害商業外觀民事訴訟中，主張商業外觀受到保護者，負有證明請求保護之客體不具功能性的舉證責任。[3]」

2. 關聯性與認可之混淆

第1125條(a)(1)(A)的第二個意義在於，其將混淆誤認的概念，擴張及於關聯性與認可之混淆。通常是在被告與原告並非相競爭對手，被告產品服務與原告產品服務有較遠的差距。但是，被告使用之商標仍會讓消費者誤以為是與原告公司有某種「附屬、連結，或關聯」（affiliation, connection, or association），或混淆其「來源、贊助關係或是否經同意」（the origin, sponsorship, or approval）。

此一部分，請參見本書第九章第一節。

---

[1] 15 U.S.C. § 1125(a)(1)(A).

[2] Thompson Medical Co. v. Pfizer Inc., 753 F.2d 208, 215-216 (CA2 1985).

[3] 15 U.S.C. § 1125(a)(3).

（二）可主張民事責任

　　第1125條(a)(1)後段規定：「任何人……應在由任何相信自己因該行為受有損害或有受到損害之虞者所提起之民事訴訟中負擔責任。[4]」

二、2022年第九巡迴法院AK Futures v. Boyd Street案

　　美國允許販售電子菸相關產品，而電子菸液體中的成分非常多元。美國的AK Futures公司生產銷售的電子菸液體，含有一種從工業大麻提取的delta-8四氫大麻酚（簡稱delta-8 THC）成分，並設計了「Cake」系列商標。2021年其發現有其他公司銷售Cake系列的仿冒品，故提出侵權訴訟。但被告主張，原告的產品是非法產品，故無法取得商標權益。第九巡迴法院在2022年5月判決，原告的產品很有可能合法，故維持一審的初步禁制令。

（一）美國2018年工業大麻合法化

　　美國國會在2018年通過了《2018年農業法案》（Farm Act），將持有、種植工業大麻（Hemp，又稱漢麻）合法化。工業大麻和大麻（Marijuana）都屬於「大麻屬」下面的「sativa種」（Cannabis sativa L.），但兩者難以區分。

　　《2018年農業法案》以植物中含有delta-9四氫大麻酚（簡稱delta-9 THC）的量作為區分，其規定所謂的工業大麻，指任何在「大麻屬sativa種」下的任何植物，只要其delta-9 THC濃度不超過以乾重計0.3%以上即屬之[5]。

　　傳統大麻主要產生迷幻麻醉效果的成分是delta-9 THC。而delta-8 THC也是一種從工業大麻和大麻中提取的成分。delta-8 THC和delta-9 THC同

4　15 U.S.C. § 1125(a)(1).
5　AK Futures LLC. v. Boyd Street Distro, LLC., 35 F.4th 682, 686 (9th Cir. 2022).

樣具有精神活性，會讓人產生興奮感，但delta-8 THC效力要低得多[6]。美國FDA指出，在大麻屬植物中，delta-8 THC的量不多，因此濃縮的delta-8 THC通常來自於工業大麻中的大麻二酚（CBD）轉化而來[7]。

不過，《2018年農業法案》沒有提到任何關於delta-8 THC的問題，因而產生了爭議。

（二）案件事實

1. AK Futures公司的電子菸液體含有delta-8 THC

本案原告AK Futures公司，是一家電子菸製造商。其對所生產的delta-8 THC電子菸產品，註冊了「Cake」的系列商標。

AK Futures公司生產含有delta-8 THC的調味電子菸液體，將其描述為「一種工業大麻衍生產品，其精神活性delta-9 THC化合物的含量低於0.3%」。據該公司稱，其產品帶有一個二維碼，可以驗證「電子液體中THC的百分比（小於0.3%）」[8]。

2. AK Futures公司設計Cake商標並申請註冊

2020年10月，AK Futures公司設計了一個蛋糕標誌圖，大致是一個二層蛋糕圖，中間有一個大大的C字，以行銷自家的delta-8 THC產品。該公司將這個蛋糕圖向美國著作權局申請註冊，另外也向專利商標局申請六個商標，其中二個申請案是使用這個蛋糕圖，另外四個申請案則是只有「Cake」的文字商標。

這些商標申請案，指定使用於電子菸液體、盛裝菸液的菸彈（Cartridge）和輸送系統。Cake名稱和蛋糕的標誌圖則出現在這些設備的包裝上。AK Futures公司宣稱，其Cake系列產品非常暢銷，在九個月內就

---

[6] Sunlight Xiang, delta-8是什麼？合法嗎？跟THC和CBD是什麼關係？，2021年5月19日，北美投資機會和新聞，https://nai500.com/zh-hant/blog/2021/05/delta-8-%E5%90%88%E6%B3%95-thc-cbd/。

[7] AK Futures LLC. v. Boyd Street Distro, LLC., 35 F.4th 682, 686 (9th Cir. 2022).

[8] Id. at 686.

創造6,000萬美元的獲利[9]。

表11-1　AK Futures公司申請中的商標

圖形商標	文字商標

資料來源：USPTO.

3. 被告Boyd Street公司銷售Cake系列仿冒品

　　本案被告Boyd Street公司，是洛杉磯市中心的一家菸製品批發商。AK Futures公司在2021年夏天得知，Boyd Street公司銷售仿冒Cake系列的電子菸相關產品。但Boyd Street公司並非AK Futures公司授權的經銷商。因此，AK Futures公司派出調查員至Boyd Street公司的商店購買了爭議產品，確實發現被告店內賣的產品，與原告的產品包裝高度近似，但也有一些不同，故認定為仿冒品[10]。

　　AK Futures公司在加州中區地區法院提起訴訟，主張被告構成侵害著作權、違反聯邦不公平競爭法、聯邦商標法中未註冊商標保護之不實標示（15 U.S.C. § 1125(a)），其並請求法院下達初步禁制令。地區法院同意下達禁制令，禁止被告生產、銷售使用類似原告二商標的產品[11]。

　　被告上訴的主要理由，是聯邦法院禁止持有和銷售delta-8 THC，故屬違法產品，原告AK Futures公司無法對違法產品主張有效的商標權[12]。

---

[9]　Id. at 686.
[10]　Id. at 687.
[11]　Id. at 687.
[12]　Id. at 688.

　　原告AK Futures公司則主張，《2018年農業法案》已經將delta-8 THC合法化，因而，含有該成分的產品也是合法的[13]。

（三）未註冊商標必須屬合法使用才有優先權

　　本案中，原告AK Futures公司的六個商標尚在申請中，屬於未註冊商標。美國聯邦商標法第1125條(a)雖可以保護未註冊商標，但原告必須證明，其對未註冊商擁有有效的、受保護的商標權益，而要擁有未註冊商標之權益，原告必須是第一個在商業上使用該標誌之人，且該使用必須合法[14]。

　　本案的關鍵在於，原告AK Futures公司使用該未註冊商標是否合法？必須是合法的商業上使用，才會取得商標的優先性權利（priority）[15]。

1. 第九巡迴法院認為《2018年農業法案》法條未禁止delta-8 THC產品

　　首先，法院從《2018年農業法案》的條文看起。該法很明確地將「工業大麻」，從《管制物質法》（Controlled Substance Acts）中的「大麻」定義中移除。同樣地，雖然「四氫大麻酚」（TCH）仍列在受管制的清單中，但「工業大麻」中的「四氫大麻酚」已經被排除[16]。

　　原告、被告雙方對於《2018年農業法案》中「工業大麻」（hemp）的定義有所爭執。故先就法條中（7 U.S.C. § 1639o(1)）完整之定義說起：

　　「所謂『工業大麻』（hemp），是指植物Cannabis sativa L.和該植物的任何部分，包括其種子和所有（all）衍生物、提取物、大麻素、異構體、酸、鹽和異構體的鹽，無論是否生長，其delta-9 THC濃度

---

[13] Id. at 688.
[14] Id. at 689.
[15] Id. at 690.
[16] Id. at 690.

不超過乾重的0.3%。[17]」

　　原告AK Futures公司主張，從該條文定義下可知，工業大麻的定義包括其delta-8 THC產品，只要含有不超過0.3%的delta-9 THC即可。

　　第九巡迴法院支持這個解釋。因爲從該條文來看，工業大麻的定義適用於所有來自於大麻屬植物的產品，只要其delta-9 THC含量不超過0.3%，可稱爲衍生物、提取物、大麻素或類似的任何用語[18]。

　　第九巡迴法院認爲，從該條文定義的寫法，區分受管制「大麻」和合法「工業大麻」的唯一指標是delta-9 THC的濃度。此外，該定義不僅限於植物，還包括「所有（all）衍生物、提取物和大麻素」。法條中使用「全部」（all）這個字，範圍很大，可延伸到所有下游產品和物質，只要其delta-9 THC濃度不超過法定標準[19]。

2. 若AK Futures公司的宣稱爲眞，則產品屬合法

　　依AK Futures公司的宣稱，其delta-8 THC產品是「來自工業大麻」，含有「少於0.3%」的delta-9 THC。而被告Boyd Street公司引用的FDA資料也將delta-8 THC稱爲「大麻屬植物自然產生的一百多種大麻素之一」。第九巡迴法院認爲，按照AK Futures公司對產品的描述，該產品在聯邦法下並無違法，固有資格受到商標保護[20]。

　　由於本案目前只是初步禁制令的上訴，並非進入實體審判進行事實調查，故只能先假設AK Futures公司的宣稱是眞的。但若之後進入審判發現AK Futures公司的宣稱不實，其產品含有超過0.3%的delta-9 THC時，仍可能構成違法而不擁有商標權益[21]。

---

[17] 7 U.S.C. § 1639o(1)("The term 'hemp' means the plant Cannabis sativa L. and any part of that plant, including the seeds thereof and all derivatives, extracts, cannabinoids, isomers, acids, salts, and salts of isomers, whether growing or not, with a delta-9 [THC] concentration of not more than 0.3 percent on a dry weight basis.").

[18] AK Futures LLC. v. Boyd Street Distro, LLC., 35 F.4th at 690.

[19] Id. at 690-691.

[20] Id. at 691.

[21] Id. at 691.

3. 被告主張緝毒局認為delta-8 THC違法

被告Boyd Street公司則主張，delta-8 THC因為製造方法是從四氫大麻酚合成而來，故仍然屬於受管制物質。

其引述美國緝毒局（簡稱DEA）的執法規定，認為：「所有合成衍生的四氫大麻酚仍然是附表I之受管制物質。」被告認為，delta-8 THC是「合成衍生的」，因為它必須從大麻植物中提取，並透過製造過程進行提煉。其認為，delta-8 THC被緝毒局認為是一種合成大麻素，因為其乃經過濃縮和調味[22]。

第九巡迴法院認為，法條的文字會大過行政機關的解釋。因為從前述《2018年農業法案》第1639o條的定義可知，其並沒有以製造方法作區分。該條文適用於「所有」下游產品，只要其含有的delta-9 THC不超過0.3%[23]。

4. 國會沒有明確意圖

被告第二個主張是，國會通過《2018年農業法案》的目的，只是要將工業大麻合法化，並不是要將像delta-8 THC這種潛在精神活性物質合法化。法院認為，這樣的主張似乎是指，被合法化的僅有工業用途，不包括人類消費[24]。

但第九巡迴法院認為，此「工業用途」限制有出現在「工業大麻」定義中，而立法過程並沒有這種明確的目的，因此在解釋上，不應認為國會有此種目的。如果國會真的有此種目的，而發現法律出現漏洞，則應該是由國會自行修法，而非由法院作此種政策判斷[25]。

---

[22] Id. at 692.
[23] Id. at 692.
[24] Id. at 693.
[25] Id. at 693.

第二節　不實廣告

第1125條(a)(1)(B)規定的「不實表達商品、服務、商業活動之性質、特徵、品質或地理來源」，在美國又稱為不實廣告（false advetising），其比較接近消費者保護或不公平競爭法規。

一、不實表達性質、特徵、產地

第1125條(a)(1)(B)規定：「任何人在任何商品或服務上或其相關範疇，或任何商品之容器，將文字、詞彙、名稱、符號，或圖形，或其任何聯合式，或任何錯誤的原產地標示、錯誤或具誤導性之描述或表示使用於商業，並──(B) 在商業廣告或行銷文宣中，就其或他人之商品、服務或商業活動之性質、特徵、品質或地理來源為不實表示。[26]」

1963年的Federal-Mogul-Bower Bearings, Inc. v. Azoff案，將其範圍擴張到包含「來源或製造者」，理論上包含讓人誤以為原住民族是製造者（origin of source or manufacture）。因此，論者認為，如果他人使用原住民元素於未註冊商標，使他人誤認誤信產品之性質、品質、產地來源等，仍可依此條文阻止他人使用。

二、消費者保護精神，政府亦可提起訴訟

第1125條(a)有保護消費者的精神，尤其是第1125條(a)(1)(B)，故規定可提起訴訟之任何人，包括政府部門：「當使用於本項規定時，『任何人』一詞包含任何州、州之部門，及任何在執行法定職務範圍內之州或州之部門的官員或職員。任何州、任何州之部門，及任何在執行法定職務範圍內之州或州之部門的官員或職員，應就相同事項及相同程度，與任何非政府主體同樣受到本法規定之拘束。[27]」

---

[26] 15 U.S.C. § 1125(a)(1)(B).
[27] 15 U.S.C. § 1125(a)(2).

第十二章　著名商標之淡化侵權與域名保護

第一節　著名商標之淡化侵權

第1125條(c)乃規定淡化侵權，包括模糊淡化（dilution by blurring）與汙損淡化（dilution by tarnishment）。

一、著名商標

要能主張淡化侵權之商標，必須是著名（famous）商標。第1125條(c)(2)(A)定義的著名商標為：「基於第(1)款規定之目的，一商標如已廣泛為美國的一般消費大眾認識為係該商標所有人之商品或服務的來源識別標示，則該商標已達於著名之程度。在認定一商標是否已達於所要求的認識程度時，法院得考量包含下列項目在內之所有相關因素：(i) 商標之廣告與宣傳的期間、程度及所及之地理範圍，不論該廣告或宣傳係由所有人或第三人所為。(ii) 以該商標表彰之商品或服務的銷售金額、數量，以及地域範圍。(iii) 對於該商標真實認識的程度。(iv) 該商標是否係依1881年3月3日或1905年2月20日之法案取得註冊，或註冊於主要註冊簿。[1]」

另外，就未註冊之「商業外觀」（trade dress），也就是立體商標或顏色商標，是否達到著名程度，原告須負舉證責任：「在涉及本法有關未註冊於主要註冊簿之商業外觀的淡化商業外觀民事訴訟中，主張其商業外觀應受到保護者負有舉證責任去證明──(A) 所主張的商業外觀，其整體不具功能性並已達著名程度；且(B) 如果所主張之商業外觀包含任何註冊於主要註冊簿的商標，未取得註冊部分之內容，就其整體獨立觀察，並排除該註冊商標所具之任何聲譽，仍已達著名之程度。[2]」

---

[1]　15 U.S.C. § 1125(c)(2)(A).

[2]　15 U.S.C. § 1125(c)(4).

二、模糊淡化

　　所謂模糊淡化，中文稱為「減損識別性」，第1125條(c)(2)(B)之定義為：「基於第(1)款規定之目的，『模糊淡化』係指一種因為一商標或商業名稱與一著名商標間所具之近似性而產生之連結，而該連結會減損著名商標之識別性。在決定一商標或商業名稱是否有致模糊淡化之虞時，法院得考慮包含下列項目在內之所有相關因素：(i) 商標或商業名稱與著名商標間的近似程度。(ii) 著名商標之先天或後天識別性程度。(iii) 著名商標所有人投入實質排他使用商標之程度。(iv) 對著名商標之認識程度。(v) 商標或商業名稱之使用者是否有意去創造與著名商標間之連結。(vi) 商標或商業名稱與著名商標間存在的任何真實連結。[3]」

三、汙損淡化

　　所謂汙損淡化，中文稱為「減損信譽」，第1125條(c)(2)(C)之定義為：「基於第(1)款規定之目的，『汙損淡化』係指一種因為一商標或商業名稱與一著名商標間所具之近似性而產生之連結，而該連結會減損著名商標之聲譽。[4]」

四、救濟與限制

（一）請求禁制令

　　第1125條(c)(1)規定，著名商標對淡化侵權可請求禁制令：「在不違反衡平法則之前提下，具有先天識別性或後天識別性之著名商標的所有人，對在該所有人之商標已達於著名程度後開始使用有致模糊淡化或汙損淡化該著名商標之虞的商標或商業名稱之他人，應有權以之作為聲請核發禁制令的目標對象，不論個案中是否有混淆誤認之事實或混淆誤認之虞、

---

[3]　15 U.S.C. § 1125(c)(2)(B).
[4]　15 U.S.C. § 1125(c)(2)(C).

競爭或實質的經濟上損害。[5]」

（二）請求損害賠償

第1125條(c)(5)規定，允許就淡化侵權請求損害賠償：「在依本項規定所提起之訴訟中，著名商標之所有人應有權獲得本法第1116條規定之禁制令救濟。著名商標之所有人在受到法院之裁量權及衡平法則所拘束之前提下，並應有權獲得本法第1117條(a)及第1118條規定之救濟，如果——(A) 可能會導致模糊淡化或汙損淡化之商標或商業名稱係由聲請禁制令核發之目標對象在2006年10月6日以後才首次使用於商業；以及(B) 因本項規定所為之主張——(i) 係本於模糊淡化之原因，而聲請核發禁制令之目標對象故意攀附著名商標；或(ii) 係本於汙損淡化之原因，而聲請核發禁制令之目標對象故意攀附著名商標。[6]」

（三）各種合理使用

第1125條(c)(3)規定，對著名商標之淡化侵權，有下列合理使用：「下列情形非屬本項規定下之可以起訴的模糊淡化或汙損淡化情形：(A) 任何由他人就該著名商標以作為該人所有商品或服務之來源指示標示以外的方式為合理使用，包含指示性及描述性合理使用，或促進該合理使用之行為，包含下列相關使用行為——(i) 讓消費者可以比較商品或服務之廣告或宣傳品；或(ii) 指示及嘲諷、批評，或評論著名商標所有人或其商品或服務。(B) 各種形式的新聞報導及新聞評論。(C) 任何對商標的非商業性使用。[7]」

---

[5]　15 U.S.C. § 1125(c)(1).
[6]　15 U.S.C. § 1125(c)(5).
[7]　15 U.S.C. § 1125(c)(3).

第二節　網域名稱搶註之防止

一、反域名搶註消費者保護法

　　美國於1999年通過《反域名搶註消費者保護法》（Anticybersquatting Consumer Protection Act），編入商標法第1125條(d)。第1125條(d)有二款：(d)(1)乃規定如何判斷域名搶註；(d)(2)乃規定要如何向法院提起訴訟。

（一）域名搶註救濟

　　第1125條(d)(1)(A)規定網域搶註的概念：「(1) (A)如有下列行為，則不論訴訟中之當事人的商品或服務為何，該行為人應在由包含以個人姓名受到本條規定保護在內的商標所有人所提起之訴訟中負擔責任——(i) 有意圖從包含以個人姓名受到本條規定保護在內的商標獲取利益之惡意；及(ii) 註冊、交易，或使用網域名稱，且該網域名稱——(I) 與在網域名稱註冊時具有識別性之商標具有相同或足致混淆誤認之近似關係；(II) 與在網域名稱註冊時已達著名程度之商標具有相同或足致混淆誤認或淡化之近似關係；或(III) 係依第18部第706條或第36部第220506條規定受到保護之商標、文字或名稱。」

　　第1125條(d)(1)(B)規定了判斷是否為惡意搶註的九項因素：「(B) (i) 在決定一行為人是否具有第(A)目所述之惡意時，法院得考慮如下因素，但並不以此為限——(I) 網域名稱中是否包含有該人之商標或其他智慧財產權；(II) 網域名稱包含該人之法定名稱或其他通常被用以指示該人之名稱的程度；(III) 該行為人是否有先將網域名稱與真實提供任何商品或服務相互連結；(IV) 該行為人在該網域名稱下所能觸及之網站係以真實且非商業或以合理之方式來使用商標；(V) 該行為人是否係基於商業利得或汙損或毀謗一商標之意圖，將消費者從商標所有人之線上位置導引至另一網址，而該網址下可觸及的網站內容有致對該網站之來源、贊助關係、附屬關係，或是否受有背書產生混淆誤認之虞，並可能因此減損該商標所表彰

之商譽；(VI) 該行為人以移轉、販賣，或其他方式讓與網域名稱給商標所有人或任何第三人以獲取財務利得，但其不曾使用或沒有眞實使用網域名稱以提供任何商品或服務之意圖，或者是該行為先前之行為顯示了此類行為模式；(VII) 行為人在申請註冊網域名稱時提供實質且具誤導性之錯誤聯絡資訊之行為、行為人故意不維持正確聯絡資訊之行為，或行為人先前之行為顯示了此類行為模式；(VIII) 行為人註冊或取得複數網域名稱，並知悉其所註冊或取得之網域名稱與他人之商標間存在相同或足致混淆誤認之近似關係，且該商標在上述網域名稱註冊時具有識別性，或行為人知悉其所註冊或取得之網域名稱會淡化他人之著名商標，且該商標在上述網域名稱註冊時已達著名程度，不論訴訟當事人之商品或服務為何；及(IX) 包含於行為人之網域名稱註冊的商標是否具識別性或達於第(c)項所定義之著名的程度。(ii) 在法院認定行為人相信或本於合理之依據相信其使用網域名稱的行為係屬合理使用或具其他合法事由的任何情況下，不應認定有(A)目所述之惡意。」

第1125條(d)(1)(C)規定，法院有權撤銷該域名，或直接命令將該域名移轉給商標權人：「(C)在涉及本段規定下之網域名稱的註冊、交易或使用之民事訴訟中，法院得判命該網域名稱失其效力或予以撤銷或將該網域名稱移轉予商標權人。」

第1125條(d)(1)(D)規定：「(D)只有當行為人係網域名稱之註冊者或者是經該註冊者授權之被授權人時，方應就使用第(A)目之網域名稱之行為負責。」

第1125條(d)(1)(E)規定：「(E)當使用於本段規定時，『交易』一詞係指包含但不限於銷售、購買、租賃、設質、授權、現金交換，以及任何其他本於約因或交換約因所獲得之款項所為的移轉。」

（二）法院管轄權與訴訟

第1125條(d)(2)規定網域搶註的法院管轄權與相關的訴訟程序。其大致規定為，如果不知道搶註域名者的身分，或者其人是外國人，美國法院對該人無管轄權，此時，只能就網域名稱提起「對物訴訟」。而受理登記

域名機構或域名管理機構等所在地法院，均有管轄權。

　　第1125條(d)(2)規定：「(2)(A) 如有下列情事，商標所有人得向有權管轄之地方法院對一網域名稱提起一對物訴訟（in rem civil action），而該有權管轄之地方法院係指系爭被註冊或讓與之網域名稱所在的網域名稱註冊商（registrar）、註冊局（registry），或其他網域名稱管理機構——(i) 該網域名稱侵犯了商標所有人就註冊於專利商標局，或依第(a)項或第(c)項規定受到保護之商標所享有之任何權利；以及(ii) 法院認定該所有人——(I) 不能就第(1)款規定下民事訴訟中可能的被告建立對人之管轄權（in personam jurisdiction）；或(II) 已盡善良管理人之注意義務仍無法藉由以下方式找到第(1)款規定下可能作為民事訴訟之被告的人——(aa) 對網域名稱註冊者寄送包含據稱侵害行為及欲開啓本款規定程序之意思表示的通知到該註冊者提供予註冊商的郵政及電子信箱地址；及(bb) 在提起訴訟後立刻依法院的指示公告訴訟通知。

　　(B) 依第(A)目(ii)之規定所採取之行動應屬構成送達程序。

　　(C) 在任何本款規定下之對物訴訟（in rem action）中，網域名稱應被視為係位在有權管轄地區，該地區內應有——(i) 系爭被註冊或讓與之網域名稱所在的網域名稱註冊商、註冊局，或其他網域名稱管理機構；或(ii) 足以確立就有關該註冊之處分及網域名稱之使用能予以管理並具主管權力之文件係存放於該法院。

　　(D)(i) 在本款規定下之對物訴訟中所能獲得之救濟，僅限於以法院之命令使網域名稱失其效力或予以撤銷，或將其移轉予商標之所有人。網域名稱註冊商、註冊局或其他網域名稱管理機構，在收到商標所有人從本款規定下之美國地方法院發出之書面通知並附具蓋有印章之訴狀副本時，其應該——(I) 迅速將足以確立法院就有關該註冊之處分及網域名稱之使用能予以管理並將具主管權力之文件存放於該法院；及(II) 除非有法院之命令，不能在訴訟進行期間移轉、中止或以其他形式變更網域名稱。(ii) 除非個案中網域名稱註冊商或註冊局或其他網域名稱管理機構有包含故意不遵守法院之命令在內的惡意或重大過失情事，其無須就本段規定下之禁制令或金錢救濟負擔責任。」

二、2023年第四巡迴法院保德信PRU.COM域名案

　　全球金融公司保德信集團擁有PRU商標，而一家中國公司在美國搶註冊PRU.COM這個網域名稱。透過訴訟，2023年2月第四巡迴法院判決，該中國公司構成域名搶註冊行為，並需將該域名移轉給保德信集團。

（一）事實

1. 中國深圳某公司註冊PRU.COM網域名稱

　　Shenzhen Stone Network Information公司（簡稱SSN公司）是一家中國網路公司，主要業務是透過各種網路媒體通路提供金融經濟資訊給中國客戶，尤其是外匯市場資訊。張先生是SSN公司的執行長，且代表SSN公司註冊管理PRU.COM網域名稱[8]。

　　2017年10月13日，張先生花了10萬美元透過網域名稱交易公司Sedo.com，購買了「PRU.COM」這個網域名稱，該網域名稱之前是由一家不知名的德州公司擁有。位於亞利桑那州的GoDaddy公司是「PRU.COM」這個網址的受理註冊商（registrar），而維吉尼亞州的VeriSign公司則是域名註冊管理機構（registry）。張先生向GoDaddy註冊該網域名稱時，簽署了「GoDaddy網域名稱註冊協議」，包括約定將來若發生爭議，需至亞利桑那州進行爭端解決[9]。

2. 保德信與PRU商標

　　保德信（Prudential）是美國的保險、金融服務公司，在全球營運。2002年11月，保德信在美國註冊了「PRU」和其他「PRU」相關的商標。但是在中國，保德信並沒有註冊「PRU」商標，因為英國的保誠人壽（Prudential plc）在中國使用「PRUDENTIAL」商標。根據美國的保德信與英國保誠人壽的協議，保德信不會在中國使用PRU或PRU相關的商

---

[8] Prudential Insurance Company of America v. Shenzhen Stone Network Information Ltd., 2023 WL 367217, at *1 (4th Cir. January 24, 2023).

[9] Id. at *1.

標[10]。

2020年3月，保德信試圖取得PRU.COM這個網域名稱，但得知已經被人取得。紀錄顯示，2020年3月18日前後，GoDaddy的網址經紀人通知SSN公司有匿名公司想要買下這個網域名稱。SSN公司回信給經紀人拒絕該出價，表示之前曾收到這個網址的六位數出價，並希望瞭解買家的業務與地點。但後來訴訟時，SSN公司卻表示，除了保德信的出價之外，並沒有收過其他人的出價[11]。

3. 提起爭端解決程序與訴訟

2020年3月25日，保德信向世界智慧財產權組織（WIPO），根據其統一網域名稱爭端解決政策（Uniform Domain Name Dispute Resolution Policy），提出爭端處理要求[12]。當時針對的對象是受理註冊商GoDaddy公司。透過該程序，保德信得知是張先生註冊了PRU.COM這個網址。2020年3月30日，WIPO鎖住了PRU.COM這個網址，在爭議解決期間不能編輯更新該網站內容。4月9日，保德信提出了5萬美元的新出價，但張先生拒絕該價格[13]。

SSN公司解釋，其打算將PRU.COM這個網域名稱發展成一個包含外匯交易或財經新聞的網站或產品。但是，SSN公司從未上傳任何可閱讀的內容或素材到PRU.COM網站。且自從SSN公司取得該網域名稱後，任何連上這個網址的人，都會被導向GoDaddy的停放頁面。其上包括：(1)顯示Prudential標誌和其他美國保險公司標誌的超連結；(2)一句話「你想購買這個域名嗎？」[14]

2020年4月22日，保德信在維吉尼亞州東區法院對張先生和該網址（對物之訴）提起訴訟，並撤回在WIPO的爭端解決程序。其主張張先生

---

[10] Id. at *2.
[11] Id. at *2.
[12] Id. at *2.
[13] Id. at *2.
[14] Id. at *2.

違反了聯邦商標法第1125條(d)的反域名搶註消費者保護法[15]，並請求法院將該網址移轉給保德信。地區法院判決原告勝訴，SSN公司提起上訴[16]。

（二）第四巡迴法院判決

1. 法院管轄權：對物之訴

聯邦商標法第1125條(d)規定了網域搶註的特殊規定。首先，在法院管轄權方面，其規定，可對搶註者有屬人管轄權的法院起訴；若不確定法院對搶註冊者有屬人管轄權，則可對網域名稱提出對物之訴，並可至受理註冊商或域名註冊管理機構所在地法院提起訴訟（15 U.S.C. § 1125(d)(2)(A)）。

本案中，張先生是代替SSN公司註冊管理該網域名稱，故應該以SSN公司的屬人管轄權來決定法院[17]。而且，「GoDaddy網域名稱註冊協議」的管轄權約定，只是約定若涉及網域名稱爭端解決，但並沒有涉及違反聯邦商標法的管轄權[18]。由於SSN公司是中國公司，美國沒有一個法院對其有屬人管轄權，因此，保德信對該網域名稱註冊管理機構VeriSign公司所在的維吉尼亞州提出對物訴訟，是適當的[19]。

2. 初始註冊以及事後再註冊

根據第1125條(d)(1)(A)，所謂的網域搶註者（cybersquatter），乃指一人註冊（registers）了一相同或混淆近似於一具識別性之商標或著名商標，具有從該網域中「獲利之惡意」（bad faith intent to profit），對商標權人負侵權之責[20]。但是，該法並沒有明確定義何謂「註冊」。

SSN公司主張，若網域名稱初始註冊（initial registration）時是出於善意，就沒有該條的責任。其主張，該網域名稱最早是由一家不知名德州

---

[15] Id. at *3.
[16] Id. at *3.
[17] Id. at *4.
[18] Id. at *5.
[19] Id. at *5.
[20] 15 U.S.C. § 1125(d)(1)(A).

公司註冊，當時保德信還沒有註冊「PRU」商標，而SSN公司是在2017年才買下該網域名稱，故不會違反第1125條(d)之網域搶註[21]。

關於「註冊」的爭議，先前第三、第九、第十一巡迴法院曾經採取不同解釋。第三巡迴法院認爲，「註冊」並不限於初始註冊，也包括後來的「再註冊」[22]；第十一巡迴法院也認爲，「註冊」不限於初始註冊[23]；惟第九巡迴法院卻認爲，註冊應限於「初始註冊」[24]。

對於此爭議，第四巡迴法院認爲，對「註冊」一詞應採取一般通常之解釋。而一般通常解釋，註冊就包含「再註冊」[25]。第四巡迴法院也認爲，要採取此種解釋，才能夠眞正達到打擊域名搶註行爲，而符合該條修法之目的[26]。

3. 獲利之惡意的判斷

進而，法院要討論是否符合網域搶註的其他要件。第一，在相同或混淆近似要件上，PRU.COM這個網址確實與保德信的PRU註冊商標相同而會產生混淆[27]；第二，被告是否具有惡意？第1125條(d)(1)(B)(i)本身就規定了九個惡意的判斷因素[28]。

第四巡迴法院認爲，本案中的SSN公司，在這九個因素下，都顯示購買和註冊該域名是出於獲利之惡意[29]：

第一因素：SSN公司對PRU.COM域名沒有商標或其他智慧財產權。

第二因素：SSN公司的名稱並不是PRU。

第三因素：SSN公司之前並沒有善意使用PRU.COM網址在商業上提供商品或服務。

---

[21] Id. at *6.
[22] Schmidheiny v. Weber, 319 F.3d 581, 582 (3d Cir. 2003).
[23] Jysk Bed'N Linen v. Dutta-Roy, 810 F.3d 767, 777 (11th Cir. 2015).
[24] GoPets Ltd. v. Hise, 657 F.3d 1024, 1026 (9th Cir. 2011).
[25] Prudential Insurance Company of America, 2023 WL 367217, at *7.
[26] Id. at *8.
[27] Id. at *9.
[28] 15 U.S.C. § 1125(d)(1)(B)(i).
[29] Prudential Insurance Company of America, 2023 WL 367217, at *10-16.

第四因素：SSN公司之前並沒有以非商業性目的或合理使用目的使用PRU.COM網址。

第五因素：SSN公司註冊PRU.COM域名的目的在於將消費者從保德信轉移到該網站。

第六因素：SSN公司提議銷售PRU.COM域名。

第七因素：SSN公司在註冊管理PRU.COM域名時使用不實或誤導聯絡資訊。

第八因素：SSN公司還註冊了超過100個網域名稱。

第九因素：保德信的PRU和PRU相關商標具有識別性且著名。

基於上述因素，第四巡迴法院同意地區法院，認定SSN公司乃出於獲利之惡意，取得PRU.COM域名[30]。

4. 不具有其他合法理由

不過，第1125條(d)(1)(B)(ii)規定，如果「法院認定該域名註冊人相信或有理由相信其域名使用屬於合理使用或其他理由而合法」則可免於被認定為域名搶註[31]。SSN公司提出抗辯，認為自己有打算開發這個網址。

但第四巡迴法院認為，SSN公司應該無法有理由相信自己為合法使用。因為SSN公司乃專門提供外匯交易資訊，不可能不知道全球超過20個國家提供金融服務的保德信之PRU商標[32]。

---

[30] Id. at *16.
[31] 15 U.S.C. § 1125(d)(1)(B)(ii).
[32] Prudential Insurance Company of America, 2023 WL 367217, at *17.

第十三章　抗辯

第一節　各種無效抗辯或侵權抗辯

一、一般商標之抗辯

　　美國商標法第1115條(b)規定，註冊之聯邦商標，原則上具有「不可爭執性」（incontestable）。亦即可以行使聯邦註冊商標，控告他人侵權。但第1115條(b)後面，則列出下列情形，可以對商標權提出抗辯，或主張該商標之瑕疵：

　　「以及下列抗辯或瑕疵所拘束：(1)該註冊登記或已具不可爭執性之商標使用權係透過詐欺的方式取得；或(2)該商標已經被註冊登記者所放棄；或(3)該註冊商標被經註冊登記人或與該註冊登記人有共同利益關係之人使用或同意他人使用，藉以不實表示使用該商標或與之相互連結的商品或服務之來源；或(4)被控侵權之名稱、詞彙，或圖形的使用行為，係以作為商標以外之方式使用該一方當事人的名稱於其營業或使用任何與該一方當事人有共同利益之人的個人名稱，或者係本於善意並合理地以描述性之方式來使用一詞彙或圖形，單純用以描述該當事人的商品或服務或其地理來源；或(5)一方當事人使用被控侵權之商標，係在不知註冊登記人之在先使用事實的情況下所採用，且該當事人或與其有共同利益之人的使用日，早於(A)該商標依本法第1057條(c)之規定所建立的推定使用日，(B)如該註冊申請係在1988年商標法修正案生效前提出，依本法規定之商標註冊日，或(C)依本法第1062條(c)規定之商標註冊公告日，並持續迄今：然而，本抗辯或瑕疵應僅適用於該持續使用能夠被證明的區域；或(6)其使用被控侵權之商標係在依本法規定取得註冊日前或本法第1062條(c)規定下之註冊登記人之註冊商標公告日前取得註冊及被使用，且未被放棄：然而，本抗辯或瑕疵僅適用於使用時點早於該註冊商標登記人之商

標註冊日或公告日的區域；或(7)該商標已經或正在被使用以違反美國反托拉斯法之規定；或(8)該商標具有功能性；或(9)各種可適用的衡平原則（equitable principles），包含遲延（laches）、禁反言（estoppel），以及默認（acquiescence）等。[1]」

上述九種抗辯中，第一種是詐欺取得商標，可主張商標無效或撤銷；第二種是商標已經放棄，可主張商標撤銷（廢止）；第三種是商標不當使用，可主張商標撤銷（廢止）。這幾種屬於商標的瑕疵，可以主張商標無效。

第四種是描述性合理使用或指示性合理使用；第五種是善意先使用；第六種是先註冊使用；第七種是違反競爭法；第八種是商標具有功能性；第九種是商標侵權主張具有衡平抗辯。

二、著名商標之抗辯

除了上述一般商標之抗辯，對於著名商標也有獨立的抗辯規定。第1125條(c)(3)規定：「下列情形非屬本項規定下之可以起訴的模糊淡化或汙損淡化情形：(A) 其他人對著名商標的任何合理使用，包括指示性或描述性合理使用，或促進此類合理使用，但作為該人自己的商品或服務的來源指示除外。上述合理使用包括與以下方面有關的使用：(i) 允許消費者比較商品或服務的廣告或促銷；或者(ii) 識別並模仿嘲諷（parody）、批評或評論著名商標權人或著名商標權人的商品或服務。(B) 各種形式的新聞報導和新聞評論。(C) 任何對商標的非商業性使用（noncommercial use）。[2]」

其包括：（一）描述性合理使用與指示性合理使用；（二）比較廣告；（三）模仿嘲諷、批評與評論；（四）新聞報導評論；（五）非商業性使用。

---

[1]　15 U.S.C. § 1115(a)(1)-(9).
[2]　15 U.S.C. § 1125(c)(3).

三、其他

　　一般商標侵害的抗辯，還包括權利耗盡，但此乃由法院判決而承認的抗辯，並未寫入商標法中。另外，美國因為特別注重言論自由的保護，所以在判決中發展出二種特殊抗辯，分別是：（一）藝術或表達創作使用（artistic or expressive works）；（二）模仿嘲諷。以下特別挑選幾種抗辯，以案例說明。

第二節　描述性合理使用

一、第七巡迴法院SportFuel v. PepsiCo案

　　2019年8月2日，美國第七巡迴法院判決SportFuel v. PepsiCo案，認為百事可樂旗下Gatorade運動飲料所使用的「運作燃料」（sports fuel），雖然係使用了SportFuel公司的註冊商標，但屬於描述性合理使用。

　　雖然使用他人商標，但若構成描述性合理使用，可以作為商標侵權的抗辯。所謂的描述性合理使用，乃是將商標用語當成描述自己產品服務的名稱、形狀、品質、性質、用途、產地或其他有關商品或服務本身之說明，非作為商標使用者。美國2019年的SportFuel v. PepsiCo案，涉及的就是描述性合理使用的爭論。

（一）事實

1. 原告

　　本案中的商標權人SportFuel公司，是一家位於芝加哥的營養健康諮詢公司，其擁有二個「SportFuel」註冊商標。

2. 被告

　　被告百事可樂旗下的子公司「開特力」（Gatorade），是一家知名的運動飲料品牌。其於2013年開始在廣告行銷上，強調自己的產品是一種

「運動燃料」（sports fuels）。

2016年，開特力向美國專利商標局申請註冊了「Gatorade The Sports Fuel Company」這個商標，但專利商標局要求其聲明對「The Sports Fuel Company」（運動燃料公司）不在商標保護範圍，因爲其只是對產品的描述。開特力同意對「The Sports Fuel Company」聲明不專用，並繼續在開特力這個家族商標後面使用「The Sports Fuel Company」這個標語。

圖13-1　開特力之產品及其商標標語

資料來源：SportFuel, Inc. v. PepsiCo, Inc. (7th Cir. August 2, 2019).

3. 侵權訴訟

2016年8月，SportFuel公司對開特力提起訴訟，主張其行爲構成美國商標法下的商標侵權（15 U.S.C. § 1051）、不公平競爭，以及錯誤標示產品來源（false designation of origin）（15 U.S.C. § 1125(a)）。開特力則抗辯，要求進行即決判決，認爲SportFuel公司沒有提出足夠證據，可證明開特力對該標語的使用，讓消費者混淆誤認，並主張對該系爭商標的使用，屬於商標法下的合理使用。

開特力要證明其使用屬於合理使用，必須證明：(1)其對「Sports Fuel」的使用，並非作爲商標使用；(2)其使用是作爲商品的描述使用；以及(3)其對該標示的使用是合理的，且出於善意。

（二）法院判決

　　本案地區法院（伊利諾州北區法院）判決，開特力滿足了上述三要件，故構成描述性合理使用。SportFuel公司不服，上訴到第七巡迴法院。第七巡迴法院支持聯邦地區法院的即決判決。

圖13-2　開特力使用Sport Fuel的實際情況（一）

資料來源：SportFuel, Inc. v. PepsiCo, Inc. (7th Cir. August 2, 2019).

圖13-3　開特力使用Sport Fuel的實際情況（二）

資料來源：SportFuel, Inc. v. PepsiCo, Inc. (7th Cir. August 2, 2019).

圖13-4　開特力使用Sport Fuel的實際情況（三）

資料來源：SportFuel, Inc. v. PepsiCo, Inc. (7th Cir. August 2, 2019).

1. 第一要件：該商標使用並非作為商標使用

　　第七巡迴法院認為在上述照片中，開特力所使用的「Sports Fuel」，並非作為商品來源的標示。法官Michael Stephen Kanne指出：「該產品的獨特包裝和展示，突顯了開特力的家族商標Gatorade，以及G Bolt這個商標。開特力很少直接將『Sports Fuel』使用在產品包裝上，而是將『The Sports Fuel Company』這個標語使用在廣告或展示架上，而且是作為家族商標Gatorade的子標題。就算有少部分直接使用在產品包裝上，使用的也是『運動燃料飲料』（Sports Fuel Drink）這組字。」

圖13-5　開特力飲料產品包裝

資料來源：www.gatorade.com.

2. 第二要件：作為描述性使用

就第二個要件，第七巡迴法院同意，開特力對系爭標語的使用，是一種描述性質（descriptive），而非一種暗示性質（suggestive）。一般的商標，按照識別性程度，可以分成：1.通用名稱商標；2.描述性商標；3.暗示性商標；4.隨意性商標；5.創作性商標。本案的爭議在於，究竟「sports fuel」是描述性的，還是暗示性的。

要區分是描述性的，還是暗示性的，美國法院主要仰賴二種區分方式。第一種是看該字眼是否廣為該業界使用，第七巡迴法院認為，開特力提供了足夠的證據，認為健康營養產業，確實廣泛將「sports fuel」用來描述營養產品。而且，在開特力向美國專利商標局申請商標時，法院就要求其對「The Sports Fuel Company」聲明不專用，更證明了該字眼是一種描述性質的。

第二種方式是採取想像力檢測（imagination test），亦即消費者看到該字眼是否需要想像，才能理解其所描述的意涵。SportFuel公司主張，「Sports Fuel」是一種暗示性的，因為消費者需要稍微想像，才知道賣的是運動營養產品。但法院認為，開特力使用的是「Gatorade The Sports Fuel Company」這一組字，消費者很清楚，其賣的就是開特力的產品，並不需要想像。

問題是，如果「sports fuel」是一種描述性字眼，識別性低，當初SportFuel公司是如何取得商標的？法院指出，就算一個識別性低的商標，只要申請後超過五年沒有質疑，就成為無法挑戰（incontestable）的商標。但即便如此，其他人仍然可以對該字眼主張描述性合理使用。

3. 第三要件：並不具有惡意

SportFuel公司主張，開特力使用「sports fuel」這個標語是出於惡意。SportFuel公司提出惡意的理由有三：(1)過去曾經在SportFuel公司工作一段時間的營養師，後來也在開特力公司工作過一段時間，但現在已經離職；(2)開特力並沒有任何正當理由，說明為何採用這個標語；(3)開特力曾經考慮要將「sports fuel」這個標語申請取得專利。

　　但第七巡迴法院對上述說法逐一駁斥，認為均無法充分證明開特力對該標語的使用具有惡意。其認為，開特力對上述標語的使用是描述性的，是出於善意，且構成合理使用。其中，開特力為何要使用「sports fuel」這個標語的目的，是想要讓公司可以更清楚地描述其事業和所銷售產品的特性。

二、第二巡迴法院2020年Costco v. Tiffany案

　　2012年時，Tiffany公司發現，美國Costco賣場（好市多）所賣的各類鑽戒中，有的標示為「Tiffany式爪鑲鑽戒」，但有的只有標示「Tiffany」，故提告Costco侵害其商標。2017年8月，紐約南區地區法院作出一審判決，判決Costco要賠償Tiffany公司2,100萬美元的賠償。如今，2020年第二巡迴法院推翻原判決，認為Costco對該鑽戒的標示，可能只是一種描述性使用，而不構成侵權。但因涉及事實爭議，需發回地院，召開陪審團認定事實。

（一）事實

1. Tiffany式爪鑲鑽戒

　　本案原告是Tiffany公司，擁有Tiffany這個商標。大約在19世紀晚期，Tiffany設計出一款特殊的鑽戒，為六爪鑲嵌鑽戒。自該時起，許多廣告、字典、交易出版品以及其他文件，都將這種鑲嵌鑽石的方式，稱為「Tiffany Settings」（Tiffany式爪鑲）[3]。

　　本案的被告是美國大賣場Costco。其在美國的賣場中，也販賣鑽戒，由供應商R.B. Diamond Inc.所生產提供，Costco標示其為「無品牌」（unbranded）。而Costco賣的鑽戒有各種形式，包括包鑲（Bezel Setting）、大教堂風格鑲（Cathedral Setting）、軌道鑲（Channel Setting），以及所謂的Tiffany式爪鑲（Tiffany Setting）[4]。

---

[3]　Tiffany and Company v. Costco Wholesale Corporation, 971 F.3d 74, 81 (2ed. Cir. 2020).
[4]　Id. at 81.

2. Costco對鑽戒的標示方式產生爭議

　　Costco在每一款鑽戒下，均會用一個小白紙條，以一般統一的黑字體，顯示某些資訊，包括鑲嵌形式，價格則是用較大的字體顯示。這些字條和字體，與Costco在其他每一樣商品下的白紙條的樣式都一樣。Costco說明，其在珠寶商品下的紙條中的資訊，都是供應商R.B. Diamond所提供。根據Costco的說法，有些時候，在紙條上標示的是「Tiffany式爪鑲」（Tiffany Setting）、「Tiffany Set」或「Tiffany風格」（Tiffany Style），但有的時候只使用「Tiffany」這個字[5]。

　　2012年11月，一個消費者通知Tiffany，稱其在加州某一家Costco賣場，看到鑽戒下標示為「Tiffany鑽戒」（Tiffany rings）。Tiffany隨即派人前往調查，並發現在珠寶展示下面，一個鑽戒標示內容為：「639911 / PLATINUM TIFFANY / .70 VS2,I ROUND / DIAMOND RING / **3199.99**」；另一個鑽戒標示內容為：「605880 / PLATINUM TIFFANY VS2,I / 1.00CT ROUND BRILLIANT / DIAMOND SOLITAIRE RING / **6399.99**.」

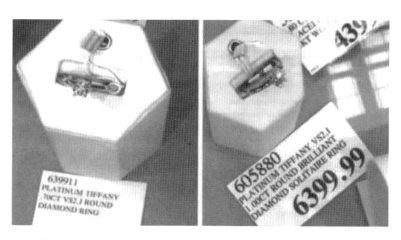

圖13-6　Costco販售Tiffany式爪鑲鑽戒的紙條標示方法

資料來源：https://ipop.sina.com.tw/posts/491666.

---

[5]　Id. at 81.

3. Tiffany主張侵權

2012年12月，Tiffany聯絡Costco，認為Costco將鑽戒標示為「Tiffany」，不只是產品的不當標示（misrepresentation），同時構成侵權和仿冒。Costco則主張，在一星期內，就已經主動撤下所有鑽戒下標示「Tiffany」的紙條，此後也沒有再使用所謂的「Tiffany鑽」這樣的字眼[6]。

2013年2月，Tiffany於紐約南區地區法院，正式對Costco提告。Costco隨即寄信給所有曾經購買「Tiffany鑽」這種商品的顧客，向他們說明，在紙條上所使用的「Tiffany」這個字，代表的是「Tiffany式爪鑽」。並在信中說，他們不認為這樣的標示不正確，但也告訴消費者關於Costco的退貨政策，這些消費者有權在任何時間退回鑽戒，且全部退費。收到信的消費者中，大約有1.3%將這款鑽戒退貨[7]。

2013年，Tiffany於紐約南區地區法院向Costco提告，主張其行為構成商標侵權、商標淡化、仿冒（counterfeiting）、不公平競爭（unfair competition）、虛假和欺罔之商業行為，以及不實廣告，而違反美國聯邦商標法和紐約州法。其中，Tiffany主要控訴的部分，是Costco的產品標示紙條中，只單純標示「Tiffany」，而沒有加上「鑽」、「風格」（setting、style、set）等字樣的情形[8]。

而Costco則主張，其使用「Tiffany」這個字，是描述鑽戒鑲嵌的形式，屬於聯邦商標法中的描述性合理使用。美國聯邦商標法第1115條(b)(4)規定：「在使用名字、字詞或設置時，並非作為商標使用，而是……描述性的（descriptive），且出於善意、合理的，描述當事人的產品或服務，或其產地。[9]」

---

[6]　Id. at 82.
[7]　Id. at 82.
[8]　Id. at 82.
[9]　15 U.S.C. § 1115(b)(4)("(4)That the use of the name, term, or device charged to be an infringement is a use, otherwise than as a mark, ...or of a term or device which is descriptive of and used fairly and in good faith only to describe the goods or services of such party, or their geographic origin; ....").

（二）紐約南區地區法院一審判賠2,101萬美元

2015年9月8日，紐約南區地區法院認為就侵權部分沒有事實爭議，不需召開陪審團，法院自己作出即決判決。認為Costco侵權事證明確，屬於蓄意侵權，且在法律上不構成描述性合理使用，甚至構成仿冒。法院也認為，在聯邦商標法下不得請求懲罰性賠償，但在紐約州法下可請求懲罰性賠償[10]。

對於賠償金額，則涉及事實認定，地區法院於2016年9月至10月間召開陪審團審判，由陪審團認定Tiffany根據美國商標法第1117條，決定可求償的被告所獲利益和法定賠償金。陪審團裁決，Costco應賠償所獲利益370萬美元，以及825萬美元的懲罰性賠償金[11]。

進而，地區法院在2017年8月作出判決，基於陪審團認為Costco的所獲利益為370萬美元，則因為屬蓄意侵權，判三倍賠償，共1,110萬美元；另外加上825萬美元的懲罰性賠償金，以及訴訟期間之利息，最後共判Costco要賠償2,101萬美元[12]。

（三）2020年第二巡迴法院逆轉推翻原判決

Costco提起上訴。由於地區法院當初作實質侵權認定時，認為沒有事實爭議。但Costco上訴後，就侵權部分提出很多事實爭議。因而，此次2020年8月第二巡迴上訴法院最新的判決[13]，認為確實存在事實爭議，而撤銷原判決，發回地區法院重審。

1. 混淆誤認之高度可能

Tiffany認為，本案的事實，勢必會造成消費者混淆誤認之高度可能（likely to cause confusion），故不需要就此點召開陪審團認定[14]。

---

[10] Tiffany and Company v. Costco Wholesale Corporation, 971 F.3d at 83.
[11] Id. at 83.
[12] Tiffany and Company v. Costco Wholesale Corporation, 274 F.Supp.3d 216 (S.D.N.Y., August 14, 2017).
[13] Tiffany and Company v. Costco Wholesale Corporation, 971 F.3d at 81.
[14] Id. at 84.

　　美國第二巡迴法院指出，判斷混淆誤認，主要採取1961年的Polaroid案[15]八因素。這八個因素分別是：(1)商標識別性之強弱；(2)二商標圖案間的近似程度；(3)商標權人指定之產品和被告產品間的類似程度；(4)原告是否可能進入被告所銷售產品的市場；(5)消費者真正被混淆的證據；(6)被告採取類似商標是否出於惡意；(7)產品的相對品質；(8)相關消費者的專業程度。

　　Costco在上訴時，主要爭執三個因素：(1) Costco的消費者是否真的被混淆了；(2) Costco在紙條上寫Tiffany是否出於惡意；(3)相關領域消費者是否夠專業足以避免該混淆[16]。

(1) 消費者是否真的被混淆？

　　第二巡迴法院認為：①3,349位向Costco購買該產品的消費者，只有六位出來作證說被混淆了，這個比例屬於微量，不足以證明真的有相當數量的消費者被混淆；②Tiffany委託一位學者作了民意調查，在944位受訪者中，606位表示可能會想買Costco的珠寶產品，其中有五分之二認為可能會因為標示方法而受到混淆。但Costco提出的專家，則認為這項調查有問題，首先，其並非針對真正有意願購買鑽戒的消費者來調查；其次，其調查中給消費者看的圖片，並不符合真實的消費情境。亦即，Costco真正擺放系爭產品的方式，是將不同的鑽戒擺在一起，並標示不同的風格，而非只單獨將系爭產品單獨擺放。因而，上訴法院認為，對於是否對消費者產生真正之混淆，有事實上之爭議[17]。

(2) 是否出於惡意？

　　其次，關於Costco在系爭產品紙條上寫上Tiffany，一審法院認為，其應該是出於惡意，就是想要利用Tiffany的信譽和名譽，讓消費者產生混淆。但是，Costco主張，其並沒有想將Tiffany作為商標使用，而只是想作為描述性使用，描述所販賣的是一種類似Tiffany爪鑲的鑽戒，且紙條的資

---

[15] Polaroid Corp. v. Polarad Elecs. Corp., 287 F.2d 492 (2d Cir. 1961).

[16] Tiffany and Company v. Costco Wholesale Corporation, 971 F.3d at 86.

[17] Id. at 86-87.

訊是供應商所提供，因此並不具有惡意。

第二巡迴法院認爲，陪審團確實有可能認爲Costco只是想販賣類似Tiffany爪鑲樣式的鑽戒，而非想要欺騙消費者所販賣的產品來自Tiffany，因而，陪審團未必會認爲Costco具有惡意[18]。

(3) 消費者專業與注意程度

第三，倘若消費者對於所欲購買的商品具有越多的知識，且越熟悉相關的詞彙，就越不容易被混淆。地區法院僅參考前述Tiffany方所請的專家所爲的消費者調查，就說有五分之二考慮購買珠寶的消費者可能會被混淆。但是，第二巡迴法院認爲，根據Costco方所委託的專家強調，通常會購買鑽戒的消費者，會花更多的時間在交易，也會蒐集更多資訊。因此，消費者應該會在購買時更加認眞區辨，更注意也更審愼。故珠寶消費者是否眞的會被混淆，有待陪審團進一步認定[19]。

綜合上述三個面向，第二巡迴法院認爲，這三個點都會影響消費者是否會被混淆誤認。第二巡迴法院認爲，確實有證據證明，用Tiffany來描述鑽戒，可以指的是Tiffany式的六角爪鑲方式，且也被廣泛接受；其次，會購買鑽戒的消費者，應該會花更多時間區辨商品[20]。雖然消費者有低度可能（possibility）被混淆，但並非達到中度或高度可能（likely）被混淆的程度[21]。

2. 描述性合理使用

接著，第二巡迴法院討論描述性合理使用。其提到，縱使被告的使用確實造成了某些混淆，但仍然可以提出描述性合理使用之抗辯。要主張描述性合理使用抗辯，必須要證明：(1)其使用並非作爲商標使用；(2)使用屬於描述性的；(3)其出於善意[22]。

---

[18] Id. at 88-89.
[19] Id. at 90-91.
[20] Id. at 91.
[21] Id. at 91.
[22] Id. at 92.

(1) 非作為商標使用

首先，在Costco的商品紙條中，若想表現該商品的品牌商標，通常會放在產品名稱的最前面。可是在這個案件中的紙條，Tiffany這個字並沒有出現在該資訊的第一個字。而Costco主張，在系爭產品的紙條中，其放Tiffany這個字的位置、字體、大小，和對其他鑽戒描述的方式，所放的位置一樣，是在描述該鑽戒的鑲嵌形式。且在鑽戒或其包裝上，都沒有出現Tiffany的商標，反而出現的是另一家公司的商標。因此，從這些證據來看，Tiffany這個字的使用，並非作為商標使用[23]。

(2) 使用其描述性意義

其次，其是否將某個字詞作為描述性使用，要看這個字詞是否可以描述產品的特性、品質等。第二巡迴法院認為，陪審團有可能會認為，「Tiffany」這個字是描述性的，理由在於：①有相當多證據顯示，「Tiffany」除了作為Tiffany商標之外，確實具有描述性的意義，不論其和「鑽戒」、「鑲」、「風格」、「架」等字並用，還是單獨使用；②Costco確實是想將這個字作為描述性意義，而使用在商品的紙條上。Costco也確實用相同方式，去描述其他款式的鑽戒，包括「包鑲」（Bezel）、大教堂風格（Cathedral）等[24]。

(3) 商標名稱不能作為一種產品風格的描述？

Tiffany主張，如果可以將Tiffany這個商標作為一種商品風格的描述，將會使Tiffany這個字喪失其指示商品來源的特性。

但是，第二巡迴法院認為，過去的案例確實承認，同一個字詞，可同時作為商標以及描述詞[25]。而且，Tiffany並沒有控告Costco使用「Tiffany式爪鑲」（Tiffany Set或Tiffany Setting），表示Tiffany確實也接受，這個字已經有描述性的意義[26]。

---

[23] Id. at 92-93.
[24] Id. at 93.
[25] Id. at 93-94.其引述的是Abercrombie & Fitch Co. v. Hunting World, Inc., 537 F.2d 4, 9 (2d Cir. 1976).
[26] Id. at 94.

第三節　遠方善意使用抗辯

一、聯邦商標法中的善意先使用原則

美國制定聯邦商標法後，可以註冊聯邦商標，但對已註冊的聯邦商標，可以提出善意先使用之抗辯。

根據美國商標法第1115條(b)(5)，在聯邦商標註冊申請前，他人已使用者，仍可以在原有地域範圍內繼續使用。其詳細規定為：「一方當事人使用被控侵權之商標，係在不知註冊登記人之在先使用事實的情況下所採用，且該當事人或與其有共同利益之人的使用日，早於(A)該商標依本法第1057條(c)之規定所建立的推定使用日，(B)如該註冊申請係在1988年商標法修正案生效前提出，依本法規定之商標註冊日，或(C)依本法第1062條(c)規定之商標註冊公告日，並持續迄今：然而，本抗辯或瑕疵應僅適用於該持續使用能夠被證明的區域；……[27]」

但同樣地，商標法第1115條(b)(5)將「遠方善意使用原則」中的「是否知情」這個標準納入成為關鍵判准。其規定，必須先使用者「並不知道註冊者的先使用」（without knowledge of the registrant's prior use），才能主張善意先使用原則[28]。

二、普通法上之遠方善意使用抗辯

美國商標維持了使用保護主義與註冊保護主義並行。由於美國地域範圍廣大，在普通法下的使用取得保護的商標權，控告在其他遙遠地域範圍

---

[27] 15 U.S.C. § 1115(a)(5)(" (5)That the mark whose use by a party is charged as an infringement was adopted without knowledge of the registrant's prior use and has been continuously used by such party or those in privity with him from a date prior to (A) the date of constructive use of the mark established pursuant to section 1057(c) of this title, (B) the registration of the mark under this chapter if the application for registration is filed before the effective date of the Trademark Law Revision Act of 1988, or (C) publication of the registered mark under subsection (c) of section 1062 of this title: Provided, however, That this defense or defect shall apply only for the area in which such continuous prior use is proved; or...").

[28] Stone Creek, 875 F.3d at 439.

內善意使用的侵權人，侵權人可以提出遠方善意使用原則抗辯（Tea Rose-Rectanus Doctrine）。

其屬於美國普通法上的一個原則，其名稱的來源，則是來自美國最高法院的兩個案件：一是1916年的Hanover Star Milling Co. v. Metcalf案[29]，又稱為Tea Rose案；二是1918年的United Drug Co. v. Theodore Rectanus Co.案[30]。

該原則的核心，大致是普通法上的商標權範圍，只有在該商標知名且被肯認的地域範圍內。而後使用者如果出於善意，且是在離先使用者的地域範圍很遠的地區，也能取得有限地域的使用權利[31]。

不過，要主張遠方善意使用原則，必須有二個要件，一必須是善意（good faith）；二是在遙遠的地域使用（use in a geographically remote area）。

三、2017年Stone Creek v. Omnia案

2017年美國第九巡迴上訴法院的Stone Creek v. Omnia案認為，只要後使用者知道先使用者的存在，就不可能構成善意。

（一）事實

本案的原告是美國的Stone Creek家具製造商，其在鳳凰城、亞利桑那州有自己的零售店面，直接銷售家具給消費者[32]。1990年起，Stone Creek開始使用圖13-7的商標圖案。1992年，Stone Creek申請註冊該州的商標，20年後，即2012年，Stone Creek註冊了聯邦商標[33]。

---

[29] Hanover Star Milling Co. v. Metcalf, 240 U.S. 403, 36 S.Ct. 357, 60 L.Ed. 713 (1916) ("Tea Rose").

[30] United Drug Co. v. Theodore Rectanus Co., 248 U.S. 90, 39 S.Ct. 48, 63 L.Ed. 141 (1918).

[31] Stone Creek, Inc. v. Omnia Italian Design, Inc., 875 F.3d 426, 436 (2017).

[32] Stone Creek, Inc. v. Omnia Italian Design, Inc., 875 F.3d 426, 429 (2017).

[33] Id. at 430.

圖13-7　Stone Creek的商標

資料來源：Stone Creek, Inc. v. Omnia Italian Design, Inc., 875 F.3d 426, 430 (2017).

　　在2003年時，Stone Creek與被告Omnia公司的代表會面。Omnia是一家義大利公司，專門製作皮革家具，其在加州有展售店。當時，Stone Creek同意購買Omnia公司的皮革家具，並掛上Stone Creek的商標。這樣的合作模式一直持續到2012年[34]。

　　Omnia公司在2008年起，開始與一家家具連鎖店大客戶Bon-Ton公司合作推出新家具。Bon-Ton公司同意由Omnia公司提供皮革家具，讓Bon-Ton公司在其家具店販售。但是，Bon-Ton公司不想使用Omnia公司的商標名稱，其希望使用「聽起來像是美國」的商標。當時Omnia公司提供了幾個選項，但Bon-Ton公司最後選擇使用「STONE CREEK」。Omnia公司之所以會提出「STONE CREEK」這個選項，是因為這方面的行銷資料和標誌，本來都已經有了，不用另外準備[35]。

　　因此，Omnia公司從Stone Creek的資料上直接複製了標誌，並且使用在許多相關產品上，包括皮革樣品、Bon-Ton商店展示的顏色版、保證書等，時間從2008年至2013[36]年。Bon-Ton公司的家具展示店分布在美國中西部，包括伊利諾州、密西根州、俄亥俄州、賓州和威斯康辛州。這些家具展示店的產品所販售的對象，是住在離展示店不超過200英里內的消費者，因此除了上述這幾個州的消費者外，還包括印第安那州、愛荷華州的消費者[37]。

---

[34] Id. at 430.
[35] Id. at 430.
[36] Id. at 430.
[37] Id. at 430.

（二）第九巡迴法院判決

本案中，被告使用的商標，與原告註冊的商標，會讓消費者產生混淆誤認，此並沒有太多爭議。但被告提出一「商標遠方善意使用原則」之抗辯。

而在本案中，最關鍵的是Omnia公司是否為善意[38]。關於善意的判斷，美國各巡迴法院的見解目前並不一致。有一派見解認為，只要所謂的使用者，已經知道先使用者（senior user）的存在，即不構成所謂的善意（例如第七、第八巡迴法院採此見解）；另一派見解認為，是否知情雖然也會影響是否為善意的判斷，但真正的關鍵在於，使用者是否有意圖從先使用者的名譽或商譽中獲利（例如第五、第十巡迴法院採此見解）[39]。

第九巡迴法院在本案中對此問題表示意見，採取前一派的看法，認為只要使用者知道先使用者的存在，就無法構成善意[40]。之所以採取前一見解，第九巡迴法院認為應回到最高法院Tea Rose案和Rectanus案的原本案情，後使用者都是真的不知道先使用者的商標，所以被認為屬於善意[41]。

雖然該二判決中，也有提到後使用者是否是有敵意的設計（design inimical）或險惡目的（sinister purpose），但第九巡迴法院認為，是否知情才是關鍵[42]。此外，之所以要有遠方善意使用原則，是因為後使用者是在不知情的情況下使用相同商標，且投入時間、資源建立在該地域內該商標的相關事業，因而值得保護[43]。

但是在本案中，Omnia公司明確知道Stone Creek已經先使用這個商標，而非碰巧選到同一個商標圖案、獨立地建立自己的品牌。Omnia公司使用該商標的行為，就是想直接利用先使用者的商標，且可能會阻礙先使用者將商標打入新市場。因此，第九巡迴法院認為本案的Omnia公司是出

---

[38] Id. at 436.
[39] Id. at 437.
[40] Id. at 437.
[41] Id. at 437.
[42] Id. at 438.
[43] Id. at 438-439.

於惡意而非善意[44]。

第四節　權利耗盡

一、外國合法購買是否可主張權利耗盡

在全球貿易商業活動中，同一個商標，各國的商標權人可能不是同一人。最常見的情況是，外國公司擁有外國商標權，本國代理商則擁有台灣商標權。外國公司在外國製造銷售的合法商品，由第三人在外國購買後，進口到台灣銷售，台灣商標權人是否可以對之主張商標侵權？第三人是否可以主張，該商品在外國屬於合法銷售取得，商標權已經權利耗盡？

（一）關稅法對於商標權利耗盡之規定

美國聯邦商標法本身，並沒有直接規定商標的權利耗盡問題。聯邦商標的權利耗盡問題，規定於美國的關稅法第1526條。

美國國會在1930年之所以制定這一個條文，主要是想修正1921年的Bourjois & Co. v. Katzel案[45]判決。該案的基本事實是，一個法國製造商製造一款商標為「Java」的粉底，將產品銷售給美國Bourjois & Co.公司，並也將在美國的商標權利都賣給該公司。因此，該公司在美國註冊了「Java」這個商標，並開始廣告行銷。因為經營成本提高，產品價格也開始提高。不久後，有另一家Katzel公司決定直接跟法國製造商進口該產品在美國銷售，與Bourjois & Co.公司直接競爭。Bourjois & Co.公司控告Katzel公司侵權，而法院認為，由於被告賣的產品是合法購買於法國，也是真品，故原告的商標權不能禁止被告的進口銷售。

這樣的判決結果，對於花錢向法國公司購買商標的美國公司是不利的。仔細思考，法國公司雖然有從銷售產品中獲得利益，但美國Bourjois

---

[44] Id. at 439.
[45] Bourjois & Co. v. Katzel, 275 F. 539 (CA2 1921).

& Co.公司不僅沒有獲得利益，還花大錢白買了美國的商標權。因此，美國國會才會修法糾正這樣的判決結果。

美國關稅法第1526條(a)(1)規定，禁止進口「至美國任何外國製造之商品（merchandise of foreign manufacture），如果該商品……上有使用美國公民、或美國境內公司、組織或機構的商標，並且由美國之居民註冊於美國專利商標局……，除非該物品進口時有得到該商標所有人之書面同意。[46]」

這個條文規定，所有國外進口產品只要侵害美國商標權人的權利，原則上都禁止進口，除非得到美國商標權人的同意。惟此似又太過嚴格，因為在某些情況下，也許所謂外國製造之產品，與美國商標權人之間也會有某種關聯。

（二）屬同一集團

在商標法方面，美國第九巡迴上訴法院在NEC Electronics v. CAL Circuit Abco案[47]中，採取一個廣泛的耗盡原則。該案中，原告為日本NEC在美國的子公司，其生產NEC的電腦晶片，上方有NEC的商標。被告是Abco公司，其在海外購買到NEC的電腦晶片，而輸入到美國，以更便宜的價格銷售，故原告控告其侵害NEC的商標權[48]。一審判決認為，被告的確侵害商標權。但二審卻推翻一審認定，法院認為，美國NEC子公司為百分百的NEC所持有的公司，故其擁有的商標權，和日本總公司的商標權是同一個。而被告Abco公司在海外購買的是日本總公司的產品，輸入到美

---

[46] 19 U.S.C. § 1526(a)("(a)Importation prohibited
Except as provided in subsection (d) of this section, it shall be unlawful to import into the United States any merchandise of foreign manufacture if such merchandise, or the label, sign, print, package, wrapper, or receptacle, bears a trademark owned by a citizen of, or by a corporation or association created or organized within, the United States, and registered in the Patent and Trademark Office by a person domiciled in the United States, under the provisions of sections 81 to 109 of title 15, and if a copy of the certificate of registration of such trademark is filed with the Secretary of the Treasury, in the manner provided in section 106 of said title 15, unless written consent of the owner of such trademark is produced at the time of making entry.").

[47] 810 F.2d 1506 (9th Cir. 1987).

[48] Id. at 1507-1508.

國，和美國NEC子公司的商標一樣、產品也一樣，並沒有傷害整個NEC的利益[49]。且法院在最後很明白地表示，反對商標權人可以透過在美國設立子公司的方式，試圖在全球進行市場區分級差別取價[50]。

後來最高法院在1988年的K Mart Corp. v. Cartier, Inc.一案[51]中，即處理這樣的問題。該案中，美國關稅法規定[52]，若外國製造產品上有美國公民或根據美國法所成立的公司或組織擁有的商標，則不可進口。而財政部則頒布了美國關稅服務管制規則，解釋了該法的規定。裡面提到三種例外：1.若同一人或公司擁有美國和外國的同一商標（same person）；2.美國公司為外國公司所完全持有（common control）；3.美國公司自己授權給外國的廠商使用該商標，而產品回銷美國（authorized use）[53]。這三種例外下，並不禁止將商標產品平行輸入進美國。最高法院多數意見認為，前兩種例外的行政解釋，並沒有逾越母法的意涵，但最後一種例外，則違反了母法的意涵[54]。

（三）三種平行輸入情境

在美國最高法院1988年的K Mart Corp. v. Cartier, Inc.一案[55]中，提到了三種平行輸入的情境。

第一種情況（case 1），所謂典型的平行輸入受害者，就是國內廠商向外國廠商購買商標權利，在美國註冊，並銷售向外國廠商製造進口的產品。如果外國廠商已經將美國的商標權賣給美國廠商，卻又可以自己製造銷售，或透過第三人製造銷售，進入美國市場，則最早的美國廠商就成了冤大頭，因此被稱為典型的平行輸入受害者[56]。

---

[49] 其特別區分最高法院在A. Bourjois & Co. v. Katzel, 260 U.S. 689 (1923) 案之不同。Id. at 1509-1510.

[50] Id. at 1511.

[51] K Mart Corp. v. Cartier, Inc., 486 U.S. 281 (1988).

[52] § 526 of the Tariff Act of 1930 (1930 Tariff Act), as amended, 19 U.S.C. § 1526.

[53] 19 CFR § 133.21(c) (1987).

[54] 486 U.S. at 291-295.

[55] K Mart Corp. v. Cartier, Inc., 486 U.S. 281 (1988).

[56] Id. at 286.

　　第二種情況（case 2），大致上是美國商標權人與外國商標權人，兩者間具有某種彼此控制或從屬關係。又可以分為三種情況：Case 2a是外國廠商希望控制美國的銷售管道，自己到美國成立子公司，並以美國子公司註冊美國商標；Case 2b是美國公司到外國設立負責製造的子公司，並由外國子公司註冊擁有外國商標；Case 2c則是外國的製造部門並不是獨立的子公司，但外國商標權同樣在外國部門手上[57]。

　　第三種情況（case 3），則是美國廠商原來先在美國有商標權，後決定授權給外國無關聯的獨立公司製造銷售。美國廠商有向外國公司收取授權金，並限制其銷售的區域範圍僅限於外國，不可進口到美國[58]。

（四）1987年修法

　　在上述三種情況下，第一種情況被稱為典型的平行輸入受害者，就是1921年的Bourjois & Co. v. Katzel案判決的結果，才導致國會修法制定關稅法。但是對於第二種、第三種情況，是否需要完全禁止平行輸入？尤其在第二種情況下的三種情境，美國公司和外國公司彼此根本可以被當作是同一家公司，這時候，所謂的商標權人同意銷售，還需要區分究竟是哪一家公司作成的同意嗎？

　　因此，美國財政部在1987年針對第二種情況和第三種情況，制定例外規定。其規定於聯邦法規命令19 CFR 133.21(c)：「(c)不適用限制的情形。該限制規定……不適用於下列的進口物品：(1)外國和美國的商標或商號，由同一個人或事業實體擁有；或(2)外國和本國的商標或商號所有人，是母子公司，或有其他的共同股權或控制關係（common ownership or control）……(3)外國製造物品，其上使用的註冊商標或商號，乃是基於美國所有人授權下所申請……[59]」

　　財政部的法規命令規定這三種例外下，並不禁止將商標產品平行輸入

---

[57] Id. at 286-287.
[58] Id. at 287.
[59] 19 CFR § 133.21(c) (1987).

進美國。

前面的(c)(1)，是指外國和美國商標都是由同一人或同一公司擁有，所以不管是在哪裡製造銷售，都可以自由進出口，反正利益都歸於同一家公司。

最重要的是(c)(2)，美國財政部這樣的規定，是想要採取某種「實質上屬同一家公司」或「彼此是關係企業」的角度，認為雖然外國商標和本國商標屬於不同公司，但兩家公司實質上是同一家公司或彼此是關係企業。那麼不論從哪一家公司在哪一個國家製造銷售，都可以權利耗盡，進口到美國。

有問題的則是(c)(3)，美國公司雖然授權給外國公司申請商標，可能已經有所獲利，也許也可以允許讓該產品回銷到美國。但1988年美國最高法院多數意見認為，財政部頒布的法規命令，主要是要解釋關稅法第1526條(a)(1)的條文中，何謂「外國製造之商品」、何謂「擁有」等字眼，因為有解釋上的模糊空間，因而可以制定法規命令。19 CFR 133.21(c)(1)和(c)(2)這兩種例外，並沒有逾越母法的意涵；但(c)(3)最後一種例外，則違反了母法的意涵[60]。

（五）比較最高法院108年度台上字第397號判決

台灣最高法院在「最高法院108年度台上字第397號判決」[61]中，採取了一個有爭議的見解，認為系爭商品屬於在外國合法銷售的產品，進口到台灣仍然屬於「真品」，不會侵害台灣的商標權。

---

[60] K Mart Corp. v. Cartier, Inc., 486 U.S. at 291-295.
[61] 最高法院108年度台上字第397號民事判決（2020/1/6）。

圖13-8　系爭PHILIP B商標的化妝品

資料來源：PHILIP B官網。

1. 事實

　　該案涉及的事實是，美國商標權人PHILIP B公司，在台灣的代理商為紅創意公司。紅創意公司也用相同的圖案，在台灣取得商標，為台灣的商標權人。表13-1為系爭的二個商標。

表13-1　紅創意公司在台灣註冊之商標

台灣註冊第01629381號「PHILIP B」商標	台灣註冊第01608207號「倒立花束設計圖」
PHILIP B	

　　本案的原告是智鑫國際股份有限公司，分別於2016年1月7日及同年3月15日向美國PHILIP B公司之官方網站訂購系爭產品輸入我國，並於「姬菈點藏」公司網頁、PChome網站或Facebook平台上使用系爭商標作為廣告宣傳，販賣使用有系爭商標及「倒立花束設計圖」商標之系爭產品。因而，紅創意公司通知PChome網站、Facebook平台、露天拍賣、雅虎奇摩

拍賣、Google網站，表示智鑫公司侵害被上訴人系爭商標權。智鑫公司主動提起訴訟，欲確認自己的進口銷售行為，符合商標法第36條第2項的權利耗盡抗辯。

2. 商標法第36條權利耗盡中「商標權人同意流通」之爭議

我國商標法第36條第2項的權利耗盡規定為：「附有註冊商標之商品，**係由商標權人或經其同意之人於國內外市場上交易流通者**，商標權人不得就該商品主張商標權。但為防止商品流通於市場後，發生變質、受損或經他人擅自加工、改造，或有其他正當事由者，不在此限。」

套用在本案，有問題的地方是，我國的商標權人是紅創意公司，而系爭的化妝品，是美國商標權人在美國製造銷售，並非「台灣商標權人同意於國內外市場上交易流通」。從法條文字表面來看，台灣商標權人沒有同意流通。

但最高法院這次採取的見解，並不是從條文表面得出，而是採取立法目的解釋：「……商標權人以相同圖樣自行或授權他人於不同國家註冊商標，雖然在屬地主義概念下是不同的商標權，但其圖樣相同，本質上排他權的發生亦源自於同一權利人，不同國家之商標權人，只要彼此具有授權或法律上關係，亦對經授權註冊之商標權人發生耗盡結果。」

最高法院所提出的「本質上排他權的發生亦源自於同一權利人」，或者「只要彼此具有授權關係或法律上關係」，就不用再將商標分為美國商標或台灣商標。只要物品經其中一個商標權人同意製造銷售，就權利耗盡，另一個商標權人不可再主張權利。

這樣的見解表面上似乎也有道理，但筆者仍覺奇怪，以下筆者以美國法作為比較對象，思考問題所在。

3. 比較美國與台灣判決

美國財政部制定的法規命令，以及美國最高法院判決，都意識到如果本國商標權人和外國商標權人是不同公司，但兩家公司實質上是同一家公司，或彼此有控制從屬關係，則所謂的得到商標權人的同意，就算是外國

商標權人的同意，也可以當成是本國商標權人的同意。

可是要注意的是，美國國會之所以在1930年制定美國關稅法第1526條(a)(1)，就是想要處理典型的平行輸入受害者，也就是外國商標權人和本國商標權人並不是同一家公司，只有代理關係。本國代理商付出大筆金額取得代理權，並在本國註冊商標，結果卻允許其他第三人從外國直接購買產品進口，那麼，花錢買商標權或在本國註冊的公司，就成了冤大頭。

台灣最高法院在最高法院108年度台上字第397號判決中，提到「只要彼此具有授權關係或法律上關係」，就算不是本國商標權人同意製造銷售，仍然可以構成權利耗盡。此時，台灣的代理商作為商標權人，就是美國典型的平行輸入的受害者，成了超級冤大頭。因為，本國商標權人雖然與外國商標權人有授權關係，但是本屬兩家不同公司，台灣商標權人並沒有因為美國商標權人的獲利，而分享到利潤。

二、將產品進行加工是否可主張權利耗盡：2022年Bluetooth SIG, Inc. v. FCA US LLC.案

藍芽技術聯盟（Bluetooth Special Interest Group, SIG）註冊了相關藍芽商標，包括大家常看到的藍芽符號。要使用這些藍芽商標，必須加入該協會，獲得授權，產品經過認證，繳交費用。美國生產飛雅特（Fiat）、克萊斯勒（Chrysler）、道奇汽車（Dodge）的FCA集團認為，其乃是購買自第三方供應商的產品，可以主張商標權利耗盡原則，故不需要加入藍芽技術聯盟繳費。2022年4月美國第九巡迴法院判決Bluetooth SIG, Inc. v. FCA US LLC.案，認為車商只要有充分說明，有機會主張權利耗盡。

（一）事實

1. SIG與商標

本案的原告是SIG。SIG是一個非營利組織，管理短距無線科技之標準。SIG擁有「BLUETOOTH」此文字商標和表13-2兩個圖文商標。

表13-2 SIG擁有之圖文商標

註冊號2909356	註冊號3389311	註冊號2911905
BLUETOOTH		
證明標章	服務商標	證明標章

資料來源：USPTO.

　　產品製造商想使用這幾個商標，必須加入SIG，簽署授權協議，提交遵守相關規定的宣誓，並且支付費用。科技零件的製造商，必須遵守檢測要求，產品符合「藍芽合格程序」（Bluetooth Qualification Process, BQP）。檢測合格後，可以得到一個「合格設計ID序號」（Qualified Design ID number）以及一「宣布ID序號」（Declaration ID number）。在此過程中，供應商需繳交行政費用[62]。

2. FCA集團向第三方供應商購買藍芽產品

　　FCA集團，全名為Fiat Chrysler Automobiles，是製造飛雅特、克萊斯勒汽車的公司，旗下還有道奇、吉普（Jeep）、Ram等品牌，是美國除了通用汽車、福特汽車以外的第三大汽車製造集團。

　　FCA集團的車都內裝了配備藍芽（Bluetooth-equipped）的主機。這些主機由第三方供應商製造，且都通過SIG的認證。但FCA集團沒有採取SIG要求的進一步步驟，以認證車輛的藍芽功能。FCA集團使用SIG的上述三個商標在其車內裝置上，以及產品說明出版物上[63]。

---

[62] Bluetooth SIG, Inc. v. FCA US LLC., 463 F.Supp.3d 1169, 1179 (W.D. Washington, May 29, 2020).

[63] Bluetooth SIG, Inc. v. FCA US LLC., 30 F.4th 870, 872 (9th Cir. April 6, 2022).

（二）原告、被告主張

1. SIG對FCA集團提起商標侵權訴訟

　　SIG對FCA集團提起商標侵權訴訟。SIG認為，要使用藍芽相關商標，必須加入SIG協會，且也必須認證和列出他們的終端商品。但FCA集團沒有加入SIG協會，也沒有提出認證申請。因而認為FCA集團是對藍芽商標的價值搭便車[64]。

　　FCA集團則主張，第三方供應商的產品已經經過認證，且已經支付過行政費用。如果還要FCA集團再經過認證、再繳一次費用，則SIG是對同一個元件收了多次費用[65]。

2. 權利耗盡抗辯？

　　FCA集團提出幾項抗辯，其中包括權利耗盡原則抗辯，在美國商標法上稱為第一次銷售原則（first sale doctrine）。以下為忠於原文，使用第一次銷售原則，指稱台灣一般所講的權利耗盡原則。

3. 一審即決判決

　　一審法院作出即決判決，對第一次銷售原則的爭議，判決SIG勝訴。地方法院認為，本案不適用第一次銷售原則，因為FCA集團的行為，超出了「儲存、展示和轉售生產者的產品」（stocking, displaying, and reselling a producer's product）的範圍[66]。

（三）第九巡迴法院判決

　　對於這一個爭點，FCA集團提出中間上訴（interlocutory appeal）並指出，「當一商標保護產品被整合進一新產品」，是否有第一次銷售原則之適用？第九巡迴法院其中一庭核准了這個中間上訴[67]，並於2022年4月

[64] Bluetooth SIG, Inc. v. FCA US LLC., 463 F.Supp.3d, at 1179.
[65] Id. at 1179.
[66] Bluetooth SIG, Inc. v. FCA US LLC., 30 F.4th at 872.
[67] Id. at 872.

作出判決。

1. 最高法院和第九巡迴法院曾判決，只要有充分說明即可

地區法院之前採取的見解，乃是根據第九巡迴法院1995年Sebastian案的一段見解：「『第一次銷售』原則的本質是，購買者僅以生產者的商標儲存、展示和轉售生產者的產品，即不會違反聯邦商標法賦予生產者的任何權利。[68]」

但第九巡迴法院認為，Sebastian案的這段見解，並不是闡述第一次銷售原則的準確範圍，只是簡單描述下游買家未經授權轉售真品的行為，說明受第一次銷售原則保護[69]。

最高法院的其他案件承認第一次銷售原則的範圍，就超過了Sebastian案所謂的本質範圍。在最高法院1924年的Prestonettes案，被告是一化妝品製造商，向商標權人購買了真品的化妝粉，然後經過加壓、添加黏合劑，使其變成粉餅，放在粉餅鐵盒中銷售。最高法院認為，商標法沒有禁止被告「附帶」使用原告的商標，該使用並非指稱該產品，而是說明該商標產品是新產品的組成元素。只要一般公眾被充分告知，誰修改了該粉末，如果被告之製程降低了原告粉末品質，公眾有機會發現誰該負責，即為已足[70]。

在第九巡迴法院1998年的Enesco案中，被告Price/Costco是一零售商，從商標權人處購買了瓷娃娃，並重新包裝；但在重新包裝時，不小心壓碎了瓷娃娃。法院認為，仍然有第一次銷售原則之適用，只要公眾可以被適當告知，被告Price/Costco有經過重新包裝，如此對於碎裂的原因是誰造成的，就不會產生混淆誤認[71]。

---

[68] Sebastian Int'l, Inc. v. Longs Drug Stores Corp., 53 F.3d 1073, 1076 (9th Cir. 1995) (per curiam).

[69] Id. at 872.

[70] Prestonettes, Inc. v. Coty, 264 U.S. 359, 366-369 (1924).

[71] Enesco Corp. v. Price/Costco Inc., 146 F.3d 1083, 1086-1087 (9th Cir. 1998).

2. 將零組件整合一新產品是否可主張商標權利耗盡？

上述最高法院Prestonettes案和第九巡迴法院Enesco案，被告都是將一個組件成分整合進一新的終端產品中，且判決均認為有第一次銷售原則之適用。二判決都強調，銷售者在銷售時，有無揭露該商標產品如何被整合；只要有適當地揭露，被告就可以主張第一次銷售原則[72]。

第九巡迴法院認為，在一審時，對於FCA集團是否有適當揭露其與SIG的關係，或者其產品乃使用符合SIG之測試規格，地區法院並沒有詳細審理。因此，第九巡迴法院撤銷地區法院判決，將此爭點發回地區法院重新審理[73]。

第五節　藝術或表達創作之使用

關於藝術或表達創作之使用（artistic or expressive works），許多判決都會援引第二巡迴法院在1989年的Rogers v. Grimaldi案[74]所建立的藝術創作豁免侵害商標的標準。Rogers案建立了二步驟檢測法：第一步驟，是看該商標對被告創作，是否具有「某些藝術相關性」（some artistic relevance）；第二步驟，如果具有某些藝術相關性，則該創作對商標的使用，是否會明顯地誤導（explicitly misleads）消費者，讓他們混淆該作品之來源或內容[75]。

一、2020年紐約南區地區法院AM General LLC. v. Activision Blizzard案

暢銷的軍事射擊遊戲《決戰時刻》（Call of Duty）長期使用悍馬車的

---

[72] Bluetooth SIG, Inc. v. FCA US LLC., 30 F.4th at 873.

[73] Id. at 873-874.

[74] Rogers v. Grimaldi, 875 F.2d 994 (2d Cir. 1989).

[75] Id. at 999.

外觀造型與名稱，擁有悍馬車商標的AM General公司因而提告，認為出品《決戰時刻》的Activision Blizzard公司侵害其商標權。紐約南區地區法院於2020年3月判決認為，電玩遊戲創作中使用他人商標，受到言論自由保護，而豁免商標侵權。

（一）事實

1. 悍馬車外觀與名稱之商標

AM General公司從1983年起，替美國國防部製造軍事車輛，正式名稱為「高機動性多用途輪式車輛」（High Mobility Multipurpose Wheeled Vehicle, HMMWV），俗稱為悍馬（Humvee）。自此之後，悍馬車就成為美國軍隊的基本骨幹，許多電影、報導，都以其為形象，展示美國軍隊的特色[76]。

悍馬車的特色，大致上有其整體的外觀造型，包括側門下方有X型的線條、後方採傾斜線的設計，還有兩側後照鏡的線條框架不是放在側門上，而是放在前擋風玻璃旁等。

AM General公司也從1990年起，在美國分別註冊了HMMWV商標，指定使用於卡車、玩具汽車等，另外也註冊了HUMVEE商標，指定使用於動力車輛等。此外，AM General公司還將悍馬車的代表造型，在美國申請取得立體商標。

AM General公司主張，其主要事業除了生產銷售車輛外，也有部分的授權收入。其曾授權上述商標給其他公司使用，包括玩具車製造公司，以及至少四家遊戲軟體公司等。

2.《決戰時刻》軍事射擊遊戲

被告Activision Blizzard公司製作一款系列暢銷電玩遊戲《決戰時刻》，是一種第一人稱的軍事射擊遊戲，從2003年的第一代遊戲起，至2020年已經推出了至少十八代的系列電玩，在電玩遊戲圈中非常暢銷，所

---

[76] AM General LLC. v. Activision Blizzard, Inc., 450 F.Supp.3d 467, 475 (N.Y.S.D. 2020).

銷售的遊戲套書超過1億3,000萬套[77]。

這系列電玩遊戲的特色在於描述軍事戰爭的場景，強調非常真實、逼真，接近電影場景的畫面，且採取快節奏的、多人共玩的模式[78]。

在《決戰時刻》系列遊戲中，悍馬車的形象會出現在各種場景畫面中。例如，在某個救援任務，悍馬車是待救援的車輛，玩家不但會看到悍馬車，還會進入到悍馬車中搜尋。又例如，在某些任務中，玩家是駕駛悍馬車前進的。而在某些畫面中，會明確地標示該車輛的資訊為「悍馬」（Humvee）。悍馬車也出現在《決戰時刻》的某些預告影片中[79]。

甚至，被告Activision Blizzard公司自己也授權給玩具製造公司，製造帶有「Call of Duty」品牌的相關產品，包括悍馬車造型的玩具汽車[80]。

（二）原、被告主張

1. 原告主張侵權

原告AM General公司認為上述這些使用行為，均侵害了其悍馬車的立體造型商標，也侵害了Humvee這個文字商標。2016年6月20日，原告的一家代理商，對被告Activision Blizzard公司寄發了警告信函，要求其不得再使用悍馬車造型與名稱於其《決戰時刻》系列電玩中和相關的玩具產品上。但被告於2016年11月4日推出的新一代遊戲《決戰時刻：現代戰爭重啟》（Call of Duty: Modern Warfare Remastered）仍然繼續使用悍馬車。因此，AM General公司於2017年11月7日向紐約南區地區法院，提起本件商標侵權訴訟[81]。

2. 被告主張藝術創作中使用商標可以受言論自由保護

本件被告使用原告的悍馬車造型與名稱，且使用了其商標，是非常

---

[77] Id. at 475.
[78] Id. at 475.
[79] Id. at 475.
[80] Id. at 475.
[81] Id. at 476.

明確的，並沒有爭議。但是被告提出抗辯，認為其在電玩遊戲中使用，是屬於一種藝術或表達的創作，可以受言論自由保護，而豁免於商標侵權。因此，紐約南區地區法院花了大部分的判決篇幅，討論此種藝術創作的使用，在何種情況下可免於商標侵權。

首先，其提到，紐約屬第二巡迴法院管轄，第二巡迴法院在1989年的Rogers v. Grimaldi案[82]中，建立了藝術創作豁免侵害商標的標準。Rogers案建立了二步驟檢測法：第一步驟，是看該商標對被告創作，是否具有「某些藝術相關性」；第二步驟，如果具有某些藝術相關性，則該創作對商標的使用，是否會明顯地誤導消費者，讓他們混淆該作品之來源或內容[83]。Rogers案本身，是一部電影的標題，使用了他人商標，但第二巡迴法院認為，該案的「衡平判斷法」，也可以適用到一般藝術表達作品內容使用他人商標的案例中[84]。

（三）法院判決

紐約南區地區法院分析過去的案例，討論這二個步驟的實際運用。

1. 標準

首先，就第一步驟「某些藝術相關性」，其發現，這個標準相當的寬鬆，或至少不嚴格。例如，在原本的Rogers案中，該電影名稱使用了《*Ginger and Fred*》，是因為電影中的主角，被命名為「Ginger」和「Fred」，且主角名稱對於電影故事的展開有一些實質相關性，因此，片名使用《*Ginger and Fred*》，就被法院認為具有藝術相關性[85]。

至於第二步驟，則要看被告作品對商標的使用，「是否會明顯誤導該作品來源或內容」。法院發現，只有一般商標侵權的「混淆誤認之虞」（a likelihood of confusion），並不構成明顯誤導，必須該混淆誤認的情

---

[82] Rogers v. Grimaldi, 875 F.2d 994 (2d Cir. 1989).
[83] Id. at 999.
[84] Cliffs Notes v. Bantam Doubleday Dell Publ'g Grp., 886 F.2d 490, 495 (2d Cir. 1989).
[85] AM General LLC. v. Activision Blizzard, Inc., 450 F.Supp.3d 467, at 477-478.

況特別重大（particularly compelling），才會大過言論自由保障的利益。不過，在操作上，仍然採用一般混淆誤認判斷的判斷因素。第二巡迴法院是在1961年的Polaroid Corp. v. Polarad Elecs. Corp.案[86]發展出混淆誤認的判斷八因素。

2. 參考過去的案例

法院也比較了過去二個案件。在LV告華納的《醉後大丈夫：II》[87]中，電影公司在電影中使用LV的仿冒品，發音上故意唸成「Lewis Vuitton」。原告LV認為，在電影中這樣表達使用仿冒品，會讓觀眾以為此有獲得原告的贊助或同意。而當時法院認為，電影中對名牌仿冒包的使用，具有藝術相關性，因為「其炫耀和隨後的錯誤發音，表現了該角色『勢利』、『社會無能』並『引起』整個電影中兩個角色之間的喜劇張力」。即便可能有一些人會誤以為電影公司有得到LV的授權，但是，本案中公眾避免被混淆誤認之利益，並沒有大過被告的言論自由創作的利益。

第二個案件是Simon & Schuster案[88]。原本出版了一本《美德之書》紙本書以及影音書，不久後被告出版一本《兒童美德影音書》，以及打算出版一本《兒童美德之書》。法院認為，被告的書的內容，與兒童美德沒有太大關聯，並沒有提出「具說服力之解釋」（persuasive explanation），為何要採用此書名。如此看來，此書名的採用，只是想要模仿暢銷書名，且該書名並非該創作的「整合元素」（integral element）[89]。

法院還指出，所謂創作的「整合元素」，並不需要達到「若沒有則不可」（but for）的程度，也就是不用非要使用該元素於創作中不可，才能

---

[86] Polaroid Corp. v. Polarad Elecs. Corp., 287 F.2d 492 (2ed Cir. 1961).

[87] Louis Vuitton Malletier S.A. v. Warner Bros. Entertainment Inc., 868 F.Supp.2d 172 (N.Y.S.D. 2012).

[88] Simon & Schuster, Inc. v. Dove Audio. Inc., 970 F.Supp.279, 301 (S.D.N.Y. 1997).

[89] Id. at 300-301.

主張言論自由，只要提出具說服力之說明，爲何在創作中要使用該元素即可[90]。

3. 本案《決戰時刻》為了軍事真實感而使用該元素

回到本案的判斷。法院認爲，本案《決戰時刻》之所以使用悍馬車形象與名稱，是爲了軍事的眞實感與臨場感。這種藝術創作爲了追求眞實性，也屬於藝術相關性，故符合第一步驟的判斷。

其次進入第二步驟，要採用混淆誤認八因素，判斷混淆誤認的程度。其中，由於原告的商標主要使用領域爲製造銷售車輛，與被告的營業領域爲電玩遊戲，兩者產品類別差異相當大，故混淆誤認程度應該很低。雖然原告主張，其也授權其他電玩遊戲使用該商標，但自己並沒有眞的進軍電玩遊戲，且這些授權的比例很低，所以行業類別的區隔還是很大。

就有無實際混淆誤認情事，原告提出一份消費者調查，有低於20%的消費者可能會誤以爲《決戰時刻》有得到原告的授權，但這個比例並不高。

整體綜合考量，在八個因素中，只有原告商標識別性高，以及有若干的實際混淆誤認情事，這二個因素可能會有利於存在混淆誤認，其他因素則都不利於認定存在混淆誤認。因此，整體的混淆誤認程度不高，並沒有達到「明顯誤導」，或者「重大到」大於言論自由保障之利益。因而，法院認爲，被告在電玩遊戲創作中使用原告商標，可受言論自由保護，豁免於商標侵權。

4. 結語

本案的重要性在於，其認爲爲了追求眞實性，也屬於藝術創作的目的之一，可認爲屬於「藝術相關性」，故可在創作中使用他人商標。不過，在第二步驟混淆誤認的判斷上，因爲本案的混淆誤認程度不高，所以法院認爲可以主張言論自由保護。可是若在其他個案中，創作時使用他人商標，

---

[90] AM General LLC. v. Activision Blizzard, Inc., 450 F.Supp.3d 467, at 479.

產生了較明顯的混淆誤認、情況特別嚴重，還是不能主張言論自由保護。

二、2022年第十一巡迴法院MGFB Properties v. Viacom案

美國維亞康姆集團（Viacom）製作的眞人實境秀節目《*Floribama Shore*》，在2017年第一季播出之前，FLORA-BAMA酒吧就寄發警告信，認爲節目名稱侵害其商標。2022年11月底，美國第十一巡迴法院判決，該節目名稱構成對該商標之藝術創作使用，而受言論自由保護。

（一）事實

1. 原告知名海濱酒吧

在美國東南方的佛羅里達州和阿拉巴馬州的交界處海邊，有一家酒吧，取名爲「FLORA-BAMA」酒吧（FLORA-BAMA Lounge）。FLORA代表佛羅里達州，BAMA代表阿拉巴馬州。MGFB公司爲該酒吧經營者，並擁有「FLORA-BAMA」之聯邦註冊商標，指定使用於酒館和餐廳服務。其對這個詞亦取得佛羅里達州和阿拉巴馬州的州商標註冊[91]，原告的商標如圖13-9。

圖13-9　原告實際使用的FLORA-BAMA商標

資料來源：MGFB Properties, Inc. v. Viacom Inc, 2022 WL 17261122, at *4 (11th Cir. 2022).

---

[91] MGFB Properties, Inc. v. Viacom Inc, 2022 WL 17261122, at *1 (11th Cir. 2022).

2. 被告真人實境秀節目名稱

被告是製作真人實境秀節目《*Floribama Shore*》的製作公司「495製作公司」，以及發行片商維亞康姆CBS集團（ViacomCBS）。被告在2009年至2012年成功製作了六季的真人實境節目《澤西海灘》（*Jersey Shore*），並在MTV頻道上播放。該節目強調二十多歲年輕人在某個海濱地區的次文化[92]。

2016年起，被告等想要製作同類型的海濱實境秀節目，並選擇美國墨西哥灣沿岸（Gulf Shores）地區，從佛羅里達州的巴拿馬市，延伸經阿拉巴馬州，到密西西比州比洛克西市。製作規劃提到，在這一區中，FLORA-BAMA酒吧是一家有名的露天酒吧，但也有人用「Florabama」來描述該地區，其綜合了美麗、輕鬆的佛羅里達海灘與阿拉巴馬州南部的鄉土氣息[93]。

最後，製作團隊決定使用「Floribama Shore」作為節目名稱，在佛羅里達州的巴拿馬市拍攝該節目，該地與位於佛羅里達州和阿拉巴馬州交界處的FLORA-BAMA酒吧距離100英里以上[94]。

3. 雙方商標近似

495製作公司很早就知道原告這家知名的酒吧，並曾在該酒吧進行演員試鏡，也曾詢問過是否可以在原告酒吧中拍攝節目等[95]。因此，被告確實知道，Flora-Bama這個詞最早來自原告酒吧及其註冊商標。

2017年10月，被告開始廣告宣傳此一全新實境秀節目。其使用的節目商標如圖13-10。除了沿用之前《澤西海灘》標誌的紅外框之外，也在前面冠上「MTV」音樂電影台的標誌。

---

[92] Id. at *2.
[93] Id. at *3.
[94] Id. at *3.
[95] Id. at *2.

圖13-10　Floribama Shore的標誌和《澤西海灘》的標誌乃同一系列

資料來源：MGFB Properties, Inc. v. Viacom Inc., 2022 WL 17261122, at *4 (11th Cir. 2022).

（二）原、被告主張

節目尚未開播前，原告就寄發警告信給被告，主張該節目名稱侵害其商標，要求其更改節目名稱。但被告拒絕，認為其乃是藝術創作，縱使使用到原告商標，也受到保護[96]。

2019年，在該節目播完第二季後，原告決定提起訴訟，控告被告違反聯邦商標法和佛羅里達州商標法，主張被告的節目名稱使用「Floribama Shore」，與原告商標近似並產生混淆誤認[97]。

本案毫無疑問構成商標近似，且確實產生混淆誤認。但被告主張，其屬於藝術表達使用，受憲法言論自由保護，而可豁免於商標侵權。

地區法院接受被告主張，判原告敗訴[98]。原告不服，上訴到第十一巡迴法院。

（三）法院判決

1. Rogers案的藝術創作使用檢測

雖然商標受法律保護，但憲法也保護言論或藝術創作自由。故若是為

---

[96] Id. at *4.

[97] Id. at *4.

[98] Id. at *5.

了藝術表達創作而使用商標，可免於商標侵權。

　　此種案件最重要的判決先例，爲1989年第二巡迴法院的Rogers v. Grimaldi案[99]所建立的二步驟檢測法，以判斷是否可主張藝術表達豁免。該案二步驟檢測法爲，藝術作品的標題不會違反聯邦商標法，除非：1.該標題與基礎作品本身沒有任何藝術相關性；或者2.如果其具有某些藝術相關性，除非標題明確誤導作品的來源或內容，才會違反商標法[100]。

2. 具有藝術相關性

　　第十一巡迴法院認爲，本案被告選用Floribama這個標題，很明顯與該標題具有藝術相關性。因爲，前半部的Flori，表達佛羅里達州的海灘文化；後半部的bama，表達阿拉巴馬州的南方文化[101]。

　　原告主張，應該只有在作品「必須」（necessary）使用該商標時，才能作此使用。但法院認爲，所謂藝術相關性，並不需要達到必須的程度。且被告對該商標的使用，也不需要與該商標的原始意義一樣[102]。

3. 沒有明顯誤導

　　第二步驟「是否有明顯誤導」，則是要確認：1.被告是否公然「推銷」該創作作品是商標權人「推薦」或「贊助」；或者2.「以其他方式明確表示」該創作作品與商標權人有關聯[103]。

　　法院認爲，本案中，沒有證據顯示被告有強調該節目受到商標權人的推薦或贊助，被告也沒有明確表示，該節目與商標權人有關聯。法院認爲，被告在自己的節目標誌上，加上了「MTV」這個主商標，以及「shore」這個節目系列名稱，以突顯自家的節目系列[104]，從而強調與原告沒有關聯。

---

[99] Rogers v. Grimaldi, 875 F.2d 994 (2d Cir. 1989).
[100] Id. at 999.
[101] MGFB Properties, Inc. v. Viacom Inc, 2022 WL 17261122, at *8 (11th Cir. 2022).
[102] Id. at *8.
[103] Id. at *9.
[104] Id. at *9.

　　原告認爲，確實有相當部分群眾認爲「Flora-bama」是指該酒吧，且會誤認爲「Floribama Shore」與該酒吧有某種關聯。但法院認爲，有民眾誤認並不是此處所指的「明顯誤導」。明顯誤導必須是被告的積極行爲所導致的才成立[105]。

　　法院也指出，雖然被告的節目名稱確實是模仿了原告酒吧的商標，但單純的模仿本身，不能算是此處所指的明顯誤導[106]。故最後第十一巡迴法院判決被告勝訴。

第六節　模仿嘲諷

　　美國法院基於言論自由保護，承認第三人可以模仿商標權人之商標，進而作一些玩笑、惡搞，表達一些諷刺、批判的想法。因爲先有模仿，然後才開玩笑，英文爲parody，中文有翻譯爲詼諧仿作、戲謔仿作或模仿嘲諷。

一、2016年LV v. My Other Bag案

　　關於模仿嘲諷之標準，各巡迴法院或有不同。其中，有一則LV v. My Other Bag案較爲有名，以下略加說明。

（一）事實

　　美商My Other Bag, Inc.（簡稱MOB公司）在所販售的帆布包上，印上LV公司的經典speedy包款的圖樣，並在下方寫上「My Other Bag」。其乃表達，自己背的是便宜的帆布包，但家裡面另一個包則是昂貴的LV包，用以自我嘲諷。

　　LV公司對MOB公司提告，美國紐約南區聯邦地區法院一審判決於

---

[105] Id. at *9.
[106] Id. at *9.

2016年1月6日判決被告MOB公司勝訴，認為MOB帆布包構成模仿嘲諷之合理使用[107]。上訴人不服提起上訴，美國聯邦第二巡迴上訴法院於2016年12月22日判決駁回其上訴[108]。後經美國最高法院於2017年10月2日決定不受理其上訴，全案已確定。

（二）判決重點

台灣智慧財產法院曾經清楚引述上開美國紐約南區地區法院所判決的MOB案，說明其採取的標準[109]。以下節錄智財法院判決對該案的介紹：

1.一件成功的戲謔仿作必須向消費者傳達「一個與商標權人不同的主體，在對該商標權人的商標或其政策開玩笑」，戲謔仿作必須向一般旁觀者清楚表達「被告與系爭商標權人沒有任何關係」。而這正是MOB所傳達的訊息。MOB帆布包的整個重點，在於沿襲全美到處可見的經典玩笑，亦即與在平價車、老車的保險桿上張貼「我的另一台車是賓士（或其他精品車款）」貼紙的概念相仿，玩笑性地意喻：提袋者的另一個包包（不是這個提袋者正在提的提袋）是LV手提包。[110]

2.MOB帆布包上的玩笑，結合了繪製有如卡通般的LV手提包，將MOB平價粗活用的提袋與擬影射的高價包兩者間建立重大顯著的差異，在MOB與LV精品地位之間製造有趣的對比：與LV手提包總被小心呵護不同，MOB帆布包可用來裝超市產品、在健身房臭汗淋漓的衣服、在海灘的毛巾[111]。

3.MOB帆布包的設計意象是卡通式的，LV手提包卡通圖樣僅在帆布包的一側，而「My Other Bag ...」則以大型字體印製於另一側，邀請閱讀者自行完成該笑話。綜觀整體脈絡與設計，這些差異配合脈絡及整體背

---

[107] Louis Vuitton Malletier, S.A. v. My Other Bag, Inc., 156 F.Supp.3d 425 (S.D.N.Y., January 6, 2016).

[108] Louis Vuitton Malletier, S.A. v. My Other Bag, Inc., 674 Fed.Appx. 16 (2nd Cir.(N.Y.), December 22, 2016).

[109] 智慧財產法院108年度民商上字第5號判決（2020/1/16）。

[110] 同上判決，伍、一、（五）、3。

[111] 同上判決，伍、一、（五）、3。

景，向一般閱讀者傳達這是個玩笑，不是眞品，不可能造成對於來源、贊助者、關係企業或關聯性的混淆誤認[112]。

4.證據未顯示MOB公司利用欺騙消費者或對於原告商譽搭便車的意圖，而是爲了開玩笑，亦即戲謔仿作者的得利是來自於幽默的連結，而非大眾對於商標來源的混淆誤認，故MOB公司尚不構成Polaroid測試中的「惡意」[113]。

智財法院認爲，從美國MOB案判決揭示成立商標戲謔仿作合理使用，須符合兩項要件：1.必須清楚傳達「與原作沒有任何關係」的訊息，而無欲混淆消費者或搭商標權人商譽便車之意圖；2.使用行爲本身將使原作與仿作間產生有趣的對比差異，表達出戲謔或詼諧的意涵或論點，並爲消費者立可察覺爲戲謔仿作[114]。

二、2022年Vans, Inc. v. MSCHF Product Studio, Inc.案

紐約的MSCHF公司與饒舌歌手泰加（Tyga）合作，模仿知名帆布鞋Vans公司的經典鞋款，打算於2022年4月推出限量惡搞商品。Vans公司緊急向紐約法院聲請初步禁制令，禁止該商品銷售。法院認爲，雖然被告產品經過修改，與原告產品不同，但仍有多處特徵構成近似，會讓消費者混淆誤認。至於被告主張其屬於模仿嘲諷，法院則認爲，模仿嘲諷必須傳遞出評論、諷刺等訊息。

（一）事實

1. 被告MSCHF Product Studio公司的創意惡作劇

本案被告MSCHF Product Studio公司，是由紐約一群行動藝術家所組成，其名字源於英文單詞「Mischief」的縮寫，有「淘氣」和「惡作劇」

---

[112] 同上判決，伍、一、（五）、3。
[113] 同上判決，伍、一、（五）、3。
[114] 同上判決，伍、一、（五）、3。

之意[115]。他們常推出許多創意商品或創意藝術，高價銷售，引起風潮。其中一個系列，就是與不同領域名人合作，將知名球鞋進行仿作或惡搞，推出限量版的球鞋。

之前引起較大風波的，是其與饒舌歌手納斯小子（Lil Nas X）合作，模仿Nike的運動鞋Air Max 97，設計出一款「撒旦鞋」（Satan Shoes），並在氣墊中使用眞正人血，限量666雙，引發熱潮[116]。

Nike公司認爲，此舉已經讓人誤會這款鞋乃由Nike授權製造銷售，故提起商標侵權訴訟。初審法院同意核發初步禁制令，但此款鞋因爲限量銷售，在法院命令時已銷售一空[117]。而後Nike公司與MSCHF公司達成和解，此案因而結束。

沒想到，2022年MSCHF公司與另一名饒舌歌手泰加合作，打算於2022年4月推出另一款模仿鞋，名爲「Wavy Baby」，限量4,306雙[118]。其乃以Vans公司出品的經典帆布鞋、滑板鞋款Old Skool爲模仿對象。

2. Vans公司帆布鞋的商標與外觀特徵

Vans公司是專門製作帆布鞋的公司，其最經典的商品就是Old Skool鞋。Vans公司主張，這款鞋的經典造型，已經成爲重要的商標外觀（trade dress），也就是著名商品之外觀特徵[119]。

Vans公司註冊並使用多個商標。其中，最重要的就是鞋側的條紋標誌，其註冊了多個美國聯邦商標。

---

[115] Jas，揭祕Google最熱搜球鞋「Jesus Shoe」背後團體及創作故事｜專訪MSCHF創始人Gabriel Whaley，2020/6/15，https://hypebeast.com/zh/2020/6/jesus-shoe-mschf-ceo-gabriel-whaley-interview。

[116] Leo Huang，MSCHF攜手Lil Nas X打造「Satan Shoes」眞實人血定製Nike Air Max 97，2021/3/30，https://hypebeast.com/zh/2021/3/mschf-lil-nas-x-nike-air-max-97-satan-shoes-human-blood-ink-666-jesus-shoe-am97-release-info。

[117] Michael Chu，MSCHF x Lil Nas X定製Air Max 97正式遭法院宣佈禁止販售，2021/4/4，https://hypebeast.com/zh/2021/4/nike-lil-nas-x-mschf-satan-shoe-lawsuit-restraining-order-court-judge-ruling。

[118] Vans, Inc. v. MSCHF Product Studio, Inc., 2022 WL 1446681, at 1 (E.D. New York. April 29, 2022).

[119] Vans, Inc. v. MSCHF Product Studio, Inc., Case 1:22-cv-02156-WFK-RML，原告起訴書，at 12-18 (E.D. New York.).

圖13-11　Vans公司的經典鞋款Old Skool鞋

資料來源：Vans, Inc. v. MSCHF Product Studio, Inc., Case 1:22-cv-02156-WFK-RML，原告起訴書(E.D. New York)。

表13-3　Vans公司鞋側弧線的註冊商標

	美國商標註冊號	註冊日	指定使用商品
	2177772	August 4, 1988	Class 25: Footwear
	2170961	July 7, 1998	Class 25: Footwear
	2172482	July 14, 1998	Class 25: Footwear

資料來源：Vans, Inc. v. MSCHF Product Studio, Inc., Case 1:22-cv-02156-WFK-RML，原告起訴書，at 24 (E.D. New York)。

　　Vans這個字，並不專屬於Vans公司。但Vans公司在鞋底上使用了特殊的紋路，稱爲「華夫鞋底」（Waffle Sole），並就鞋底紋路註冊了多個

商標。另外，Vans公司在鞋跟上，註冊並使用了白底紅色的「Vans "OFF THE WALL"」商標。

Vans公司也將此一「Vans "OFF THE WALL"」商標使用在鞋盒上。由於鞋盒是紙箱色，所以在使用時，以紙箱色底、紅字呈現。其主張這也是受保護的商品外觀特徵。

此外，在鞋墊上，Vans公司則使用一個白底黑字的「Vans」標誌，雖然沒有註冊爲商標，但其主張已大量使用，也是其受保護的商品外觀特徵。

（二）原告主張

在MSCHF公司正式開始銷售這款Wavy Baby鞋之前，Vans公司就向紐約東區法院提起訴訟，認爲這款鞋侵害Vans商標與鞋子的商業外觀特徵，請求初步禁制令，法院於2022年4月29日同意下達初步禁制令[120]。

原告Vans公司聲稱，Wavy Baby鞋和相關廣告侵犯了原告以上的註冊商標和未註冊的商品外觀特徵。其指出，被告MSCHF公司的Wavy Baby鞋，有下列五個問題：

1. Vans公司原有的標誌，是經過設計的「Vans」，而MSCHF公司設計的Wavy Baby標誌，將「Wavy」設計爲特殊字體，與「Vans」商標也有若干近似。

2. MSCHF公司對Vans公司鞋側的弧線條，修改地更加接近波浪。雖然線條不同，但是原告主張，線條的頭、尾近似。

3. MSCHF公司也模仿了鞋跟的紅色商標。

4. 鞋底部分，雖然MSCHF公司的鞋底爲波浪狀，是否真的能穿著行走可能是個問題，但鞋底都用了華夫鞋底的紋路。

5. 在鞋墊部分，MSCHF公司的鞋墊一樣使用了類似Vans的標誌。

---

[120] Vans, Inc. v. MSCHF Product Studio, Inc., 2022 WL 1446681 (E.D. New York. April 29, 2022).

表13-4 Old Skool鞋與Wavy Baby鞋之比較

	Vans公司的Old Skool鞋	MSCHF公司的Wavy Baby鞋
1.標誌		
2.鞋側線條		
3.鞋跟		
4.鞋底		

表13-4　Old Skool鞋與Wavy Baby鞋之比較（續）

	Vans公司的Old Skool鞋	MSCHF公司的Wavy Baby鞋
5.鞋墊		

（三）法院判決

　　法院判決首先討論被告的Wavy Baby鞋是否侵害了原告Vans公司的商標和商業外觀，並構成混淆誤認。

1. Polaroid案八因素

　　紐約所在的第二巡迴法院，採取Polaroid案[121]的八因素判斷。其中，法院認為：(1)二者的商標和產品外觀在外觀上構成近似；(2)二商品都是帆布鞋、滑板鞋，構成相同或高度近似；(3)確實有消費者出現真正混淆，誤認為被告商品乃與原告公司合作；(4)就買家對商品的專業程度，由於這些商品都可以由一般消費大眾自己在網路上購買，沒有店員解說，所以一般消費者確實會因為在沒有解說的情況下被混淆；(5)被告商品的鞋底為波浪狀，可能不能行走，或會讓穿著者受傷，這樣會使被混淆誤認之消費者，誤以為Vans公司產品的品質不好，傷害Vans公司的商譽。法院認為就上述五個因素來看，都可能會造成消費者混淆誤認[122]。

---

[121] Polaroid Corp. v. Polarad Electronics Corp., 287 F.2d 492 (2d Cir. 1961).
[122] Vans, Inc. v. MSCHF Product Studio, Inc., 2022 WL 1446681, at 4-6 (E.D. New York. April 29, 2022).

2. 法院認為不符合模仿嘲諷

對MSCHF公司而言，其行動的一貫理念就是惡作劇，故其主張Wavy Baby鞋屬於諷刺、譏諷、玩笑或娛樂，是一種模仿嘲諷，或是一種藝術表達（artistic expression），而可受言論自由之保護[123]。

紐約東區法院引用第二巡迴法院2016年的My Other Bag案判決[124]，認為要構成模仿嘲諷，除了要模仿原作品但與原作品不同外，最重要的，需要傳達出一些訊息，包括諷刺、嘲笑、開玩笑或娛樂（satire, ridicule, joking, or amusement）。而且，一個成功的模仿嘲諷，應該清楚地向普通觀察者表明「被告與目標商標之權利人沒有任何關係」[125]。

紐約東區法院認為，被告的Wave Baby鞋雖然傳達了它們與Old Skool鞋的相似性，但這些鞋並沒有充分表達「諷刺、嘲笑、開玩笑或娛樂」的元素，未能向普通觀察者清楚地表明「被告與目標商標之權利人沒有任何關係」[126]。

雖然被告將原告商標作了修改扭曲，但整體產品的相似程度太高，蓋過了商標標誌的修改。雖然被告在促銷產品時有一個宣言，用以強調其創作理念，但是鞋和包裝本身卻沒有傳達出諷刺訊息[127]。最重要關鍵在於，由於被告所販售的商品是帆布鞋，與原告產品屬於同一商品市場，所以影響了模仿嘲諷的判斷[128]。

3. 結語

MSCHF公司已經多次被控侵害他人商標，故其必然要爭取法院認同，其商品可構成詼諧仿作。因此，MSCHF公司對本案已經向第二巡迴法院提出上訴。未來如何發展，值得我們繼續關注。

---

[123] Id. at 6.
[124] Louis Vuitton Malletier, S.A. v. My Other Bag, Inc., 156 F. Supp. 3d 425, 434-435 (S.D.N.Y. 2016).
[125] Vans, Inc. v. MSCHF Product Studio, Inc., 2022 WL 1446681, at 6 (E.D. New York. April 29, 2022).
[126] Id. at 6.
[127] Id. at 6.
[128] Id. at 7.

三、模仿嘲諷還是表達創作使用？2023年最高法院Jack Daniel's Properties v. VIP Products案

（一）事實

1. 商標權人

本案的商標權人是傑克丹尼財產公司（Jack Daniel's Properties, Inc., JDPI），其擁有威士忌酒的老牌子傑克丹尼（Jack Daniel's）商標。傑克丹尼最有名的四款酒，分別是老7號黑標田納西威士忌（Old No. 7 Black Label Tennessee）、紳士傑克（Gentleman Jack）、蜂蜜威士忌（Tennessee Honey）和單桶威士忌（Single Barrel）[129]。

JDPI除了就品牌文字有註冊文字商標外，就整個瓶身形狀，也有註冊在酒類的立體商標。此外，JDPI也主張，就瓶身上整體的顏色配置等，也受到聯邦商標法對未註冊之產品外觀（trade dress）的保護[130]。

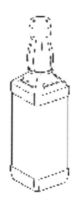

圖13-12　JDPI註冊在酒類的瓶身形狀立體商標

資料來源：美國商標註冊號4106178。

---

[129] 紅酒百科全書，美國銷量第一的傑克丹尼威士忌是什麼鬼？，2016/4/20，發表於美食，https://kknews.cc/food/9643yb.html。

[130] VIP Products LLC. v. Jack Daniel's Properties, Inc., 953 F.3d 1170 (2020).

2. VIP Products公司

　　VIP Products公司（簡稱VIP公司）在美國是專門製造銷售給狗追咬的狗玩具廠商，其中一款名為「壞獵犬傻尖叫者」（Bad Spaniels Silly Squeaker），其外觀造型就是將JDPI的「老7號黑標田納西威士忌」典型酒瓶造型作了一些小改變[131]。

　　但兩者仍有一些差異。首先，原來的商標「傑克丹尼」（Jack Daniel's）被換成「壞獵犬」（Bad Spaniels），上面還放上了獵犬的圖像；原來的「老7號田納西酸麥芽威士忌」（Old No. 7 Brand Tennessee Sour Mash Whiskey）被換成「老2號在你的田納西地毯上」（Old No. 2 on your Tennessee Carpet）；原來對酒精的標示為「容量中40%為酒精」（40% ALC. BY VOL.），被換成「容量中43%是便便」（43% POO BY VOL.）和「100%臭」（100% SMELLY）[132]。最後，在產品的標籤上說明加了一句：「本產品與傑克丹尼酒廠沒有關聯」。

圖13-13　狗玩具和威士忌酒瓶身比較

資料來源：https://www.finnegan.com/en/insights/blogs/incontestable/good-day-for-bad-spaniels-ninth-circuit-holds-dog-toys-do-not-infringe-jack-daniels-marks.html.

---

[131] Id. at 1172.
[132] Id. at 1172.

圖13-14 VIP公司的壞獵犬老2號產品上的標籤

資料來源：https://tushnet.blogspot.com/2016/09/parody-product-fails-to-squeak-through.html.

（二）一審判決認為構成產品外觀侵權

2014年，JDPI在得知VIP公司所販售的狗玩具後，寄發警告信給VIP公司，要求停止銷售該玩具。VIP公司主動向亞利桑那州聯邦地區法院提起確認之訴，請求法院確認其產品並不會侵害JDPI的商標，並主張這款酒的產品外觀和瓶身設計，並不受到聯邦商標法之保護[133]。而JDPI則反訴，主張VIP公司構成商標侵權以及商標淡化。

一審時，法院認為VIP公司構成了對原告商標以及產品外觀之貶損之淡化（dilution by tarnishment），判決JDPI勝訴，並下達永久禁制令，要求VIP公司不得再製造和銷售這款狗玩具[134]。

（三）第九巡迴法院

VIP公司不服，向第九巡迴上訴法院提起上訴。第九巡迴法院於2020年3月判決，這款酒的酒瓶產品外觀，不具備美學功能性，且具備識別

---

[133] Id. at 1172.
[134] VIP Products, LLC. v. Jack Daniel's Properties, Inc., 291 F.Supp.3d 891 (D. Ariz., 2018).

性，而可獲得聯邦商標法之保護。而VIP公司將產品外觀使用於狗玩具，
也不構成指示性合理使用。但是法院認為，這款狗玩具是一個表達性作
品（expressive work），可受到言論自由保護，因而在討論是否侵害商標
實應採用另一套標準。由於地區法院未作相關的討論，故撤銷一審原判
決[135]。

1. 產品外觀不具有美學功能性，且有識別性

產品外觀或設計，不可具有功能性（nonfunctional），且需具有識別
性（distinctive）。首先，第九巡迴法院指出，在作此種判斷時，不是將
產品的個別特徵獨立切割判斷，而是就所有特徵整體合併一起來看，是否
具有功能性或欠缺識別性[136]。

法院認為，系爭的產品外觀，乃是「瓶身造型結合了其上的各種色彩
配置與各種文字」，包括「Jack Daniel's和Old No. 7等文字商標」，整體
合併來看，不具有功能性，且具有識別性[137]。因此，地區法院駁回VIP公
司所提應撤銷該商標之主張，並無錯誤。

2. 並非指示性合理使用

其次，地區法院駁回VIP公司所提指示性合理使用的主張。第九巡迴
法院認為，雖然系爭狗玩具很像JDPI的產品外觀和酒瓶設計，但二者還是
有重要區別，最主要在於「壞獵犬」的圖像，以及狗玩具上標籤的用詞。
由於具有差異，故無法主張指示性合理使用[138]。

3. 表達性作品之言論自由抗辯

被告提出表達性作品之言論自由抗辯（first amendment defense）。
但第九巡迴法院認為，要主張該抗辯，必須符合第二巡迴法院Rogers v.
Grimaldi案[139]的標準。其要求，被告必須證明其屬於一種表達性作品。若

---

[135] VIP Products, LLC. v. Jack Daniel's Properties, Inc., 953 F.3d 1179 (9th Cir. 2000).
[136] Id. at 1173.
[137] Id. at 1174.
[138] Id. at 1174.
[139] Rogers v. Grimaldi, 875 F.2d 994 (2d Cir. 1989).

被告證明成功，原告則必須證明，被告對該商標之使用：(1)對於所創作作品並非藝術上相關；或者(2)在來源和內容方面明顯誤導消費者[140]。

第九巡迴法院認為，一作品是否為表達性作品，必須看其是否傳達概念或觀點。一作品並不需要是偉大的作品才能滿足此要件，也不會僅因為其有商業性就不被認為是表達性作品[141]。

法院認為，本案的狗玩具雖然不是偉大的作品，但仍然屬於表達性作品。因為該玩具傳達了「幽默的訊息」（humorous message），其使用文字遊戲，以一個愚蠢的訊息來改變出現在Jack Daniel's酒瓶上的嚴肅短語。其效果是透過「將對商標的不敬表現與商標權人創造的理想化形象並列」來傳達「簡單」的訊息。狗玩具乃幽默地、直接評論JDPI想傳達的元素。至於VIP公司選擇用狗玩具來傳達這個幽默訊息，則沒有影響[142]。

4. 汙損淡化侵權

JDPI另主張，VIP公司利用其著名的酒瓶立體商標和配色外觀作成狗玩具，將構成著名商標的淡化侵權，由其是汙損淡化（dilution by tarnishment），亦即中文所指的「減損商標之信譽」。通常乃指將高貴品牌的商標，用在某些低俗的產品上，減損原著名商標給人的高級形象。

根據第1125條(c)(3)規定：「下列情形非屬本項規定下之可以起訴的模糊淡化或汙損淡化情形：(A) 其他人對著名商標的任何合理使用，包括指示性或描述性合理使用，或促進此類合理使用，但作為該人自己的商品或服務的來源指示除外。上述合理使用包括與以下方面有關的使用：(i) 允許消費者比較商品或服務的廣告或促銷；或者(ii) 識別並模仿嘲諷（parody）、批評或評論著名商標權人或著名商標權人的商品或服務。(B) 各種形式的新聞報導和新聞評論。(C) 任何對商標的非商業性使用（noncommercial use）。[143]」

---

[140] VIP Products, LLC. v. Jack Daniel's Properties, Inc., 953 F.3d at 1174.
[141] Id. at 1175.
[142] Id. at 1175.
[143] 15 U.S.C. § 1125(c)(3).

　　第九巡迴法院認為，一個產品雖然在銷售上屬於商業使用，但若具有受保護的表達，仍然可以被認為屬於「非商業性使用」，故可豁免於汙損淡化侵權[144]。

（四）地區法院重判與JDPI上訴

1. 地區法院改判

　　第九巡迴法院認定VIP公司的狗玩具屬於表達性作品，故發回地區法院，由地區法院判斷，JDPI是否可以成功證明Rogers案的二個標準。地區法院於2021年10月作成判決，認為，由於第九巡迴法院對於藝術相關性的標準要求很低，只要高於零，就可說具有藝術相關性，故VIP公司的狗玩具具有藝術相關性[145]；其次，所謂明顯誤導消費者，比起混淆誤認之虞標準更難符合，幾乎只有將他人商標直接運用在自己產品上，才會構成明顯誤導[146]。

2. JDPI上訴最高法院

　　地區法院雖判JDPI敗訴，但地區法院也表示，這是因為在採取上述標準下不得不然的結果。如果JDPI不服，只能上訴至最高法院，而期望最高法院修改見解[147]。

　　因此，JDPI上訴到聯邦最高法院。不過，JDPI上訴的問題有二[148]：

　　(1) 幽默地使用他人商標作為自己的商業性產品，究竟要採用聯邦商標法傳統的混淆誤認之虞分析，還是可受到言論自由更高的保護，而豁免於商標侵權？

　　(2) 幽默地將他人商標當成自己的使用於自己的商業產品上，是否屬於第1125條(c)(3)(C)的「非商業使用」，而在法律上豁免於商標汙損淡化

---

[144] VIP Products, LLC. v. Jack Daniel's Properties, Inc., 953 F.3d at 1176.

[145] VIP Products LLC. v. Jack Daniel's Properties Incorporated, 2021 WL 5710730, at 6 (D.Ariz., October 8, 2021).

[146] Id. at 6.

[147] Id. at 6.

[148] Jack Daniel's Properties, Inc. v. VIP Products LLC., Petition for a writ of certiorari (August 5, 2022).

侵權？

（五）最高法院判決

　　最高法院於2022年11月21日受理此案，並於2023年6月作出判決，推翻第九巡迴法院判決[149]。

1. 將他人商標作為指示商品來源使用，不能主張Rogers案藝術創作豁免

　　最高法院提出，被指控的侵權使用，若是將商標作為指示自己商品的來源，則不適用Rogers案的藝術創作豁免。

　　當初第二巡迴法院提出Rogers案標準，是用於「藝術作品」的名稱上，其認為該案中的電影片名，擁有「創作性元素」，而含有「言論自由價值」，且消費者混淆該作品的「來源和內容」的「風險很小」[150]。後來下級法院操作這個標準，大多使用在類似的案件中，亦即案件中對商標的使用，並非用來指示作品的來源，而只是扮演某些其他的表達性功能。但是，如果商標被用來作為商標使用，亦即作為指示來源之用，法院一般還是會進行混淆誤認分析。因此，不管Rogers案的標準是否妥當，只要將商標作為商標使用，就不能用Rogers案作為理由，而免除一般商標的侵權審查[151]。

　　最高法院認為，上述結論才能符合商標法的核心目標，亦即商標法想避免的就是讓消費者混淆誤認商品之來源。倘若將他人商標作為商標使用，很可能會產生混淆誤認，就不應該適用Rogers案豁免。從而也不會因為他人在使用該商標時，摻雜了其他表達性內容，就改變上述結論[152]。

　　第九巡迴法院採取的方式，乃被告的狗玩具因為「傳達了幽默訊息」，故自動獲得Rogers案保護。但若採取這種標準，大部分模仿他人的商標可能都帶有幽默訊息，此將導致僅有極少數案件會需要進入混淆誤認

---

[149] Jack Daniel's Properties, Inc. v. VIP Prod. LLC., No. 22-148, 2023 WL 3872519 (U.S. June 8, 2023).

[150] Rogers, 875 F.2d, at 998-1000.

[151] Jack Daniel's Properties, Inc. v. VIP Prod. LLC., No. 22-148, 2023 WL 3872519, at *6-8.

[152] Id. at *8-9.

分析。最高法院指出，第九巡迴法院乃錯誤地認為，基於言論自由保障，所以需要採取這種標準。但最高法院認為，當商標被他人作為來源指示之用時，並不會因為言論自由保障而排除混淆誤認侵權[153]。

2. 模仿嘲諷影響混淆誤認判斷

本案中，VIP公司承認，其使用系爭狗玩具的商標和產品外觀，乃作為來源指示之用。且VIP公司也確實在系爭狗玩具或其他類似產品上，朝這樣的方向使用。因此不能適用Rogers案的藝術創作豁免。最高法院認為，本案仍需要討論，系爭狗玩具商標是否可能造成混淆誤認？雖然VIP公司努力模仿嘲諷JDPI，在混淆誤認分析時，採取模仿嘲諷，可能仍會影響混淆誤認分析的結果。對於此問題，最高法院留給下級法院去發展[154]。

3. 淡化侵權之例外

至於淡化侵權，根據第1125條(c)(3)的條文結構，雖然商標法對「任何商標的非商業性使用」，排除淡化侵權責任，也對模仿嘲諷、批評、評論等使用排除淡化侵權。但若在作這種使用時，是將商標作為商品來源指示之用，仍不排除淡化侵權。第1125條(c)(3)明確規定，雖然對著名商標的「模仿嘲諷、批評、評論」等使用可以排除淡化侵權，但第1125條(c)(3)(A)本文卻規定，此排除不適用於該使用「作為自己商品服務之來源指示之用」。最高法院認為，法條本身已經作了明確的區分，模仿嘲諷只有在「非作為來源指示之用」時，才能免除淡化侵權。

第九巡迴法院採取的「非商業性使用排除」是一種擴張解釋，亦即，其認為只要有模仿嘲諷，就一律當成非商業性使用，都可以獲得排除，而不論其是否作為來源指示之用。最高法院認為，此種見解實質上是廢除了國會制定商標法時明文採取的限制，惟法院無權如此解釋[155]。

---

[153] Id. at *9.
[154] Id. at *10.
[155] Id. at *10-11.

第十四章　侵害之救濟

第一節　是否核發禁制令

一、商標侵權禁制令核發標準

　　美國商標法中，對於禁制令之核發，主要規定於美國法典第15篇第1116條(a)，其規定法院：「爲避免在專利商標局註冊之商標之任何權利受到侵害，或爲避免第43條(a)、(c)、(d)之違反，可根據衡平原則，且根據法院認爲合理之條件」而核發禁制令[1]。雖然在商標法中，一樣提及必須根據衡平原則，且認爲「合理」（reasonable），與前述美國專利法與著作權法之規定類似，但是在核發禁制令之審查，是否與前述專利案件與著作權案件一致，則尚無定論。

　　就商標侵權的初步禁制令來說，各巡迴法院都有各自的核發標準。一般而言，法院在決定是否核發初步禁制令時，通常會思考：（一）原告是否具備勝訴可能性；（二）原告是否有無法彌補損害，且無其他法律上適當救濟；（三）不核發禁制令對原告之損害，是否超過核發禁制令對被告之損害；及（四）核發初步禁制令是否符合或會損及公共利益[2]。

　　但有三個巡迴法院採取不同的標準。在第二巡迴法院，要取得初步禁制令，聲請者必須證明：（一）不核發該禁制令是否可能造成無法彌補損害；及（二）證明1.本案勝訴可能性；或2.本案有足夠嚴重的問題，使其具有提起訴訟之相當基礎，且經過兩造利益權衡後明確對聲請人有利[3]。

1　15 U.S.C. § 1116(a) ("[T] he several courts vested with jurisdiction of civil actions arising under this Act shall have power to grant injunctions, according to the principles of equity and upon such terms as the court may deem reasonable, to prevent the violation of any right of the registrant of a mark registered in the Patent and Trademark Office or to prevent a violation under subsection (a), (c), or (d) of section 43 [15 USCS § 1125]").

2　See 3-14 Anne Gilson LaLonde, Gilson on Trademarks § 14.02[3][b](2011).

3　E.g., TCPIP Holding Co. v. Haar Communs., Inc., 244 F.3d 88, 92 (2d Cir. 2001); Federal Ex-

第九巡迴法院則認為，聲請者必須證明：（一）本案勝訴相當可能與無法彌補損害可能性之結合；或者（二）提出嚴重之問題，且利益權衡後偏向聲請方[4]。法院還指出，就第一種情況，若無法彌補損害程度增加，則本案勝訴可能性之程度可降低[5]。第七巡迴法院則使用兩階段方式。首先，法院會判斷聲請者是否「有本案勝訴可能性，且無其他適當法律救濟，且若無初步禁制令將遭受無法彌補損害」[6]。如果聲請者無法證明：（一）本案勝訴可能性；或（二）無適當法律救濟，或存在無法彌補損害，則法院不會核發禁制令[7]。如果聲請者證明上述要求，則法院會思考「該初步禁制令對被告所造成的任何無法彌補之損害」，以及該初步禁制令是否會傷害或促進公共利益[8]。

其中，關於無法彌補損害以及無其他適當法律救濟部分，所謂的無法彌補損害，是指法院無法透過金錢賠償，適當彌補損害，或者金錢賠償難以計算。原告若有某些行為，也可證明不存在無法彌補損害。例如，原告延遲提起訴訟，或者提出和解方案允許被告繼續使用該商標，可能會使法院認為不具備無法彌補損害[9]。

過去，在大部分的巡迴法院中，只要聲請初步禁制令者能證明本案勝訴可能性高，法院通常會推定被告具有無法彌補損害。理由在於，商標之侵害，大部分會造成無形資產（例如商譽）之損害[10]。但是在最高法院判決eBay案之後，此一見解是否會影響到商標侵權案件的禁制令審查，各巡迴法院見解則不一致。其中，第十一巡迴法院和第一巡迴法院雖然在相

---

press Corp. v. Federal Espresso Inc., 201 F.3d 168 (2d Cir. 2000); Otokoyama Co. v. Wine of Japan Import Inc., 175 F.3d 266 (2d Cir. 1999).

4　E.g., Stuhlbarg Int'l Sales Co. v. John D. Brush & Co., 240 F.3d 832, 839-840 (9th Cir. 2001); GoTo.com Inc. v. Walt Disney Co., 202 F.3d 1199 (9th Cir. 2000); Brookfield Communications Inc. v. West Coast Entertainment Corp., 174 F.3d 1036 (9th Cir. 1999).

5　Dr. Seuss Enters. L.P. v. Penguin Books USA Inc., 109 F.3d 1394, 1397 n.1 (9th Cir. 1997), quoting Big Country Foods, Inc. v. Board of Educ., 868 F.2d 1085, 1088 (9th Cir. 1989).

6　AM General Corp. v. DaimlerChrysler Corp., 311 F.3d 796 (7th Cir. 2002).

7　Abbott Labs. v. Mead Johnson & Co., 971 F.2d 6 (7th Cir. 1992).

8　AM General Corp. v. DaimlerChrysler Corp., 311 F.3d 796 (7th Cir. 2002).

9　See 3-14 Anne Gilson LaLonde, Gilson on Trademarks § 14.02[3][b][ii](2011).

10　See 3-14 Anne Gilson LaLonde, Gilson on Trademarks § 14.02[3][b][ii](2011).

關判決中，認為商標侵權之初步禁制令審查，應受最高法院判決eBay案影響，但對於是否會改變無法彌補損害之推定，則不願表示意見。

二、第十一巡迴法院NAM v. Axiom案

以下先以2008年第十一巡迴法院之North American Medical Corp. v. Axiom Worldwide, Inc.案[11]為例，說明在最高法院eBay案之後，是否影響了商標侵權案的禁制令核發。

該案事實大致如下，原告是North American Medical Corporation（簡稱NAM）和Adagen Medical International, Inc.（簡稱Adagen），NAM是一家設計及製造脊椎牽引治療器的廠商，而Adagen是其銷售商。被告Axiom Worldwide, Inc.（簡稱Axiom）則是NAM的競爭對手，同樣製造脊椎牽引治療器，其產品名稱為DRX9000。原告NAM主張，被告公司的行為，侵害了NAM之商標，以及有不實廣告而構成不公平競爭。在商標侵權部分，原告註冊了「Accu-Spina」和「IDD Therapy」兩個商標，而被告Axiom在其網頁標記（website meta tags）中，使用了這兩個商標。其結果，就是一般消費者以Google搜尋引擎搜尋「Accu-Spina」和「IDD Therapy」兩個關鍵字時，第一筆網頁會出現原告公司的官網，但第二筆網頁就出現被告公司網頁。惟被告網頁實際內容中，根本沒有使用到「Accu-Spina」和「IDD Therapy」（例如在產品介紹時比較原告公司的產品），而只使用在網頁標記中。不過，在Google的搜尋結果畫面中，卻於第二筆網頁的標題下，有對該網頁的簡單描述，而該描述中出現了「Accu-Spina」和「IDD Therapy」兩個商標。故原告認為被告此種行為，已經構成商標之侵害，而向喬治亞州北區聯邦地區法院聲請核發初步禁制令。地區法院認為被告對原告商標之使用，會構成商標之混淆，而同意核發初步禁制令[12]。

---

[11] North American Medical Corp. v. Axiom Worldwide, Inc., 522 F.3d 1211, 1228 (11th Cir. 2008).

[12] Id. at 1216-1217.

　　本案被告不服，上訴到第十一巡迴上訴法院。上訴法院指出，就核發初步禁制令的審查，地區法院應該要求聲請者證明下述事項：（一）本案勝訴可能性；（二）若不核發初步禁制令，聲請者將受無法彌補之損害；（三）不核發禁制令對聲請者造成之損害，是否超過核發禁制令對另一方當事人造成之損害；（四）該禁制令不會損害公共利益[13]。

　　第十一巡迴上訴法院對於商標侵權部分，就其勝訴可能性先作判斷。其認為，被告將原告商標使用於網頁標記中，已經構成「於商品銷售或廣告中使用該商標」[14]；至於是否構成消費者混淆，由於Google網頁的搜尋結果畫面中，在第二筆結果的網頁簡單描述中，出現了「Accu-Spina」和「IDD Therapy」兩個商標字樣，的確會造成消費者的混淆[15]，故認為原告已經證明本案勝訴可能性。

　　被告Axiom上訴理由中，除了本案勝訴可能性之外，亦質疑，地方法院在認為原告具有本案勝訴可能性後，就直接推定其具有無法彌補之損害，而認為此違反了最高法院於eBay案之意見，亦即不可直接推定有無法彌補之損害。第十一巡迴上訴法院指出，根據該巡迴區過去的判決先例，如果原告可以在商標侵權主張中證明本案勝訴可能性，的確可以推定具有無法彌補之損害。但是，由於最高法院在2006年的eBay案判決之後，該巡迴區似乎應配合改變見解。法院指出，雖然eBay案處理的是專利法與永久禁制令，但應該也適用於美國商標法（Lanham Act）下的初步禁制令。原因在於，從商標法的用字來看，和專利法一樣，都規定法院「有權根據衡平原則及法院認為合理之條件，核發禁制令」[16]。而且其也認為，永久禁制令和初步禁制令間，並無明顯存在差異，而可不適用eBay案見解。因此，第十一巡迴法院認為，最高法院在eBay案之見解，一樣適用於本案[17]。

---

[13] Id. at 1127.

[14] Id. at 1218-1220.

[15] Id. at 1220-1224.

[16] 15 U.S.C. § 1116(a) (2006).

[17] 522 F.3d at 1228.

惟第十一巡迴法院卻不願意表達意見，究竟eBay案見解適用於本案會有何種效果。亦即，其對地區法院根據商標侵權之本質，而認為可推定具有無法彌補損害之見解，不願表達意見。換句話說，對於此種推定，是否等同於最高法院在eBay案所推翻的「類型化規則」，其不作判斷。至於第十一巡迴法院為何不願表達意見，其說明三個原因：（一）在上訴案的簡單討論中，不適合作此判斷；（二）地區法院並沒有討論到eBay案對此案之影響；（三）本案發回後，地區法院可以再採用eBay案之見解後，認為不能作無法彌補損害之推定，或者認為在本案中，會發現與本案相同之判決先例，而認為推定有無法彌補之損害，以歷史傳統角度而言，屬於適當行使裁量權。法院指出，強調「歷史傳統」，乃是因為eBay案二份協同意見，均著重於此觀念之辯論。因此，最後法院判決撤銷原初步禁制令，就其商標侵權部分，發回地區法院重作判斷，但必須符合本法院判決與最高法院eBay案之判決[18]。

三、第一巡迴法院VOAW v. Medical News Now案

第十一巡迴法院的方式，接著也被第一巡迴法院採用。以下介紹2011年第一巡迴法院的Voice of the Arab World, Inc. v. MDTV Medical News Now, Inc.案[19]。本案原告為Voice of the Arab World, Inc.（簡稱VOAW），其是麻薩諸塞州非營利公司，主要任務是要透過電台、電視、衛星、網路提供客觀、即時、正確的醫療資訊給病人和醫生，實際上是向阿拉伯和回教國家的公民提供美國醫療服務的資訊。被告MDTV Medical News Now, Inc.'s（簡稱Medical News Now），則形容自己為一醫療新聞組織，並製作全國電視節目《MDTV Medical News Now》，其從1998年開播至今。

VOAW主張，其在1989年至1990年代中期，就已經在製作的電視節目中使用「MDTV」商標；同時也主張從1995年起，其在網站上開始使用該商標至今。但Medical News Now則質疑VOAW的說法，並提出證據反

---

[18] Id. at 1228.
[19] Voice of the Arab World, Inc. v. MDTV Medical News Now, Inc., 645 F.3d 26 (1st Cir. 2011).

駁。地區法院最後同意Medical News Now的質疑，認爲VOAW提出早在1998年起就開始使用該商標的證據，若非可疑，就是根本不存在[20]。

1998年10月9日，Medical News Now向美國專利商標局申請註冊商標「MDTV」和「MDTV Medical News Now」，使用於商業有線電視節目和娛樂服務上。專利商標局於2002年及2006年分別同意其註冊，並在紀錄中說明該商標乃於1998年1月開始使用。2000年1月11日，Medical News Now向VOAW寄出律師信，希望VOAW停止使用「MDTV」商標，否則將提出商標侵權訴訟。但VOAW收到警告信後，並沒有停止使用，而Medical News Now也沒有採取法律訴訟。但是，VOAW在2000年9月25日，也以「MDTV」商標向專利商標局申請註冊，指定使用於阿拉伯和回教世界透過電台、電視、衛星電視、網路等提供有關醫藥的期刊、資訊和教育服務。專利商標局最初認爲因爲存在Medical News Now的商標而拒絕其申請，但卻在2008年9月9日同意其註冊[21]。

此外，在2001年9月，Medical News Now提議支付VOAW每個月300美元，於VOAW網站上（mdtv.com）擺放橫幅廣告，並連結到Medical News Now的網頁（mdtv.now.com）。但雙方沒有達成協議。隨即，在2002年8月，Medical News Now向VOAW提議，要求：（一）其撤回申請中的「MDTV」商標申請案；（二）對Medical News Now申請中的商標不能提出質疑；（三）在其使用「MDTV」爲促銷時，都必須增加「Voice of the Arab World」等字眼於旁邊；而Medical News Now則同意：（一）不質疑VOAW在普通法上繼續使用「MDTV」商標；且（二）每月支付VOAW 500美元租用其所有之網域名稱「www.mdtv.com」。但當時仍未達成協議。2005年時，雙方達成口頭協議，Medical News Now每月支付VOAW 500美元讓其在VOAW刊登橫幅廣告，但因流量很小，在2006年就要求停止，雙方關係惡化[22]。

---

[20] Voice of the Arab World, Inc. v. MDTV Med. News Now, Inc., No. 09-11505-GAO, 2010 U.S. Dist. LEXIS 16981, at *9-10 (D. Mass. February 25, 2010).

[21] 645 F.3d at 29.

[22] Id. at 29-30.

　　後來，2009年8月VOAW更改了其網頁，而刪除了網頁只使用於回教及阿拉伯世界等關聯。因此，2009年8月14日Medical News Now寄給VOAW警告函，認為其侵害其商標權及搶占網域名稱（domain name cybersquatting）。2009年9月10日，VOAW向麻州聯邦地區起訴請求確認判決，希望其確認：（一）其有權使用及註冊「MDTV」商標；及（二）其行為並沒有侵害Medical News Now主張的「MDTV」的商標權，也無構成搶占網域名稱。而被告Medical News Now在2009年11月24日提出反訴，控告VOAW商標侵權、不公平競爭及搶占網域名稱。進而，並聲請初步禁制令，希望禁止VOAW使用「MDTV」商標。2010年2月25日，麻州地區法院同意核發初步禁制令，禁止VOAW在網路上對「MDTV」商標為與醫療有關資訊或教育課程或服務等使用、販賣、促銷。而VOAW不服，向第一巡迴法院提出上訴[23]。

　　第一巡迴法院的判決意見，主要就是針對初步禁制令的核發，地區法院是否有濫用裁量權，進行審查，包括地區法院採取的核發標準是否正確。法院在討論eBay案一樣適用於商標案件與初步禁制令案件後[24]，卻如同前述第十一巡迴法院見解，對於eBay案如何影響本案判決，不作論斷。亦即，其不欲判斷「商標侵權案件中原告證明本案勝訴可能性之後就推定有無法彌補之損害」此一規則，是否符合傳統的衡平運作。換句話說，其不用判斷這樣的推定，是否等同於eBay案中所批評的「一般性」或「類型化」規則。而之所以不需作判斷，理由在於：（一）雙方的書狀對此議題討論不多，不適合處理此議題；（二）在本案也不需要處理此一推定是否適當之議題，此乃由於被告尋求初步禁制令有過度遲延的狀況，所以就不應該推定其有無法彌補之損害[25]。

　　法院指出，過去早有判決先例，當商標侵權原告證明本案勝訴可能性後，卻遲延提起訴訟或聲請初步禁制令，則不能推定其有無法彌補之損

---

[23] Id. at 30.

[24] Id. at 31-34.

[25] Id. at 34-35.

害[26]。理由在於，沒有立即行動，就表示不緊急，也就表示不需要得到初步禁制令，或事實上沒有無法彌補之損害[27]。不過，如果該遲延是因為原告不知道被告有競爭產品，或原告乃出於善意先對該侵權行為進行調查，而造成遲延，則仍然可以推定具有無法彌補之損害[28]。

　　第十一巡迴法院認為，在本案中，Medical News Now知道VOAW使用「MDTV」商標長達10年。不過，地區法院認為，Medical News Now容許VOAW使用的情況，是在之前其網站仍保留「阿拉伯與回教世界」等關聯，但是因為VOAW刪除了該關聯說明，所以是從2009年才有新的侵害情事[29]。但第十一巡迴法院不同意，其認為從上述事實可知，Medical News Now早在2000年1月就知道VOAW使用「MDTV」商標，且雙方進行長期交涉，甚至還一度達到協議，故其遲延聲請初步禁制令行為，不能說是屬於出於善意進行侵權調查。而且，Medical News Now也不能主張其遲延是為了與對方達成和解，因為在2006年後，雙方就中斷聯繫。故法院認為從事實來看，Medical News Now已經構成了默許（acquiescence）[30]。

　　第十一巡迴法院認為，就算新的損害是從2009年8月更改網頁時起發生，但當時Medical News Now只寄了一封警告信函，一直等到VOAW於9月提起確認之訴，其才在9月25日提起反訴並聲請初步禁制令，則8月到9月這段期間，也屬於一種遲延[31]。而且，法院也不認為2009年8月的更改網頁屬於一種新的商標侵權，而應該還是屬於過去舊的商標使用可預見的變動情況，故仍然在過去已經被默許繼續使用了[32]。

四、推定無法彌補之損害

　　目前為止，美國各法院在商標侵權案件中，均受到美國最高法院

---

[26]　Id. at 35 (quoting Tough Traveler, Ltd. v. Outbound Prods., 60 F.3d 964, 968 (2d Cir. 1995)).

[27]　Id. at 35 (quoting Citibank, N.A. v. Citytrust, 756 F.2d 273, 277 (2d Cir. 1985)).

[28]　Id.

[29]　See Voice of the Arab World, Inc., 2010 U.S. Dist. LEXIS 16981, at *8-*12.

[30]　645 F.3d at 35-36.

[31]　Id. at 36.

[32]　Id. at 36-37.

eBay案的影響，認為在禁制令之審查，不論是永久禁制令還是初步禁制令，均應該採取四因素檢測。在商標侵權案中，如果是永久禁制令，已經受到最高法院eBay案的影響。例如第六、第九巡迴法院，已經在商標侵權之永久禁制令案件中，認為需要詳細審查傳統的四因素，且對無法彌補之損害，需提出正面與反面之證據[33]。

　　但是在初步禁制令的審查上，在證明本案勝訴可能性後，過去各法院之見解，均認為在初步禁制令審查時，只要證明本案勝訴可能性，就可推定其具有無法彌補之損害。過去以來，只有第五巡迴法院很明確地指出，在商標侵權初步禁制令審查時，不可推定有無法彌補之損害[34]。雖然eBay案在專利侵權案中認為不可作此推定，但在商標案件中，是否不可作此推定，目前各下級法院的見解仍相當分歧。

　　有學者認為，在eBay案後，對於是否保留此一無法彌補損害之推定，大略可以分成三種陣營，第一種陣營認為，在商標侵權案件中，也應該回歸四因素檢測法；第二種陣營認為，由於商標的特性使然，如果構成商標侵權或本案勝訴可能性高，即可推定有無法彌補之損害，亦即會核發永久禁制令或初步禁制令；第三種陣營則是傾向採取一種方式，亦即在相關判決中，迴避討論是否該推定具有無法彌補之損害問題[35]。例如前述第十一巡迴法院與第一巡迴法院，就是採取第三種迴避討論的方式。

　　而美國商標法上之重要學者，也認為商標侵權的情形，有別於專利與著作權，應認為若原告證明本案勝訴可能性，即可以推定具有無法彌補之損害。例如J. Thomas McCarthy教授在其商標法的註釋書（treatise）及論文中，說明了為何最高法院eBay案並不影響此無法彌補損害之推定。其認為：（一）該推定是可以推翻的，此與eBay案中所討論到的狀況不

---

[33] Audi AG v. D'Amato, 469 F.3d 534 (6th Cir. 2006); Reno Air Racing Ass'n v. McCord, 452 F.3d 1126 (9th Cir. 2006).

[34] Allied Marketing Group, Inc. v. CDL Marketing, Inc., 878 F.2d 806 (5th Cir. 1989). See also Sunbeam Prods. Inc. v. West Bend Co., 123 F.3d 24 (5th Cir. 1997).

[35] Jeffrey M. Sanchez, The Irreparably Harmed Presumption? Why the Presumption of Irreparable Harm in Trademark Law Will Survive eBay and Winter, 2011 B.Y.U.L. Rev. 535, 545-553 (2011).

同[36]：（二）商標侵權與專利、著作權侵權不同[37]。另外，Anne Gilson LaLonde教授也在其商標法註釋書中，提出該推定仍應存在之理由：（一）eBay案涉及的是永久禁制令，而無法彌補損害之推定只是初步禁制令審查中的一環，且初步禁制令只存在於訴訟進行中；（二）無法彌補損害推定初步禁制令，只是四因素中的一個，而eBay案反對的是直接推定四個因素都存在；（三）該推定是可推翻的，不像eBay案反對的是一種類型化的規則[38]。亦即，eBay案反對的是在某一種專利類型中，就推定所有四因素都存在，但商標侵權中的無法彌補損害之推定，並非針對哪一種商標侵權的類型[39]。

　　此一推定存在的理由，在於此一侵權商品存在於市場上，將造成對原告商譽持續卻無法衡量的傷害。對於這種無形的傷害，很難精確計算出其經濟後果。商標的混淆，對企業的商譽和銷售額的減少都會造成傷害，而提供金錢賠償是沒有意義的[40]。另外，若想從被告方收回損失的利益，有時亦難以計算，因為被告可能沒有獲利，或可能無能力賠償。在此種情形，法院會認為欠缺其他適當之救濟，而同意禁制令救濟[41]。

第二節　禁令之範圍：保持安全距離

　　所謂「安全距離規則」（safe-distance rule）乃指，如果之前已經構成侵權，則後續的修改，不能僅是「沒有混淆誤認之虞」，應該要比「沒有混淆誤認之虞」保持更遠的安全距離。以下以2022年第六巡迴法院Mahindra v. FCA US案為例，說明此一安全距離規則。

---

[36] Id. at 556.

[37] See J. Thomas McCarthy, 5 McCarthy on Trademarks and Unfair Competition §§ 30:30-30:32 (4th ed. 2010); J. Thomas McCarthy, Are Preliminary Injunctions Against Trademark Infringement Getting Harder to Achieve?, 14 Intell. Prop. L. Bull. 1, 1 (2009).

[38] See 3-14 Anne Gilson LaLonde, Gilson on Trademarks § 14.02[3][b][ii](2011).

[39] Jeffrey M. Sanchez, supra note 35, at 555-556.

[40] See 3-14 Anne Gilson LaLonde, Gilson on Trademarks § 14.02[3][b][ii](2011); Jeffrey M. Sanchez, supra note 35, at 563-564.

[41] Id.

（一）事實

　　吉普（Jeep）從1986年推出經典越野車Wrangler銷售至今，有明顯的外觀特徵，在美國受到未註冊商標的保護。來自印度的馬亨達（Mahindra）生產類似吉普造型的越野車ROXOR，被美國國際貿易委員會（USITC）認為侵害吉普車外觀造型保護，命令禁止進口。2020年馬亨達重新設計了ROXOR，但吉普母公司飛雅特克萊斯勒集團（FCA）認為修改的幅度不夠，要求法院擴大禁令範圍，要達到「保持安全距離」的程度。

1. 馬亨達模仿吉普越野車的受保護商業外觀

　　FCA旗下擁有吉普這個品牌。吉普從1986年推出經典越野車Wrangler銷售至今，就車頭前方的水箱罩的七個直立柵格和圓形車燈有註冊立體商標。但全車的其他外觀特徵，在美國受到未註冊商標的保護。

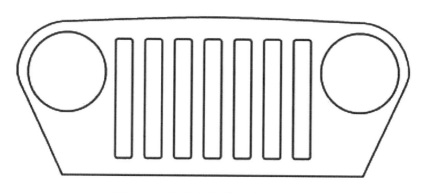

圖14-1　美國商標註冊號4043984

資料來源：USPTO.

2. 2019年國際貿易委員會判決

　　2018年8月，FCA向USITC提起第337條之侵權與禁止進口程序，認為馬亨達所生產的2018-2019年式的ROXOR越野車，侵害了吉普經典越野車

的商業外觀（受保護之未註冊商標）[42]。

FCA主張吉普越野車的商業外觀有六個重要特徵：

(1) 四四方方的車身形狀，平坦的垂直側面，後部車身面板末端的高度，與前端引擎蓋高度大致相同。

(2) 基本平坦的引擎蓋，帶有彎曲的側邊，在前方逐漸變窄。

(3) 前輪梯形空間，前擋泥板或輪弧伸出水箱罩前方。

(4)一個扁平的水箱罩，帶有垂直的細長格柵槽和一個梯形輪廓，圍繞位於格柵上部的圓形前照燈。

(5) 引擎蓋側方外露的門鎖。

(6) 側車身板底部上方的車門切口。

圖14-2　1997年推出的Jeep Wrangler (TJ)

資料來源：https://coverking.com/blogs/blog/jeep-wrangler-tj.

ITC在2019年8月判決，認為2018-2019年式的ROXOR，確實侵害了吉普的受保護商業外觀。並禁止進口2018-2019年式的ROXOR，以及任何近似吉普商業外觀而有混淆誤認之虞，或其他誤導其來源、產地、贊助關係者[43]。

---

[42] Mahindra & Mahindra, Ltd. v. FCA US, LLC., 2022 WL 4299770 (6th Cir. September 19, 2022), at *1.

[43] Id. at *2.

圖14-3　馬亨達2018-2019年式的ROXOR

資料來源：https://www.topgear.com/car-news/mahindra-roxor-greatest-thing-youll-see-today.

3. 馬亨達重新設計後之2020年式越野車

因為ITC的判決，所以馬亨達重新設計其越野車，將部分侵權的重要特徵都修改掉，提出「後2020年式」的新一代ROXOR越野車。馬亨達並向ITC請求確認其重新設計的「後2020年式ROXOR」，並沒有侵害吉普受保護之商業外觀。

圖14-4為「後2020年式ROXOR」的設計，在上述六個重要特徵中，前五個幾乎都修改掉了。以下用刪除線標示重新設計時改掉的地方[44]。

(1) 四四方方的車身形狀，平坦的垂直側面~~，後部車身面板末端的高度，與前端引擎蓋高度大致相同~~。

(2) 基本平坦的引擎蓋，帶有彎曲的側邊~~，在前方逐漸變窄~~。

(3) ~~前輪梯形空間，前擋泥板或輪弧伸出水箱罩前方~~。

(4) ~~一個扁平的水箱罩，帶有垂直的細長格柵槽和一個梯形輪廓，圍繞位於格柵上部的圓形前照燈~~。

---

[44] 參考Nithyanandh Karuppaswamy, Here is How Mahindra Roxor Overcame Sales Ban in the US, September 22, 2020, RUSH LANE, https://www.rushlane.com/how-mahindra-roxor-beats-sales-ban-12376202.html.

圖14-4　重新設計後的「後2020年式ROXOR」

資料來源：https://www.detroitnews.com/story/business/autos/2020/12/23/trade-commission-rules-mahindra-roxor-no-longer-jeep-wrangler-copycat/4029537001/.

(5) **引擎蓋側方外露的門鎖。**

(6) 側車身板底部上方的車門切口。

（二）原、被告主張

1. 安全距離規則？

　　FCA主張「安全距離規則」[45]，亦即，如果之前已經構成侵權，則後續的修改，不能僅是「沒有混淆誤認之虞」，而應該要比「沒有混淆誤認之虞」保持更遠的安全距離。

　　但ITC認為，其過去的案例從來沒有正式承認安全距離規則，此頂多是一個政策考量，且該原則只有在聯邦法院被引用[46]。

　　因此，ITC不接受這個主張，而僅就重新設計的「後2020年式ROXOR」有無與吉普的商業外觀特徵進行混淆誤認之虞判斷。最後認為沒有混淆誤認之虞，故修正之前所下達的禁止進口命令，排除「後2020年

---

[45] Mahindra & Mahindra, Ltd. v. FCA US, LLC., 2022 WL 4299770, at *2.

[46] Id. at *2.

式ROXOR」[47]。

　　FCA對此ITC決定不服，上訴到聯邦巡迴上訴法院，而上訴法院在2022年3月確認ITC的判決並無問題。

2. FCA另外請求法院核發永久禁制令，並以安全距離規則為標準

　　FCA同時決定另外到密西根東區聯邦地區法院提起訴訟，請求法院命令永久禁止馬亨達製造銷售侵害吉普車商業外觀的產品，並堅持請法院以「安全距離規則」為標準，而非單純以「沒有混淆誤認之虞」為標準[48]。

（三）法院判決

1. 地區法院判決

　　地區法院認為，由於ITC並沒有判斷究竟「後2020年式ROXOR是否與吉普車商業外觀保持安全距離」，故ITC之前的決定對此問題並無「請求權排除權」（類似台灣之既判力）。但地區法院最後基於二點：(1)既然ITC認為沒有侵權；且(2)本案程序中被告尚未違反之前法院禁令，故在本案中不採用安全距離規則[49]。判決馬亨達勝訴。

2. 第六巡迴法院判決推翻地區法院判決

　　本案上訴到第六巡迴法院，第六巡迴法院卻認為應該適用安全距離規則。

(1) 適用安全距離規則

　　其指出，此規則有二個目的：①該規則能夠避免之前已經侵權的侵權者，保留之前透過詐欺所獲取的商譽；②當之前的侵權人僅作了一點小更動，該規則讓法院不需要對每一個小更動都重新作整個混淆誤認判斷之審查[50]。

---

[47] Id. at *2.
[48] Id. at *3.
[49] Id. at *3-4.
[50] Id. at *5.

　　第六巡迴法院同意，地區法院在適用安全距離規則時，有自己的裁量權。但是，裁量權不能濫用，如果拒絕適用安全距離規則，需給予正當理由[51]。

　　地區法院不願適用安全距離規則，有二個理由。第一個理由是，ITC已經認為沒有混淆誤認之虞。但第六巡迴法院認為，有無混淆誤認之虞與是否保持安全距離，是二個不同的問題，不應僅因為沒有混淆誤認之虞，就認為不適用安全距離規則[52]。

　　第二個理由是，法院通常只有在被告違反之前的法院禁令，要核發另一個更重的禁令時，才會適用安全距離規則。但第六巡迴法院認為，過去也有案例，為了釐清第一次的禁令範圍，就適用安全距離規則，並非均等到被告違反第一次禁令之後才適用[53]。

(2) 是否適用安全距離規則的考量

　　第六巡迴法院廢棄地區法院判決，並要求地區法院重新考量，是否要適用安全距離規則。考量的因素，除了原本地區法院強調的ITC認為不構成混淆誤認之認定外，還要考量，之前馬亨達2018-2019年式ROXOR是否仍有殘留的混淆誤認印象，以及當初馬亨達的原始侵權是否為濫用或出於惡意[54]。

　　在綜合判斷後，若地區法院認為要適用安全距離規則，則需進一步討論，究竟後2020年式ROXOR之設計，是否與吉普受保護商業外觀的獨特特徵，保持安全距離[55]。

第三節　損害賠償

　　美國聯邦商標法的侵權損害賠償，規定於前述立法理由指的聯邦商

---

[51] Id. at *8-9.
[52] Id. at *10-11.
[53] Id. at *11.
[54] Id. at *12.
[55] Id. at *12.

標法第1117條，該條規定，商標權人可以在「衡平原則限制下」（subject to the principles of equity），請求回復下述項目：一、侵權人所獲利益；二、商標權人所受損失；三、律師費用[56]。

若要請求侵權人所獲利益，該條規定：「……為預估此利益，原告需要證明被告之銷售量；而被告則必須證明所有其所主張之成本產生之原因或其所主張應扣除之一切要件。……如果法院發現根據其利潤而得之損害賠償數額不正確或超過時，法院可自行根據此案的情況決定為法院所認為公平數額之判決。……[57]」

第四節　過失侵權與剝奪所獲利益

美國商標侵害時能否請求侵害人所獲利益？在1999年美國商標法修正後，不同巡迴法院採取不同見解，2020年4月之前，大概有一半的法院認為要請求侵害人所獲利益，必須證明侵害人為蓄意或惡意，包括在智慧財產領域發展中較重要的第二巡迴法院、第九巡迴法院、聯邦巡迴上訴法院，均採取這個立場。但2020年4月美國最高法院作出Romag v. Fossil案判決，採取「不限於蓄意侵權」之立場。

一、蓄意侵權才能剝奪所獲利益

（一）普通法上混淆或欺騙意圖才能剝奪所獲利益

究竟侵害商標要請求侵害人所獲利益，是否要證明侵害人具有惡

---

[56] 15 U.S.C. § 1117(a)("...the plaintiff shall be entitled, subject to the provisions of sections 1111 and 1114 of this title, and subject to the principles of equity, to recover (1) defendant's profits, (2) any damages sustained by the plaintiff, and (3) the costs of the action....").

[57] 15 U.S.C. § 1117(a)("...In assessing profits the plaintiff shall be required to prove defendant's sales only; defendant must prove all elements of cost or deduction claimed. ...If the court shall find that the amount of the recovery based on profits is either inadequate or excessive the court may in its discretion enter judgment for such sum as the court shall find to be just, according to the circumstances of the case.....").

意，美國最高法院於2020年以前沒有明確表達見解[58]。1993年出版的《不公平競爭重述》（*The Restatement of Unfair Competition*），所採取的立場則是，只有在侵害人採取行為時，具有引起混淆或欺騙之意圖，才可請求該商標侵害行為所獲之利益[59]。

美國舊商標法第1117條(a)規定，當商標權人證明被告違反第1125條(a)侵害商標後，在衡平原則之下（subject to the principles of equity），可求償：1.被告所獲利益；2.原告所受之任何損失；及3.訴訟之支出[60]。

在1999年商標法修法前，美國各巡迴法院對於這個問題有不同看法。有一派法院認為，由於商標法第1117條有一個「在衡平原則之下」的限制，所以認為必須證明有蓄意，才能請求被告所獲利益。

（二）以第二巡迴法院為例

第二巡迴法院是最典型的代表。掌管紐約地區的第二巡迴法院，在1992年曾作出George Basch Co., Inc. v. Blue Coral, Inc.案[61]判決，認為在商標法第1117條(a)下，原告必須證明侵害人具有蓄意欺騙，才能夠以侵害人所獲利益計算賠償[62]。在1993年Banff, Ltd. v. Colberts, Inc.案[63]中指出，一定要有惡意，才可請求侵權人所獲利益，而所謂惡意，就是要有蓄意詐欺（willful deception）[64]。該判決認為零售商的銷售行為構成侵權，而判決其不准再銷售，但卻判決其毋庸負損害賠償責任。在1996年的Internat'l

---

[58] Romag Fasteners, Inc. v. Fossil, Inc., 817 F.3d 782, 785 (Fed. Cir. 2016).

[59] Restatement (Third) of Unfair Competition § 37(1) (1995) ("One ... is liable for the net profits earned on profitable transactions resulting from [the infringement], if, but only if, the actor engaged in conduct with the intention of causing confusion or deception ...").

[60] 15 U.S.C. § 1117(a)(1996)("When a violation of any right of the registrant of a mark registered in the Patent and Trademark Office, or a violation under section 1125(a) of this title, shall have been established in any civil action arising under this chapter, the plaintiff shall be entitled, subject to the provisions of sections 1111 and 1114 of this title, and subject to the principles of equity, to recover (1) defendant's profits, (2) any damages sustained by the plaintiff, and (3) the costs of the action.").

[61] George Basch Co., Inc. v. Blue Coral, Inc., 968 F.2d 1532 (2d Cir.1992).

[62] Id. at 1540.

[63] 例如，Banff, Ltd. v. Colberts, Inc., 996 F.2d 33 (2ed Cir. 1993).

[64] Id. at 35.

Star Class Yacht Racing Ass'n v. Tommy Hilfiger案中，第二巡迴法院再次判決，原告必須證明侵權人的行為乃出於惡意（bad faith），才能夠以侵權人所獲利益作為賠償[65]。

　　第二巡迴法院之所以認為一定要證明具有蓄意，是因為一般的損害賠償可填補原告的損失，若以被告的獲利作為賠償，會有過度賠償的問題[66]。以所獲利益作為賠償，主要是採取嚇阻理論，其不是為了保護商標權人，而是為了保護公眾[67]。甚至，第二巡迴法院除了要求要證明蓄意外，還要求地區法院考量其他因素：1.被告從該違法行為獲利的確定程度；2.其他救濟是否存在或是否適當；3.被告在實行該侵害行為的角色；4.原告是否有遲延；5.原告是否有不潔之手。綜合考量這些重要的因素後，從衡平觀點整體考量，才能決定是否要賠償侵害人所獲利益[68]。

　　除了第二巡迴法院之外，哥倫比亞特區巡迴法院、第三巡迴法院、第九巡迴法院、第十巡迴法院，在1999年商標法修法前，都採取一定要證明具有蓄意或惡意，才能以侵害人所獲利益請求賠償[69]。

三、1999年商標法修法

（一）1999年商標法修正

　　1996年時，美國商標法修正，在第1125條將商標侵害行為區分為：「(a)一般商標混淆誤認；(b)進口行為；**(c)著名商標淡化理論。**」

　　進而在1999年時，再次修正商標法，針對第1117條，在前後文中增加了一句「……違反第1125條(a)，或**蓄意（willful）違反第1125條(c)**」，而後面則沒有改變，仍然是「在符合本章第1111條和第1114條以及衡平原則（subject to the principles of equity）的情況下，原告有權獲得：(1)被告所

---

[65] Internat'l Star Class Yacht Racing Ass'n v. Tommy Hilfiger, U.S.A., Inc., 80 F.3d 749, 753 (2d Cir. 1996).

[66] George Basch, 968 F.2d at 1540.

[67] Id. at 1539.

[68] Id. at 1540-1541.

[69] Romag Fasteners, Inc. v. Fossil, Inc., 817 F.3d at 786.

獲利益；(2)原告的任何損失；以及(3)訴訟費用。[70]」

因此，有人認為，既然在第1125條(c)的商標淡化強調蓄意侵權，而第1125條(a)的一般商標混淆沒有強調蓄意，則就算沒有蓄意，也可請求該條的所獲利益賠償。

（二）修法後各法院的立場

在1999年商標法修法後，對於商標淡化侵權明確寫上「蓄意」，因此有人開始主張，一般商標混淆侵權並不需要有蓄意，即得請求侵害人所獲利益。甚至，有法院也接受這個論點。例如，第三巡迴法院在1999年之前，認為請求所獲利益賠償一定要證明侵害為蓄意，但在修法後就改變見解，認為不再需要證明具有蓄意[71]。

各巡迴法院大致區分為三種立場：

1.第二、第十、哥倫比亞特區巡迴法院，均要求必須證明被告具有惡意，法院才可判賠侵權人所獲利益。

2.第一、第九巡迴法院則採用不同的因素判斷法。但最終的結果大致為，如果侵權人與商標權人有直接競爭關係，就不需要具有惡意，即可請求侵權人獲利。但若非直接競爭關係，仍須具有惡意，才可請求賠償侵權人所獲利益。

3.第三、第四、第五、第六、第七和第十一巡迴法院，認為並不需要證明侵權人為蓄意，就可以請求賠償侵權人獲利[72]。

最近，美國聯邦巡迴上訴法院與第九巡迴上訴法院，分別在2016年

---

[70] 15 U.S.C. § 1117(a)(1999)(".... a violation under section 1125(a) of this title, or a willful violation under section 1125(c) of this title, shall have been established in any civil action arising under this chapter, the plaintiff shall be entitled, subject to the provisions of sections 1111 and 1114 of this title, and subject to the principles of equity, to recover (1) defendant's profits, (2) any damages sustained by the plaintiff, and (3) the costs of the action.").

[71] Banjo Buddies, Inc. v. Renosky, 399 F.3d 168, 175 (3d Cir.2005) ("By adding this word ['willful'] to the statute in 1999, but limiting it to [§ 1125(c)] violations, Congress effectively superseded the willfulness requirement as applied to [§ 1125(a)].")

[72] Elizabeth L. Plitzuweit, Supreme Court Denies Certiorari in Contessa: Courts Remain Split in Determining Standard for Awarding Profits in Trademark Infringement Cases, 26 No. 2 Intell. Prop. L. Newsl. 5 (2008).

與2017年作出重要判決，仍然堅持要求償被告所獲利益，必須證明被告具有蓄意侵權。

（三）第九巡迴法院2017年Stone Creek v. Omnia案

1. 事實

本案原告是美國的Stone Creek家具製造商，其在鳳凰城、亞利桑那州有自己的零售店面，直接銷售家具給消費者[73]。1990年起，Stone Creek開始使用「STONE CREEK」的商標圖案。1992年，Stone Creek申請註冊該州的商標，20年後，即2012年，Stone Creek註冊了聯邦商標[74]。

在2003年時，Stone Creek與被告Omnia公司的代表會面。Omnia是一家義大利公司，專門製作皮革家具，其在加州有展售店。當時，Stone Creek同意購買Omnia公司的皮革家具，並掛上Stone Creek的商標。這樣的合作模式一直持續到2012年[75]。

Omnia公司在2008年起，開始與一家家具連鎖店大客戶Bon-Ton公司合作推出新家具。Bon-Ton公司同意由Omnia公司提供皮革家具，讓Bon-Ton公司在其家具店販售。但是，Bon-Ton公司不想使用Omnia公司的商標名稱，其希望使用「聽起來像是美國」的商標。當時Omnia公司提供了幾個選項，但Bon-Ton公司最後選擇使用「STONE CREEK」。Omnia公司之所以會提出「STONE CREEK」這個選項，是因為這方面的行銷資料和標誌，本來都已經有了，不用另外準備[76]。

因此，Omnia公司從Stone Creek的資料上直接複製了標誌，並且使用在許多相關產品上，包括皮革樣品、Bon-Ton商店展示的顏色版、保證書等，時間從2008年至2013年[77]。Bon-Ton公司的家具展示店分布在美國中西部，包括伊利諾州、密西根州、俄亥俄州、賓州和威斯康辛州。這些家

---

[73] Stone Creek, Inc. v. Omnia Italian Design, Inc., 875 F.3d 426, 429 (2017).

[74] Id. at 430.

[75] Id. at 430.

[76] Id. at 430.

[77] Id. at 430.

具展示店的產品所販售的對象，是住在離展示店不超過200英里內的消費者，因此除了上述這幾個州的消費者外，還包括印第安那州、愛荷華州的消費者[78]。

2. 蓄意侵權才能剝奪所獲利益

本案中，Stone Creek主張，要請求賠償、剝奪被告所獲利益，並不需要證明被告是蓄意侵權（willfulness），但是第九巡迴上訴法院認為，必須是蓄意侵權才能剝奪被告所獲利益[79]。

1999年之前，第九巡迴法院的判決都堅持，要請求被告所獲利益，需證明被告具有蓄意。但第九巡迴法院也討論，1999年商標法第1117條修法後，是否改變了這個立場？惟第九巡迴法院認為該次修法並沒有改變仍需要蓄意這個要件的立場[80]。

第九巡迴法院在1993年的Lindy Pen案提到，判賠被告所獲利益，並非自動的，而必須有衡平考量（equitable considerations）；而在衡平考量中，就要求原告必須證明，被告侵害行為具有某種故意（intent）[81]。

第九巡迴法院認為，雖然1999年修法時強調違法第1125條(c)的商標淡化必須要蓄意侵權，但是並沒有改變「在衡平原則限制下」這句話，原告才能獲得救濟[82]。

第九巡迴法院同意聯邦巡迴法院在2016年Romag v. Fossil案的分析，亦即，1999年的修法，只是想要更正，1996年納入商標淡化理論的求償時，沒有明確規定是否要蓄意侵權，如此而已，並沒有想要改變其他商標侵權求償的要件，尤其是仍然要遵守「在衡平原則限制下」這個要件[83]。因此，既然1993年的Lindy Pen案的立論基礎是衡平原則，而1999年沒有

---

[78] Id. at 430.

[79] Id. at 439.

[80] Id. at 439-441.

[81] Lindy Pen Co. v. Bic Pen Corp., 982 F.2d 1400, 1405-1506 (9th Cir. 1993). 但後來因為其他理由被第九巡迴法院廢棄判決。SunEarth, Inc. v. Sun Earth Solar Power Co., 839 F.3d 1179 (9th Cir. 2016) (per curiam).

[82] Stone Creek, 875 F.3d at 441.

[83] Id. at 441-442.

改變這個限制，則要求要具備蓄意的要件也沒有被改變[84]。

　　因此，第九巡迴法院認為，地區法院要求原告Stone Creek必須證明被告Omnia公司具有故意或蓄意侵權，才能剝奪其所獲利益，是正確的判決[85]。

四、最高法院2020年Romag v. Fossil案

（一）聯邦巡迴上訴法院

1. 事實

　　Romag公司在磁按扣上擁有專利，並且註冊了商標ROMAG，用該商標銷售自己的磁按扣。而被告Fossil乃設計、行銷、銷售流行配件，包括女用手提包、小的皮件，並委由小公司製造其設計的產品。2002年時，Fossil和Romag簽署契約，約定使用ROMAG的磁按扣於Fossil的產品上。根據該契約，Fossil會指示代工商，向Romag的香港代工廠永業金屬配件製品有限公司（Wing Yip）購買ROMAG的磁按扣[86]。

　　Fossil所授權的其中一家代工廠Superior皮革公司，在2002年至2008年間，向永業公司購買了上萬個磁按扣。但到2008年8月至2010年11月間，Superior皮革公司只購買了幾千個磁按扣。2010年時，Romag公司的老闆發現，某些Fossil手提包使用了仿冒的磁按扣。Romag因而於2010年11月22日對Fossil提告，主張其侵害專利和商標等[87]。Romag並且於美國的「黑色星期五」大採購日的三天前，即11月23日，向法院聲請暫時禁制令與永久禁制令[88]。

---

[84] Id. at 442.
[85] Id. at 442.
[86] Romag Fasteners, Inc. v. Fossil, Inc., 817 F.3d at 783.
[87] Id. at 783.
[88] Id. at 783-784.

2. 陪審團裁決與一審判決

2014年4月，經過陪審團審判後，陪審團作出裁決，認定Fossil構成專利與商標侵害。就專利侵害，陪審團判賠合理權利金5萬餘美元；就商標侵害的計算，陪審團則提出二種建議，就不當得利理論（unjust enrichment theory），以Fossil的所獲利益判賠9萬餘美元，就嚇阻理論（deterrence theory），以Fossil的所獲利益判賠670萬餘美元。陪審團也認定，ROMAG這個商標對Fossil所獲利益的貢獻度為1%[89]。此外，陪審團雖然認為Fossil「冷漠不在意」Romag的商標權，但認為Fossil的專利和商標侵害行為並非出於「蓄意」（willful）[90]。

陪審團裁決後，地區法院再進行法律審理。地區法院認為，Romag故意等到黑色星期五之前才提起訴訟，構成「遲延」（laches），故就專利侵害的合理權利金部分調降18%，扣除遲延期間銷售的侵害。此外，地區法院也認為，由於陪審團認定Fossil的商標侵害並非出於蓄意，所以不能獲得Fossil所獲利益計算出的賠償[91]。

3. 第二巡迴法院並沒有改變立場

Romag v. Fossil案屬於第二巡迴法院管轄區內的案件，只是因為同時涉及專利才由聯邦巡迴上訴法院審理。

聯邦巡迴上訴法院認為，就商標的侵害問題，則要回歸到第二巡迴法院所採取的見解。第二巡迴法院至今並沒有直接回答，究竟1999年商標法修正，在解釋上是否會有不同[92]。但是在判決中，仍然維持蓄意欺騙是請求所獲利益的前提。第二巡迴法院在1999年商標法修法後，於2014年的Merck Eprova AG v. Gnosis S.p.A.案中，曾經再次表達，證明被告具有蓄意欺騙，是請求被告所獲利益的前提要件[93]。

---

[89] Romag Fasteners, Inc. v. Fossil, Inc. 29 F.Supp.3d 85, 107 (D. Connecticut, July 2, 2014).

[90] Id. at 90.

[91] Id. at 109-110.

[92] Romag Fasteners, Inc. v. Fossil, Inc., 817 F.3d at 789.

[93] Merck Eprova AG v. Gnosis S.p.A., 760 F.3d 247, 261 (2d Cir. 2014).

4. 聯邦巡迴法院認為仍然要維持蓄意要件

聯邦巡迴法院提出三個理由，認為1999年商標法的修法，並沒有改變這個要件。

第一，1999年商標法之所以要修法，是因為1996年將淡化理論納入商標侵權時，並沒有特別規定其損害賠償的問題，才導致1999年商標法要修改第1117條(a)加入「蓄意違反第1125條(c)」這句話。而從立法的過程來看，當時加入這句話的目的，只是為了讓商標淡化的侵權有損害賠償的依據，並沒有想要改變第1125條(a)一般商標混淆誤認侵權所要求的蓄意要件[94]。

第二，原本第1117條(a)的「衡平原則之下」這幾個字，在修法時並沒有刪除。第二巡迴法院就是因為這幾個字，才認為要請求侵害人所獲利益時，應該要有蓄意侵害的要件。

第三，原告認為，在商標淡化侵害前加上「蓄意」這個字，就可以反面推論，一般商標侵害不再需要蓄意這個要件。但是，這種反面推論，只有在對二個條文同時進行修法，且比較同時修法的二個條文有所不同時，才可以作這種反面推論。但因為1999年只有在原條文中加入「蓄意構成商標淡化侵害」，其他文字都沒有改變，所以不能作此反面推論[95]。

聯邦巡迴上訴法院認為，1999年商標法修正時，對商標淡化侵害求償加上「蓄意」這個要件，並不是要與一般商標混淆誤認侵害能否請求所獲利益作對照；而只是在強調，商標淡化侵害要請求損害賠償（不論請求所受損害或所獲利益），都要具有蓄意[96]。

（二）最高法院判決

美國最高法院終於在2020年4月23日作出Romag v. Fossil案判決，以9票比0票之票數，採取「不需要蓄意侵權」的立場。

---

[94] Romag Fasteners, Inc. v. Fossil, Inc., 817 F.3d at 789.
[95] Id. at 790.
[96] Id. at 790-791.

　　由Gorsuch大法官所撰寫的法院意見認為，既然在1999年商標法修正後，在第1117條中，只有針對商標淡化部分強調蓄意侵權，而一般商標混淆誤認沒有強調蓄意侵權，則從法條解釋來看，只能解釋為，請求侵害人所獲利益，不限於是蓄意侵權。至於法條中的衡平原則，其認為沒有限定只能蓄意才能求償的意思。

　　同時，三位大法官（Alito、Breyer、Kagan）提出協同意見認為，雖然請求侵害人所獲利益不限於蓄意侵權，但是否具有蓄意，仍是決定是否要判賠侵害人所獲利益的重要參考因素。

　　另外，Sotomayor大法官個人提出協同意見認為，雖然請求侵害人所獲利益不限於蓄意侵權，但基於衡平原則，倘若侵害人屬於無辜（innocent）或善意（good faith），仍不應賠償侵害人所獲利益。

　　美國商標法於1999年修法後，對於是否仍限於蓄意侵權才能請求侵害人所獲利益，各法院立場不同。直到2020年4月美國最高法院Romag v. Fossil案採取「不限於蓄意侵權」之立場後，才有較為一致之見解。但協同意見認為，蓄意侵權仍是判賠侵害人所獲利益的重要參考因素。

第十五章　團體標章、證明標章

聯邦商標法第1054條規定：「團體標章（collective marks）和證明標章（certification marks），包含產地證明標章（indications of regional origin），於適當範圍內，得適用有關商標註冊之規定，其依本法予以註冊之方式及效力與商標相同。即使不具有工商營業所，若自然人、國家、州、自治市及類似機構，對於欲註冊標章的使用得行使合法控制權者，均得申請註冊。且標章經註冊後，應賦予其等同於商標之保護，但證明標章實際使用時，是不實表示標章所有人或使用人係製造、販賣使用該標章之商品或提供標章所標示之服務時，不在此限。本條所定之標章申請及程序在適用上應盡可能與商標註冊之規定相一致。[1]」

第一節　團體標章

一、定義

第1127條對團體標章之定義為：「是指商標或服務標章，以及(1) 由合作社、協會、或其他團體、組織的會員所實際使用；(2) 該合作社、協會、或其他團體、組織具真實意圖在商業上使用，並申請註冊於依本法規

---

[1] 15 U.S.C. § 1054 ("Subject to the provisions relating to the registration of trademarks, so far as they are applicable, collective and certification marks, including indications of regional origin, shall be registrable under this chapter, in the same manner and with the same effect as are trademarks, by persons, and nations, States, municipalities, and the like, exercising legitimate control over the use of the marks sought to be registered, even though not possessing an industrial or commercial establishment, and when registered they shall be entitled to the protection provided in this chapter in the case of trademarks, except in the case of certification marks when used so as to represent falsely that the owner or a user thereof makes or sells the goods or performs the services on or in connection with which such mark is used.Applications and procedure under this section shall conform as nearly as practicable to those prescribed for the registration of trademarks.").

定設立的主要註冊簿，以及包含表彰公會、協會或其他組織會員身分之標章。」

二、政府得否沒收團體標章

美國聯邦檢察官十多年來努力打擊幫派組織摩托車俱樂部蒙古幫（Mongols Gang）的勢力，並想要沒收其團體標章，阻止其繼續使用此幫派標誌。但加州中區地區法院認為，沒收其團體標章會違反憲法保障言論自由，而且「沒收」表示要移轉團體標章權給政府，但是團體標章似乎不能移轉。第九巡迴法院於2023年1月判決，也支持地區法院決定。

（一）事實

美國摩托車俱樂部蒙古幫是一個暴力、販毒組織，而蒙古國協會（Mongol Nation）則是由該幫派通過試用期的正式會員所組成的一個非法人團體[2]。蒙古國協會後來正式成立法人，取名叫蒙古國摩托車俱樂部（Mongols Nation Motorcycle Club）。

蒙古國協會擁有二個主要標誌所構成的團體標章（Collective Membership Marks）。第一個是「MONGOLS」的文字標誌，第二個是一個圖形，描繪一個蒙古人騎摩托車的樣子。

聯邦檢察官認為蒙古國協會是一個違反《敲詐勒索和貪腐組織法》（Racketeer Influenced and Corrupt Organizations Act）（簡稱RICO法）的組織，故以其違反18 U.S.C. 第1962條(c)的「與犯罪組織有實質性關聯」（substantive RICO）以及第1962條(d)的「共謀從事組織犯罪」（RICO conspiracy），起訴蒙古國協會。經審理後，陪審團認定蒙古國協會二項罪名均成立[3]。

---

[2] United States v. Mongol Nation, 2023 WL 116725 (9th Cir. January 6, 2023) at *2.
[3] Id. at *3.

（二）政府欲沒收團體標章

　　檢察官在起訴書中要求沒收下述項目：1.起訴書中所提到的團體標章的所有相關權利；以及2.在調查過程中扣押的所有印有這些標誌的私人物品[4]。在起訴書中要求沒收已註冊的三個商標，整理如表15-1。

表15-1　蒙古國協會的三個商標

有關商標	商標圖案
商標註冊號2916965、4406187和4730806	MONGOLS
商標註冊號3076731、4730806	M.C.
商標註冊號4730806	MONGOLS M.C.

資料來源：United States v. Mongol Nation, 370 F.Supp.3d 1090 (C.D. California, February 28, 2019).

---

[4]　Id, at *3.

　　檢察官之所以想要沒收這些團體標章，是因為這些標誌是「有力的徽章」，會「在公眾中製造恐懼」和「透過公開展示營造恐懼氣氛」，因而想要沒收[5]。

　　對於得否沒收問題，地區法院召開陪審團。陪審團認定下列項目得以沒收：1.相關商標；2.印有這些商標的相關物品；及3.武器、彈藥和防彈衣[6]。

　　陪審團認定後，檢察官具體請求沒收與相關商標有關的所有權利。但地區法院法官只接受部分請求。地區法院同意沒收武器、彈藥和防彈衣，以及在調查期間扣押的蒙古幫特定財物。但地區法院認為沒收「與團體標章有關的相關權利」，將違反憲法第一增補條文（言論自由）和第八增補條文（禁止過度刑罰）[7]。

（三）沒收團體標章違反言論自由

　　地區法院認為，團體標章與一般商標不同，在於其僅用於識別特定團體或組織、協會的成員身分的標誌[8]。系爭團體標章，乃在表彰「致力於摩托車騎行欣賞的協會之會員資格」。而騎摩托車原則上是一個合法的活動，並不代表支持犯罪[9]。

　　地區法院認為，一個人想要表達自己與某組織有所關聯，是受憲法第一增補條文（言論自由）保護之表意行為[10]。而政府沒收這些團體標章的權利，會禁止蒙古國協會成員不得展示這些標誌，不能表達自己與蒙古國協會的關聯，也無法表達其所支持的想法[11]。

　　地區法院認為，這樣的沒收，等同於對未來言論的事前限制，且也是

---

[5]　Id. at 1113.

[6]　Id. at *4.

[7]　United States v. Mongol Nation, 370 F.Supp.3d 1090 (C.D. California, February 28, 2019).

[8]　15 U.S.C. § 1054.

[9]　United States v. Mongol Nation, 370 F.Supp.3d at 1112.

[10]　Id. at 1112-1113.

[11]　Id. at 1113.

一種「基於內容」（content-based）的管制，而應採取嚴格審查[12]。在嚴格審查下，政府對於處罰和瓦解犯罪組織雖然具有重大公益，但所採取的沒收命令與該重大公益之間，並沒有量身訂做，故而違憲[13]。

　　至於第八增補條文（禁止過度刑罰），地區法院認為，相對於蒙古國協會所犯的「共謀從事組織犯罪」，沒收該等商標的處罰，屬於嚴厲和嚴重不合比例[14]。系爭的註冊商標雖然於2003年以後才開始陸續申請註冊，但該協會從1969年起即持續使用該等標誌，這些標誌對於蒙古國協會的成員來說具有重大、無形的主觀價值，其價值大過共謀組織犯罪的嚴重性[15]。

（四）沒收團體標章可能無法轉讓給政府

　　此外，所謂的沒收，是要將財產移轉給政府。但判決也提出懷疑，商標法下之團體標章，是否有可能移轉給政府？

　　地區法院指出，過去判例法認為，一般商標的轉讓一定要連同其商譽（goodwill）一起轉讓，單獨轉讓是無效的。而團體標章的意義在於表彰自己屬於團體的成員與連結關係[16]。

　　地區法院認為，就算政府沒收了該團體標章，這些標誌代表的意義（商譽），亦即蒙古國摩托車俱樂部的識別和成員身分的表彰，仍然存在且無法分割。在團體標章被沒收後，若蒙古國協會仍繼續存在，就無法確保商標意義維持不變，也無法避免公眾混淆。若政府沒收團體標章之後不使用會被廢止，蒙古國則可以重新申請該團體標章[17]。

　　地區法院雖然提出這些質疑，但並沒有明確說明，是否無法沒收團體標章。在地區法院上述判決後，檢察官修改了沒收命令，避免地區法院指出的一些問題。其將沒收命令改為：「被告必須放棄其擁有商標的任何

---

[12] Id. at 1114.
[13] Id. at 1114-1115.
[14] Id. at 1119.
[15] Id. at 1120.
[16] Id. at 1123-1124.
[17] Id. at 1125.

與所有權利……。被告的商標權利因而被消滅，但該權利不會移轉給美國聯邦。本命令也不會干涉，被告或其成員合法繼續使用這些標誌的權利。[18]」

　　儘管檢察官已經修改沒收命令，地區法院還是拒絕沒收蒙古國的團體標章。法官沒有給予詳細說明，但大致維持先前的判決，認為沒收團體標章乃違反憲法第一增補條文與第八增補條文[19]。蒙古國協會和聯邦政府都對此決定不服，並提起上訴。

（五）第九巡迴法院支持地區法院判決

　　第九巡迴法院於2023年1月作出判決，認為檢察官修改命令的內涵，只是想要「消滅」蒙古國協會的商標，但沒有要移轉權利給聯邦政府[20]，而這樣直接牴觸了RICO法對「沒收」的定義。18 U.S.C. 第1963條(c)規定：「財產的所有權利、所有權和權益在實施導致本節規定的沒收的行為時，歸於美國（vests in the United States）。」RICO法的沒收，一定要將權利移轉給政府。因此，該修改後之命令，違反了RICO法[21]。

　　第九巡迴法院用此一簡單理由，維持地區法院判決，亦即不同意沒收團體標章。但對於地區法院的違憲討論，以及究竟團體標章能否移轉給美國政府，則不表示意見。

（六）比較：台灣是否可以沒收團體標章或撤銷幫派標章？

　　若從台灣商標法來看，團體標章確實不適合被政府沒收。台灣商標法第92條前段規定：「證明標章權、團體標章權或團體商標權不得移轉、授權他人使用，或作為質權標的物。」既然團體標章無法脫離團體而移轉給他人，理應無法被政府沒收。

　　此外，政府是否可以單純撤銷幫派組織的商標？商標法第30條第1項

---

[18] United States v. Mongol Nation, 2023 WL 116725, at *4.

[19] Id. at *5.

[20] Id. at *7.

[21] Id. at *7.

商標不得註冊事由的第7款爲「妨害公共秩序或善良風俗者」。智慧財產局的《商標妨害公共秩序或善良風俗審查基準》提到：「『MAFIA』爲義大利犯罪組織黑手黨之名稱，其以謀殺、幫派合作等方式從事組織犯罪行爲，幫派組織嚴重違反社會秩序，使用該等文字或圖形作爲商標，有使人產生支持幫派組織犯罪之印象，應不得註冊。」

　　因此，某個犯罪組織的標誌要註冊商標，智慧財產局可認爲其屬於違反公序良俗而不得註冊。若註冊後成爲犯罪組織，也可以撤銷該商標。

第二節　證明標章

一、證明標章、產地證明標章

　　第1127條對證明標章之定義爲：「包含任何文字、名稱、記號或圖形，或其聯合式所組成，以及(1) 由標章所有人以外之人實際使用。(2) 標章所有人具眞實意圖允許自身以外的他人在商業上使用，並申請註冊於依本法規定設立的主要註冊簿，用以證明該他人商品或服務的地區或其他來源（regional or other origin）、原料、製造方法、品質、精密度或其他特點，或證明該商品或服務所施予的工作或勞力是由協會或其他組織的成員所提供的。」

　　其中，上述證明項目中，包括地區與來源，也就是一般所謂的「產地證明標章」。因此，美國對於地理標示（geographical indication）此一制度，乃透過聯邦商標法中的證明標章制度，達到相同功能。台灣商標法採取美國模式，對地理標誌保護，採用商標法的產地證明標章。

二、證明標章使用之廢止

　　證明標章使用有一限制，就是證明標章權人自己不得使用銷售商品或服務。

　　第1064條(5)涉及證明標章之使用問題規定：「在任何時候，如證明

標章註冊人：(A)對於該證明標章之使用未爲監督、或未合法行使監督；或(B)從事於使用該證明標章之商品或服務之製造或銷售；或(C)允許將證明標章作證明以外之使用；或(D)對於商品或服務已符合其證明標章標準或要件之人，予以歧視性拒絕或繼續給予證明。[22]」

　　第1064條進一步說明，證明標章權人可以協助該證明標章打廣告，只要自己不使用該證明標章銷售自己的商品或服務即可：「第(5)款的任何規定均不能視爲係禁止註冊人在廣告或促銷中使用證明標章證明程序的認可，或商品或服務符合註冊人證明標章證明標準之認可。只要註冊人自己沒有生產、製造或銷售任何相同於證明標章指定證明之商品或服務，對於此種證明標章之使用，即不能依第(5)款規定爲撤銷之理由。」

---

[22] 15 U.S.C. § 1064(5).

國家圖書館出版品預行編目資料

美國商標法：體系與重要判決／楊智傑著.
 --初版.--臺北市：五南圖書出版股份
 有限公司, 2023.10
 面； 公分
 ISBN 978-626-366-632-0（平裝）

1.CST: 商標法 2.CST: 美國

587.952/3 112015716

1QPD

美國商標法：體系與重要判決

作　　者 ─ 楊智傑（317.3）

發 行 人 ─ 楊榮川

總 經 理 ─ 楊士清

總 編 輯 ─ 楊秀麗

副總編輯 ─ 劉靜芬

責任編輯 ─ 呂伊真

封面設計 ─ 陳亭瑋

出 版 者 ─ 五南圖書出版股份有限公司

地　　址：106台北市大安區和平東路二段339號4樓

電　　話：(02)2705-5066　　傳　　真：(02)2706-6100

網　　址：https://www.wunan.com.tw

電子郵件：wunan@wunan.com.tw

劃撥帳號：01068953

戶　　名：五南圖書出版股份有限公司

法律顧問　林勝安律師

出版日期　2023年10月初版一刷

定　　價　新臺幣480元

經典永恆・名著常在

五十週年的獻禮——經典名著文庫

　　五南，五十年了，半個世紀，人生旅程的一大半，走過來了。
　　思索著，邁向百年的未來歷程，能為知識界、文化學術界作些什麼？
　　在速食文化的生態下，有什麼值得讓人雋永品味的？

歷代經典・當今名著，經過時間的洗禮，千錘百鍊，流傳至今，光芒耀人；
　不僅使我們能領悟前人的智慧，同時也增深加廣我們思考的深度與視野。
　我們決心投入巨資，有計畫的系統梳選，成立「經典名著文庫」，
　　希望收入古今中外思想性的、充滿睿智與獨見的經典、名著。
　　　　這是一項理想性的、永續性的巨大出版工程。
不在意讀者的眾寡，只考慮它的學術價值，力求完整展現先哲思想的軌跡；
　為知識界開啟一片智慧之窗，營造一座百花綻放的世界文明公園，
　　　　任君遨遊、取菁吸蜜、嘉惠學子！